OEUVRES COMPLÈTES

DE M. LE VICOMTE

DE CHATEAUBRIAND.

TOME II.

DE L'IMPRIMERIE DE CRAPELET,
RUE DE VAUGIRARD, N° 9.

ŒUVRES COMPLÈTES

DE M. LE VICOMTE

DE CHATEAUBRIAND,

MEMBRE DE L'ACADÉMIE FRANÇOISE.

TOME DEUXIÈME.

ESSAIS SUR LES RÉVOLUTIONS.

TOME I.

PARIS.

POURRAT FRÈRES, ÉDITEURS.

M. DCCC. XXXVI.

PRÉFACE GÉNÉRALE.
(ÉDITION DE 1826.)

Si j'avois été le maître de la Fortune, je n'aurois jamais publié le recueil de mes ouvrages. L'avenir (supposé que l'avenir entende parler de moi) eût fait ce qu'il auroit voulu. Plus d'un quart de siècle passé sur mes premiers écrits sans les avoir étouffés ne m'a pas fait présumer une immortalité que j'ambitionne peut-être moins qu'on ne le pense. C'est donc contre mon penchant naturel, et aux dépens de ce repos, dernier besoin de l'homme, que je donne aujourd'hui l'édition de mes OEuvres. Peu importe au public les motifs de ma détermination, il suffit qu'il sache (ce qui est la vérité) que ces motifs sont honorables.

J'ai entrepris les *Mémoires* de ma vie : cette vie a été fort agitée. J'ai traversé plusieurs fois les mers; j'ai vécu dans la hutte des sauvages et dans le palais des rois, dans les camps et dans les cités. Voyageur aux champs de la Grèce, pèlerin à Jérusalem, je me suis assis sur toutes sortes de ruines. J'ai vu passer le royaume de Louis XVI et l'empire de Buonaparte; j'ai partagé l'exil des Bourbons, et j'ai annoncé leur retour. Deux poids qui semblent attachés à ma fortune la font successivement monter et descendre dans une proportion égale : on me prend, on me laisse; on me reprend dépouillé un jour, le lendemain on me jette un manteau, pour m'en dépouiller encore. Accoutumé à ces bourrasques, dans quelque port que j'arrive, je me regarde toujours comme un navigateur qui va bientôt remonter sur son vaisseau, et je ne fais à terre aucun établissement solide. Deux heures m'ont suffi pour quitter le ministère, et pour remettre les clefs de l'hôtellerie à celui qui devoit l'occuper.

Qu'il faille en gémir ou s'en féliciter, mes écrits ont teint de leur couleur grand nombre des écrits de mon temps. Mon nom, depuis vingt-cinq années, se trouve mêlé aux mouvements de l'ordre social : il s'attache au règne de Buonaparte, au rétablissement des autels, à celui de la monarchie légitime, à la fondation de la monarchie constitutionnelle. Les uns repoussent ma personne, mais prêchent mes doctrines, et s'emparent de ma politique en la dénaturant; les autres s'arrangeroient de ma personne si je consentois à la séparer de mes principes. Les plus grandes affaires ont passé par mes mains. J'ai connu presque tous les rois, presque tous les hommes, ministres ou autres, qui ont joué un rôle de mon temps. Présenté à Louis XVI, j'ai vu Washington au début de ma carrière, et je suis retombé à la fin sur ce que je vois aujourd'hui.

Plusieurs fois Buonaparte me menaça de sa colère et de sa puissance, et cependant il étoit entraîné par un secret penchant vers moi, comme je ressentois une involontaire admiration de ce qu'il y avoit de grand en lui. J'aurois tout été dans son gouvernement si je l'avois voulu; mais il m'a toujours manqué pour réussir une passion et un vice : l'ambition et l'hypocrisie.

De pareilles vicissitudes, qui me travaillèrent presque au sortir d'une enfance malheureuse, répandront peut-être quelque intérêt dans mes Mémoires. Les ouvrages que je publie seront comme les preuves et les pièces justificatives de ces Mémoires. On y pourra lire d'avance ce que j'ai été, car ils embrassent ma vie entière. Les lecteurs qui aiment ce genre d'études rapprocheront les productions de ma jeunesse de celles de l'âge où je suis parvenu : il y a toujours quelque chose à gagner à ces analyses de l'esprit humain.

Je crois ne me faire aucune illusion, et me juger avec impartialité. Il m'a paru, en relisant mes ouvrages pour les corriger, que deux sentiments y dominoient : l'amour d'une religion charitable, et un attachement sincère aux libertés publiques. Dans l'*Essai historique* même, au milieu d'innombrables erreurs, on distingue ces deux sentiments. Si cette remarque est juste, si j'ai lutté, partout et en tout temps, en faveur de l'indépendance des hommes et des principes religieux, qu'ai-je à craindre de la postérité ? Elle pourra m'oublier, mais elle ne maudira pas ma mémoire.

Mes ouvrages, qui sont une histoire fidèle des trente prodigieuses années qui viennent de s'écouler, offrent encore auprès du passé des vues assez claires de l'avenir. J'ai beaucoup prédit, et il restera après moi des preuves irrécusables de ce que j'ai inutilement annoncé. Je n'ai point été aveugle sur les destinées futures de l'Europe; je n'ai cessé de répéter à de vieux gouvernements, qui furent bons dans leur temps et qui eurent leur renommée, que force étoit pour eux de s'arrêter dans des monarchies constitutionnelles, ou d'aller se perdre dans la république. Le despotisme militaire, qu'ils pourroient secrètement désirer, n'auroit pas même aujourd'hui une existence de quelque durée.

L'Europe, pressée entre un nouveau monde tout républicain et un ancien empire tout militaire, lequel a tressailli subitement au milieu du repos des armes, cette Europe a plus que jamais besoin de comprendre sa position pour se sauver. Qu'aux fautes politiques intérieures on mêle les fautes politiques extérieures, et la décomposition s'achèvera plus vite : le coup de canon dont on refuse quelquefois d'appuyer une cause juste, tôt ou tard on est obligé de le tirer dans une cause déplorable.

Vingt-cinq années se sont écoulées depuis le

commencement du siècle. Les hommes de vingt-cinq ans qui vont prendre nos places n'ont point connu le siècle dernier, n'ont point recueilli ses traditions, n'ont point sucé ses doctrines avec le lait, n'ont point été nourris sous l'ordre politique qui l'a régi ; en un mot, ne sont point sortis des entrailles de l'ancienne monarchie, et n'attachent au passé que l'intérêt que l'on prend à l'histoire d'un peuple qui n'est plus. Les premiers regards de ces générations cherchèrent en vain la légitimité sur le trône, emportée qu'elle étoit déjà depuis sept années par la révolution. Le géant qui remplissoit le vide immense que cette légitimité avoit laissé après elle, d'une main touchoit le bonnet de la liberté, de l'autre la couronne : il alloit bientôt les mettre à la fois sur sa tête, et seul il étoit capable de porter ce double fardeau.

Ces enfants qui n'entendirent que le bruit des armes, qui ne virent que des palmes autour de leurs berceaux, échappèrent par leur âge à l'oppression de l'empire : ils n'eurent que les jeux de la victoire dont leurs pères portoient les chaînes. Race innocente et libre, ces enfants n'étoient pas nés quand la révolution commit ses forfaits ; ils n'étoient pas hommes quand la restauration multiplia ses fautes ; ils n'ont pris aucun engagement avec nos crimes ou avec nos erreurs.

Combien il eût été facile de s'emparer de l'esprit

d'une jeunesse sur laquelle des malheurs qu'elle n'a pas connus ont néanmoins répandu une ombre et quelque chose de grave! La restauration s'est contentée de donner à cette jeunesse sérieuse des représentations théâtrales des anciens jours, des imitations du passé qui ne sont plus le passé. Qu'a-t-on fait pour la race sur qui reposent aujourd'hui les destinées de la France ? Rien. S'est-on même aperçu qu'elle existoit ? Non ; dans une lutte misérable d'ambitions vulgaires, on a laissé le monde s'arranger sans guide. Les débris du dix-huitième siècle, qui flottent épars dans le dix-neuvième, sont au moment de s'abîmer ; encore quelques années, et la société religieuse, philosophique et politique appartiendra à des fils étrangers aux mœurs de leurs aïeux. Les semences des idées nouvelles ont levé partout ; ce seroit en vain qu'on les voudroit détruire : on pouvoit cultiver la plante naissante, la dégager de son venin, lui faire porter un fruit salutaire ; il n'est donné à personne de l'arracher.

Une déplorable illusion est de supposer nos temps épuisés, parce qu'il ne semble plus possible qu'ils produisent encore, après avoir enfanté tant de choses. La foiblesse s'endort dans cette illusion ; la folie croit qu'elle peut surprendre le genre humain dans un moment de lassitude, et le contraindre à rétrograder. Voyez pourtant ce qui arrive.

Quand on a vu la révolution françoise, dites-vous, que peut-il survenir qui soit digne d'occuper les yeux? La plus vieille monarchie du monde renversée, l'Europe tour à tour conquise et conquérante, des crimes inouis, des malheurs affreux recouverts d'une gloire sans exemple : qu'y a-t-il après de pareils événements? Ce qu'il y a? Portez vos regards au-delà des mers. L'Amérique entière sort républicaine de cette révolution que vous prétendiez finie, et remplace un étonnant spectacle par un spectacle plus étonnant encore.

Et l'on croiroit que le monde a pu changer ainsi, sans que rien ait changé dans les idées des hommes! on croiroit que les trente dernières années peuvent être regardées comme non avenues, que la société peut être rétablie telle qu'elle existoit autrefois? Des souvenirs non partagés, de vains regrets, une génération expirante que le passé appelle, que le présent dévore, ne parviendront point à faire renaître ce qui est sans vie. Il y a des opinions qui périssent comme il y a des races qui s'éteignent, et les unes et les autres restent tout au plus un objet de curiosité et de recherche dans les champs de la mort. Que loin d'être arrivée au but, la société marche à des destinées nouvelles; c'est ce qui me paroît incontestable. Mais laissons cet avenir plus ou moins éloigné à ses jeunes héritiers : le mien est trop rapproché de moi pour étendre mes regards au-delà de l'horizon de ma tombe.

O France, *mon cher pays et mon premier amour!* un de vos fils, au bout de sa carrière, rassemble sous vos yeux les titres qu'il peut avoir à votre bienveillance maternelle. S'il ne peut plus rien pour vous, vous pouvez tout pour lui, en déclarant que son attachement à votre religion, à votre roi, à vos libertés, vous fut agréable. Illustre et belle patrie, je n'aurois désiré un peu de gloire que pour augmenter la tienne.

AVERTISSEMENT DE L'AUTEUR.

POUR L'ÉDITION DE 1826.

J'ai promis de réimprimer l'*Essai* sans y changer un seul mot : à cet égard j'ai poussé le scrupule si loin, que je n'ai voulu ni corriger les fautes de langue, ni faire disparoître les hellénismes, latinismes et anglicismes qui fourmillent dans l'*Essai*. On a demandé cet ouvrage; on l'aura avec tous ses défauts. Il y a une omission dans le chiffre romain du millésime de l'édition de Londres : je l'ai maintenue, me contentant de la faire remarquer.

L'*Essai historique* n'a jamais été publié par moi qu'une seule fois : il fut imprimé à Londres en 1796, par Baylis, et vendu chez de Boffe en 1797. Le titre et l'épigraphe étoient exactement ceux qu'il porte dans la présente édition. L'*Essai* formoit un seul volume de 681 pages grand in-8°, sans compter l'avis, la notice, la table des chapitres et l'errata; mais, comme je le faisois observer dans l'ancien *Avis*, c'étoit réellement deux volumes réunis en un. J'ai été obligé de diviser en deux cette énorme production dans la présente édition, parce que, avec les notes critiques [1] et la préface nouvelle, l'*Essai*, en un seul volume, auroit dépassé huit cents pages.

Dans l'intérêt de mon amour-propre, j'aurois mieux aimé donner l'*Essai* en un seul tome, et subir à la fois ma sentence, que me faire attacher deux fois au char de triomphe de ceux qui n'ont jamais failli; mais je ne saurois trop souffrir pour avoir écrit l'*Essai*.

---

[1] Ces notes se distingueront des anciennes notes par ces lettres initiales N. Éd., NOUVELLE ÉDITION, et par un caractère plus gros : les anciennes notes sont indiquées par des *chiffres*, les nouvelles par des *lettres*; les notes sur les notes ont pour renvoi un *astérisque*.

AVERTISSEMENT.

On a réimprimé cet ouvrage en Allemagne et en Angleterre. La contrefaçon angloise n'est qu'un abrégé fait sans doute dans une intention bienveillante, puisqu'on a supprimé ce qu'il y a de plus blâmable dans l'*Essai* : la contrefaçon allemande est calquée sur la contrefaçon angloise. Ces omissions ne tournent jamais au profit d'un auteur : on pourroit dire, en faisant allusion au passage de Tacite, qu'à ces funérailles d'un mauvais livre, les morceaux retranchés paroissent d'autant plus qu'on ne les y voit pas. L'*Essai* complet n'existe donc que dans l'édition de Londres faite par moi, en 1797, et dans l'édition que je donne aujourd'hui d'après cette première édition.

PRÉFACE.

(ÉDITION DE 1826.)

Voici l'ouvrage que, depuis long-temps, j'avois promis de réimprimer; promesse que des âmes charitables avoient regardée comme un moyen de gagner du temps et d'imposer silence à mes ennemis, bien résolu que j'étois intérieurement, disoit-on, de ne jamais tenir ma parole. Avant de porter un jugement sur l'*Essai*, commençons par faire l'histoire de cet ouvrage.

J'avois traversé l'Atlantique avec le dessein d'entreprendre un voyage dans l'intérieur du Canada, pour découvrir, s'il étoit possible, le passage au nord-ouest du continent américain [a]. Par le plus grand hasard j'appris, au milieu de mes courses, la fuite de Louis XVI, l'arrestation de ce monarque à Varennes, et la retraite au-delà de la Meuse, de la Moselle et du Rhin, de presque tout le corps des officiers françois d'infanterie et de cavalerie.

Louis XVI n'étoit plus qu'un prisonnier entre les mains d'une faction; le drapeau de la monarchie avoit été transporté par les princes de l'autre côté de la frontière : je n'approuvois point l'émigration en principe, mais je crus qu'il étoit de mon honneur d'en partager l'imprudence, puisque cette imprudence avoit des dangers. Je pensai que, portant l'uniforme françois, je ne devois pas me promener dans les forêts du Nouveau-Monde quand mes camarades alloient se battre [b].

[a] J'ai dit cela cent fois dans mes ouvrages, et notamment dans l'*Essai*.

[b] Je servois dans le régiment de Navarre, infanterie, avec rang

PRÉFACE.

J'abandonnai donc, quoiqu'à regret, mes projets, qui n'étoient pas eux-mêmes sans périls. Je revins en France; j'émigrai avec mon frère, et je fis la campagne de 1792.

Atteint, dans la retraite, de cette dyssenterie qu'on appeloit *la maladie des Prussiens*, une affreuse petite vérole vint compliquer mes maux. On me crut mort; on m'abandonna dans un fossé, où, donnant encore quelques signes de vie, je fus secouru par la compassion des gens du prince de Ligne, qui me jetèrent dans un fourgon. Ils me mirent à terre sous les remparts de Namur, et je traversai la ville en me traînant sur les mains de porte en porte. Repris par d'autres fourgons, je retrouvai à Bruxelles mon frère, qui rentroit en France pour monter sur l'échafaud. On osoit à peine panser une blessure que j'avois à la cuisse, à cause de la contagion de ma double maladie.

Je voulois cependant, dans cet état, me rendre à Jersey, afin de rejoindre les royalistes de la Bretagne. Au prix d'un peu d'argent que j'empruntai, je me fis porter à Ostende : j'y rencontrai plusieurs Bretons, mes compatriotes et mes compagnons d'armes, qui avoient formé le même projet que moi. Nous nolisâmes une petite barque pour Jersey, et l'on nous entassa dans la cale de cette barque. Le gros temps, le défaut d'air et d'espace, le mouvement de la mer, achevèrent d'épuiser mes forces; le vent et la marée nous obligèrent de relâcher à Guernesey.

Comme j'étois près d'expirer, on me descendit à terre, et on m'assit contre un mur, le visage tourné

---

de capitaine de cavalerie : c'étoit un abus de ce temps; j'avois obtenu les honneurs de la cour; or, comme on ne pouvoit monter dans les carrosses du roi que l'on n'eût au moins le grade de capitaine, il avoit fallu, par une fiction, qu'un sous-lieutenant d'infanterie devînt un capitaine de cavalerie.

vers le soleil, pour rendre le dernier soupir. La femme d'un marinier vint à passer; elle eut pitié de moi; elle appela son mari, qui, aidé de deux ou trois autres matelots anglois, me transporta dans une maison de pêcheurs, où je fus mis dans un bon lit; c'est vraisemblablement à cet acte de charité que je dois la vie. Le lendemain on me rembarqua sur le sloop d'Ostende. Quand nous ancrâmes à Jersey, j'étois dans un complet délire. Je fus recueilli par mon oncle maternel, le comte de Bédée, et je demeurai plusieurs mois entre la vie et la mort.

Au printemps de 1793, me croyant assez fort pour reprendre les armes, je passai en Angleterre, où j'espérois trouver une direction des princes; mais ma santé, au lieu de se rétablir, continua de décliner : ma poitrine s'entreprit; je respirois avec peine. D'habiles médecins consultés me déclarèrent que je traînerois ainsi quelques mois, peut-être même une ou deux années, mais que je devois renoncer à toute fatigue, et ne pas compter sur une longue carrière.

Que faire de ce temps de grâce qu'on m'accordoit? Hors d'état de tenir l'épée pour le roi, je pris la plume. C'est donc sous le coup d'un arrêt de mort, et, pour ainsi dire, entre la sentence et l'exécution, que j'ai écrit l'*Essai historique*. Ce n'étoit pas tout de connoître la borne rapprochée de ma vie, j'avois de plus à supporter la détresse de l'émigration. Je travaillois le jour à des traductions, mais ce travail ne suffisoit pas à mon existence; et l'on peut voir, dans la première préface d'*Atala*, à quel point j'ai souffert, même sous ce rapport. Ces sacrifices, au reste, portoient en eux leur récompense : j'accomplissois les devoirs de la fidélité envers mes princes; d'autant plus heureux dans l'accomplissement de ces devoirs, que je ne me faisois aucune illusion, comme on le remarquera dans l'*Essai*, sur les fautes du parti auquel je m'étois dévoué.

Ces détails étoient nécessaires pour expliquer un passage de la *Notice* placée à la tête de l'*Essai*, et cet autre passage de l'*Essai* même : « Attaqué d'une maladie « qui me laisse peu d'espoir, je vois les objets d'un œil « tranquille. L'air calme de la tombe se fait sentir au « voyageur qui n'en est plus qu'à quelques journées. » J'étois encore obligé de raconter ces faits personnels, pour qu'ils servissent d'excuse au ton de misanthropie répandu dans l'*Essai* : l'amertume de certaines réflexions n'étonnera plus. Un écrivain qui croyoit toucher au terme de la vie, et qui, dans le dénûment de son exil, n'avoit pour table que la pierre de son tombeau, ne pouvoit guère promener des regards riants sur le monde. Il faut lui pardonner de s'être abandonné quelquefois aux préjugés du malheur, car ce malheur a ses injustices, comme le bonheur a sa dureté et ses ingratitudes. En se plaçant donc dans la position où j'étois lorsque je composai l'*Essai*, un lecteur impartial me passera bien des choses.

Cet ouvrage, si peu répandu en France, ne fut pas cependant tout-à-fait ignoré en Angleterre et en Allemagne ; il fut même question de le traduire dans ces deux pays, ainsi qu'on l'apprend par la *Notice*. Ces traductions commencées n'ont point paru. Le libraire de Boffe, éditeur de l'*Essai*, en Angleterre, avoit aussi résolu d'en donner une édition en France : les circonstances du temps firent avorter ce projet. Quelques exemplaires de l'édition de Londres parvinrent à Paris. Je les avois adressés à MM. de La Harpe, Ginguené et de Sales, que j'avois connus avant mon émigration. Voici ce que m'écrivoit à ce sujet un neveu du poëte Lemierre :

Paris, ce 15 juillet 1797.

....

« D'après vos instructions, j'ai fait remettre, par M. Say, direc-
« teur de la *Décade philosophique et littéraire,* à M. Ginguené, pro-
« priétaire lui-même de ce journal, la lettre et l'exemplaire qui
« lui étoient destinés.......... J'ai été moi-même chez M. de
« La Harpe : il m'a parfaitement reçu, a été vivement affecté à la
« lecture de votre lettre, et m'a promis de rendre compte de l'ou-
« vrage avec tout l'intérêt et toute l'attention dont l'auteur lui-
« même paroissoit digne ; mais, sur la demande que je lui ai faite
« d'une lettre pour vous, il m'a répondu que, pour des raisons
« particulières, il ne pouvoit écrire dans l'étranger.

« M. de Sales a été enchanté de votre ouvrage ; il me charge de
« toutes ses civilités pour vous. *Le Républicain françois** n'a pas été
« moins satisfait du livre, et il en a fait un éloge complet. Plusieurs
« gens de lettres ont dit que c'étoit un très bon supplément à l'*A-*
« *nacharsis;* enfin, à quelques critiques près qui tombent sur quel-
« ques citations peut-être oiseuses, et sur un ou deux rapproche-
« ments qui ont paru forcés, votre *Essai a eu le plus grand succès.* »

Malgré ce *grand succès* dont on flattoit ma vanité d'auteur, il est certain que si l'*Essai* fut un moment connu en France, il fut presque aussitôt oublié.

La mort de ma mère fixa mes opinions religieuses. Je commençai à écrire, en expiation de l'*Essai*, le *Génie du Christianisme*. Rentré en France en 1800, je publiai ce dernier ouvrage, et je plaçai dans la préface la confession suivante : « Mes sentiments religieux n'ont pas
« toujours été ce qu'ils sont aujourd'hui. Tout en avouant
« la nécessité d'une religion, et en admirant le christia-
« nisme, j'en ai cependant méconnu plusieurs rapports.
« Frappé des abus de quelques institutions et des vices
« de quelques hommes, je suis tombé jadis dans les
« déclamations et les sophismes. Je pourrois en rejeter
« la faute sur ma jeunesse, sur le délire des temps, sur

---

* Journal du temps.

« les sociétés que je fréquentois ; mais j'aime mieux me
« condamner : je ne sais point excuser ce qui n'est point
« excusable. Je dirai seulement les moyens dont la Pro-
« vidence s'est servie pour me rappeler à mes devoirs.

« Ma mère, après avoir été jetée, à soixante-douze
« ans, dans des cachots, où elle vit périr une partie de ses
« enfants, expira sur un grabat, où ses malheurs l'avoient
« reléguée. Le souvenir de mes égarements répandit sur
« ses derniers jours une grande amertume. Elle chargea,
« en mourant, une de mes sœurs de me rappeler à cette
« religion dans laquelle j'avois été élevé. Ma sœur me
« manda les derniers vœux de ma mère. Quand la lettre
« me parvint au-delà des mers, ma sœur elle-même
« n'existoit plus ; elle étoit morte aussi des suites de son
« emprisonnement. Ces deux voix, sorties du tombeau,
« cette mort, qui servoit d'interprète à la mort, m'ont
« frappé ; je suis devenu chrétien : je n'ai point cédé,
« j'en conviens, à de grandes lumières surnaturelles ; ma
« conviction est sortie du cœur : j'ai pleuré et j'ai cru. »

Ce n'étoit point là une histoire inventée pour me
mettre à l'abri du reproche de variations quand l'*Essai*
parviendroit à la connoissance du public. J'ai conservé
la lettre de ma sœur.

Madame de Farcy, après avoir été connue à Paris
par son talent pour la poésie, avoit renoncé aux muses ;
devenue une véritable sainte, ses austérités l'ont conduite au tombeau. J'en puis parler ainsi, car le philan-
thrope abbé Carron a écrit et publié la vie de ma sœur.
Voici ce qu'elle me mandoit dans la lettre que la préface
du *Génie du Christianisme* a mentionnée.

D Saint-Servan, 1ᵉʳ juillet 1798.

« Mon ami, nous venons de perdre la meilleure des mères : je
« t'annonce à regret ce coup funeste (ici quelques détails de fa-
« mille). . . . . quand tu cesseras d'être l'objet de nos sollici-

PRÉFACE. xvij

« tudes, nous aurons cessé de vivre. *Si tu savois combien de pleurs*
« *tes erreurs ont fait répandre à notre respectable mère*, combien elles
« paroissent déplorables à tout ce qui pense et fait profession
« non-seulement de piété, mais de raison ; si tu le savois, peut-être
« cela contribueroit-il à t'ouvrir les yeux, à te faire renoncer à
« écrire ; et si le ciel touché de nos vœux permettoit notre réunion,
« tu trouverois au milieu de nous tout le bonheur qu'on peut
« goûter sur la terre ; tu nous donnerois ce bonheur, car il n'en
« est point pour nous tandis que tu nous manques, et que nous
« avons lieu d'être inquiètes de ton sort. »

Voilà la lettre qui me ramena à la foi par la piété filiale.

Tout alla bien pendant quelques années : mon second ouvrage avoit réussi au-delà de mes espérances. N'ayant jamais manqué de sincérité, n'ayant jamais parlé que d'après ma conscience, n'ayant jamais raconté de moi que des choses vraies, je me croyois en sûreté par les aveux mêmes de la préface du *Génie du Christianisme*; et l'*Essai* étoit également oublié de moi et du public.

Mais Buonaparte, qui s'étoit brouillé avec la cour de Rome, ne favorisoit plus les idées religieuses : le *Génie du Christianisme* avoit fait trop de bruit, et commençoit à l'importuner. L'affaire de l'Institut survint ; une querelle littéraire s'alluma, et l'on déterra l'*Essai*. La police de ce temps-là fut charmée de la découverte ; et, comme elle n'étoit pas arrivée à la perfection de la police de ce temps-ci, comme elle se piquoit sottement d'une espèce d'impartialité, elle permit à des gens de lettres de me prêter leur secours. Toutefois, elle ne vouloit pas, comme je le dirai à l'instant, que ma défense se changeât en triomphe ; ce qui étoit bien naturel de sa part.

Je ne nommerai point l'adversaire qui me jeta le gant le premier, parce qu'au moment de la restauration, lorsqu'on exhuma de nouveau l'*Essai*, il me prévint loyalement des libelles qui alloient paroître, afin que j'avisasse au moyen de les faire supprimer. N'ayant rien à cacher, et ami sincère de la liberté de la presse, je ne fis aucune démarche; je trouvai très bon qu'on écrivît contre moi tout ce qu'on croyoit devoir écrire.

Un jeune homme, appelé *Damaze de Raymond*, qui fut tué en duel quelque temps après, se fit mon champion sous l'empire, et la censure laissa paroître son écrit; mais le gouvernement fut moins facile, quand, pour toute réponse à des *extraits* de l'*Essai*, je lui demandai la permission de réimprimer l'ouvrage *entier*.

Voici ma lettre au général baron de Pommereul, conseiller d'État, directeur général de l'imprimerie et de la librairie.

« Monsieur le Baron,

« On s'est permis de publier des morceaux d'un ouvrage dont
« je suis l'auteur. Je juge d'après cela que vous ne verrez aucun
« inconvénient à laisser paroître l'ouvrage tout entier.

« Je vous demande donc, monsieur le baron, l'autorisation né-
« cessaire pour mettre sous presse, chez Le Normant, mon ouvrage
« intitulé : *Essai historique, politique et moral sur les Révolutions an-
« ciennes et modernes, considérées dans leurs rapports avec la Révo-
« lution françoise.* Je n'y changerai pas un seul mot ; j'y ajouterai
« pour toute préface celle du *Génie du Christianisme.*

« J'ai l'honneur d'être, etc. »

Paris, ce 17 novembre 1812.

Dès le lendemain, M. de Pommereul me répondit la lettre suivante, écrite tout entière de sa main. En ce temps d'usurpation, on se piquoit de politesse, même avec un homme en disgrâce, même avec un émigré. M. de Pommereul refuse la permission que je lui demande; mais comparez le ton de sa lettre avec celui des lettres qui sortent aujourd'hui des bureaux d'un directeur général, ou même d'un ministre.

PRÉFACE.

Paris, ce 18 novembre 1812.

A Monsieur de Chateaubriand,

« Je mettrai mardi prochain, monsieur, votre demande sous les
« yeux du ministre de l'intérieur; mais votre ouvrage, fait en 1797,
« est bien peu convenable au temps présent, et s'il devoit paroître
« aujourd'hui pour la première fois, je doute que ce pût être avec
« l'assentiment de l'autorité. On vous attaque sur cette produc-
« tion : nous ne ressemblons point aux journalistes qui admettent
« l'attaque et repoussent la défense, et la vôtre ne trouvera, pour
« paroître, aucun obstacle à la direction de la librairie. J'aurai
« soin, monsieur, de vous informer de la décision du ministre sur
« votre demande de réimpression. Agréez, je vous prie, monsieur,
« la haute considération avec laquelle j'ai l'honneur d'être, etc.

« *Signé* baron DE POMMEREUL. »

Le 24 novembre, je reçus de M. de Pommereul cette
autre lettre :

Paris, le 24 novembre 1812.

A Monsieur de Chateaubriand,

« J'ai mis aujourd'hui, monsieur, sous les yeux du ministre de
« l'intérieur la lettre que vous m'avez fait l'honneur de m'écrire
« le 17 courant, et la réponse que je vous ai faite le 18. Son excel-
« lence a décidé que l'ouvrage que vous demandez à réimprimer,
« puisqu'il n'a point été publié en France, doit être assujetti aux
« formalités prescrites par les décrets impériaux concernant la li-
« brairie. En conséquence, monsieur, vous devez, vous ou votre
« imprimeur, faire à la direction générale de l'imprimerie la dé-
« claration de vouloir l'imprimer, et y déposer en même temps
« l'édition dont vous demandez la réimpression, afin qu'elle puisse
« passer à la censure.

« Agréez, monsieur, etc.

« *Signé* baron DE POMMEREUL. »

M. de Pommereul reconnoît, dans sa première lettre,
que mon ouvrage, *fait en* 1797, *est bien peu convenable*

au temps présent (l'empire), *et que, s'il devoit paroître aujourd'hui* (sous Buonaparte) *pour la première fois, il doute que ce pût être avec l'assentiment de l'autorité.* Quelle justification de l'*Essai* !

Dans sa seconde lettre, M. le directeur de la librairie m'ordonne de me soumettre à la *censure* si je veux réimprimer mon ouvrage. Il étoit clair que la censure m'auroit enlevé ce que je disois en éloge de Louis XVI, des Bourbons, de la vieille monarchie, et toutes mes réclamations en faveur de la liberté; il étoit clair que l'*Essai*, ainsi dépouillé de ce qui servoit de contre-poids à ses erreurs, se seroit réduit à un extrait à peu près semblable à ceux dont je me plaignois. Force étoit donc à moi de renoncer à le réimprimer, puisqu'il auroit fallu le livrer aux mutilations de la censure.

Après tout, le gouvernement impérial avoit grandement raison : l'*Essai* n'étoit, ni sous le rapport des libertés publiques, ni sous celui de la monarchie légitime, un livre qu'on pût publier sous le despotisme et l'usurpation. La police se donnoit un air d'impartialité, en laissant dire quelque chose en ma faveur, et rioit secrètement de m'empêcher de faire la seule chose qui pût réellement me défendre.

Enfin, le roi fut rendu à ses peuples : je parus jouir d'abord de la faveur que l'on croit, mal à propos, devoir suivre des services qui souvent ne méritent pas la peine qu'on y pense; mais enfin, en proclamant le retour de la légitimité, j'avois contribué à entraîner l'opinion publique, par conséquent j'avois choqué des passions et blessé des intérêts : je devois donc avoir des ennemis. Pour m'enlever l'influence qu'on craignoit de me voir prendre sur un gouvernement religieux, on crut expédient de réchauffer la vieille querelle de l'*Essai*. On annonça avec bruit un *Chateau-*

briantana, une brochure du *Sacerdoce*, etc. C'étoient toujours des compilations de l'*Essai* *. Il y avoit dans ces nouvelles poursuites quelque chose qui n'étoit guère plus généreux que dans les premières ; j'étois en disgrâce sous le roi, comme je l'étois sous Buonaparte, au moment où ces courageux critiques se déchaînoient contre moi. Pourquoi m'ont-ils laissé tranquille lorsque j'étois ministre? C'étoit là une belle occasion de montrer leur indépendance.

Je n'ai répondu à ces personnes bienveillantes que par cette note de la préface de mes *Mélanges de politique :*
« Si je n'ai jamais varié dans mes principes politi-
« ques, je n'ai pas toujours embrassé le christianisme
« dans tous ses rapports, d'une manière aussi complète
« que je le fais aujourd'hui. Dans ma première jeu-
« nesse, à une époque où la génération étoit nourrie
« de la lecture de Voltaire et de J. J. Rousseau, je me
« suis cru un petit philosophe, et j'ai fait un mauvais
« livre. Ce livre, je l'ai condamné aussi durement que
« personne dans la préface du *Génie du Christianisme*. Il
« est bizarre qu'on ait voulu me faire un crime d'avoir
« été un esprit fort à vingt ans et un chrétien à qua-
« rante. A-t-on jamais reproché à un homme de s'être
« corrigé? L'écrivain vraiment coupable est celui qui,
« ayant bien commencé, finit mal, et non pas celui qui,
« ayant mal commencé, finit bien. Quoi qu'il en soit,
« si je pouvois anéantir l'*Essai historique*, je le ferois,
« parce qu'il renferme, sous le rapport de la religion,

---

* Je ne sais ni les titres, ni le nombre de toutes ces brochures; je n'en ai jamais lu que ce que j'en ai vu par hasard dans les journaux; mais il y avoit encore : *Esprit, maximes et principes* de M. de Chateaubriand, *Itinéraire de Pantin au Mont-Calvaire*, *M. de la Maison-Terne*, *les Persécuteurs*, etc., et deux ou trois journaux ministériels pour la presse périodique.

« des pages qui peuvent blesser quelques points de
« discipline; mais, puisque je ne puis l'anéantir, puis-
« qu'on en extrait tous les jours un peu de poison,
« sans donner le contre-poison qui se trouve à grandes
« doses dans le même ouvrage; puisqu'on l'a réimprimé
« par fragments, je suis bien aise d'annoncer à mes
« ennemis que je vais le faire réimprimer tout entier.
« Je n'y changerai pas un mot; j'ajouterai seulement
« des notes en marge.

« Je prédis à ceux qui ont voulu transformer l'*Essai*
« *historique* en quelque chose d'épouvantable, qu'ils se-
« ront très fâchés de cette publication; elle sera tout
« entière en ma faveur (car je n'attache de véritable
« importance qu'à mon caractère); mon amour-propre
« seul en souffrira. Littérairement parlant, ce livre est
« détestable, et parfaitement ridicule; c'est un chaos
« où se rencontrent les Jacobins et les Spartiates, la
« Marseilloise et les Chants de Tyrtée, un Voyage aux
« Açores et le Périple d'Hannon, l'Éloge de Jésus-Christ
« et la Critique des Moines, les Vers Dorés de Pytha-
« gore et les Fables de M. de Nivernois, Louis XVI,
« Agis, Charles Ier, des Promenades solitaires, des Vues
« de la nature, du Malheur, de la Mélancolie, du Sui-
« cide, de la Politique, un petit commencement d'*Atala*,
« Robespierre, la Convention, et des Discussions sur
« Zénon, Épicure et Aristote; le tout en style sauvage
« et boursouflé [a], plein de fautes de langue, d'idiotis-
« mes étrangers et de barbarismes. Mais on y trouvera
« aussi un jeune homme exalté plutôt qu'abattu par le

---

[a] Qu'il me soit permis d'être juste envers moi comme envers tout le monde : cette critique du style de l'*Essai* est outrée. C'est un jugement que j'avois prononcé, *ab irato*, sur l'ouvrage avant de l'avoir relu. On va voir bientôt que j'ai modifié ce jugement, et que je l'ai rendu, je crois, plus impartial.

« malheur, et dont le cœur est tout à son roi, à l'hon-
« neur et à la patrie. »

C'est cet engagement solennel de publier moi-même l'*Essai* que je viens remplir aujourd'hui.

Telle est l'histoire complète de cet ouvrage, de son origine, de la position où j'étois en l'écrivant, et des tracasseries qu'il m'a suscitées. Il faut maintenant examiner l'ouvrage en lui-même et les critiques de mes Aristarques.

Qu'ai-je prétendu prouver dans l'*Essai*? *Qu'il n'y a rien de nouveau sous le soleil*, et qu'on retrouve dans les révolutions anciennes et modernes les personnages et les principaux traits de la révolution françoise.

On sent combien cette idée, poussée trop loin, a dû produire de rapprochements forcés, ridicules ou bizarres.

Je commençai à écrire l'*Essai* en 1794, et il parut en 1797. Souvent il falloit effacer la nuit le tableau que j'avois esquissé le jour : les événements couroient plus vite que ma plume : il survenoit une révolution qui mettoit toutes mes comparaisons en défaut : j'écrivois sur un vaisseau pendant une tempête, et je prétendois peindre comme des objets fixes les rives fugitives qui passoient et s'abîmoient le long du bord ! Jeune et malheureux, mes opinions n'étoient arrêtées sur rien ; je ne savois que penser en littérature, en philosophie, en morale, en religion. Je n'étois décidé qu'en matière politique : sur ce seul point je n'ai jamais varié.

L'éducation chrétienne que j'avois reçue avoit laissé des traces profondes dans mon cœur, mais ma tête étoit troublée par les livres que j'avois lus, les sociétés que j'avois fréquentées. Je ressemblois à presque tous les hommes de cette époque : j'étois né de mon siècle.

Si l'on m'a trouvé une imagination vive dans un âge plus mûr, qu'on juge de ce qu'elle devoit être dans ma première jeunesse, lorsque demi-sauvage, sans patrie, sans famille, sans fortune, sans amis, je ne connoissois la société que par les maux dont elle m'avoit frappé.

Avant d'imprimer des extraits de l'*Essai*, on colporta l'ouvrage entier mystérieusement, en répandant des bruits étranges. Pourquoi se donnoit-on tant de peine? Loin d'enfouir l'*Essai*, je l'exposois au grand jour ; et je le prêtois à quiconque le vouloit lire. On prétendoit que j'en rachetois partout les exemplaires au plus haut prix[a]. Et où aurois-je trouvé les trésors que ces rachats m'auroient supposés? J'avois voulu réimprimer l'*Essai* sous Buonaparte, comme on vient de le voir : je n'en faisois donc pas un secret.

Quoi qu'il en soit, les mains officieuses qui firent d'abord circuler l'*Essai historique*, perdirent leur travail : on s'aperçut que l'ouvrage lu de suite produisoit un effet contraire à celui qu'on en espéroit. Il fallut en venir au parti moins loyal, mais plus sûr, de ne le donner que par lambeaux, c'est-à-dire d'en montrer le mal, et d'en cacher le bien.

On résolut d'ouvrir l'attaque du côté religieux, d'opposer quelques pages de l'*Essai* à quelques pages du *Génie du Christianisme*; mais une chose déconcertoit ce plan : c'étoit la préface du dernier ouvrage. Que pouvoit-on opposer à un homme qui s'étoit condamné lui-même avec tant de franchise?

Arrêté par cette préface, il vint alors en pensée de détruire l'autorité de mes aveux au moyen d'une ca-

---

[a] On vint un jour me proposer de racheter à une vente un exemplaire de l'*Essai* pour 300 francs. Je répondis que j'en avois deux exemplaires que je donnerois pour cent sous.

PRÉFACE.

lomnie : on sema le bruit que ma mère étoit morte avant la publication de l'*Essai*, et qu'ainsi la préface du *Génie du Christianisme* reposoit sur une fable.

Ceux qui disoient ces choses étoient-ils mes amis, mes proches ? avoient-ils vécu avec moi à Londres, reçu mes lettres, pénétré mes secrets ? pouvoient-ils, par leur témoignage, déterminer l'instant où j'avois répandu des pleurs ? S'ils étoient étrangers à toute ma vie; s'ils avoient ignoré mon existence jusqu'au jour où le public la leur avoit révélée ; s'ils etoient en France, lorsque je languissois dans la terre de l'exil, comment osoient-ils fonder une lâche accusation sur un fait qu'ils ne pouvoient ni savoir ni prouver ? Ah ! loin de moi la pensée que des hommes qui prétendoient fixer l'époque de mes malheurs, avoient des raisons particulières de la connoître!

J'ai cité le texte même de la lettre de ma sœur que j'ai entre les mains. Cette lettre est du 1er juillet 1798. Voici un autre document dont on ne niera pas l'authenticité :

« Extrait du registre des décès de la ville de Saint-
« Servan, 1er arrondissement du département d'Ille-et-
« Vilaine, pour l'an VI de la république, f° 35 r°, où est
« écrit ce qui suit:

« Le douze prairial an VI de la république françoise,
« devant moi Jacques Bourdasse, officier municipal de
« la commune de Saint-Servan, élu officier public le
« 4 floréal dernier, sont comparus Jean Baslé, jardinier,
« et Joseph Boulin, journalier, majeurs d'âge, et de-
« meurant séparément en cette commune; lesquels
« m'ont déclaré que Apolline-Jeanne-Suzane de Bédée,
« née en la commune de Bourseuil, le 7 avril mil sept
« cent vingt-six, fille de feu Ange-Annibal de Bédée,
« et de Benigne-Jeanne-Marie de Ravenel, veuve de

« René-Auguste de Chateaubriand, est décédée au do-
« micile de la citoyenne Gouyon, situé à la Ballue, en
« cette commune, ce jour, à une heure après midi :
« d'après cette déclaration, dont je me suis assuré de
« la vérité, j'ai rédigé le présent acte, que Jean Baslé
« a seul signé avec moi, Joseph Boulin ayant déclaré
« ne le savoir faire, de ce interpellé.
 « Fait en la maison commune, lesdits jour et an.
« *Signé* Jean Baslé et Bourdasse.
 Certifié conforme au registre, par nous maire de
« Saint-Servan, ce 31 octobre 1812. *Signé* Tresvaux-
« Reselaye, adjoint.
 « Vu pour légalisation de la signature du sieur Tres-
« vaux-Reselaye, adjoint, par nous juge du tribunal
« civil séant à Saint-Malo (le président empêché). A
« Saint-Malo, le trente-un octobre 1812. *Signé* Robiou [a]. »
 La date de la mort de madame de Chateaubriand est
du 12 prairial an VI de la république, c'est-à-dire du
31 mai 1798. La publication de l'*Essai* est des premiers
mois de 1797; elle avoit dû même avoir lieu plus tôt,
comme on le voit par le *Prospectus*, qui l'annonçoit pour
la fin de 1796 [b]. Quelle critique que celle qui force
un honnête homme à entrer dans de pareils détails,
qui oblige un fils à produire l'extrait mortuaire de sa
mère!
 Battu par les faits, repoussé par les dates, on n'eut
plus que la ressource banale de tronquer des passages

---

[a] Je prie le lecteur de remarquer mon exactitude. J'avois dit
dans la préface du *Génie du Christianisme*, en 1802, que ma mère,
après avoir été jetée dans les cachots et vu périr une partie de ses
enfants, expira sur un grabat où ses malheurs l'avoient reléguée.
La voici qui meurt dans une campagne isolée où deux ouvriers,
dont l'un ne sait pas écrire, témoignent seuls de sa mort.
[b] Voyez ce *Prospectus*, à la suite de cette préface.

pour dénaturer un texte. C'étoit avec des brochures d'une quarantaine de pages que l'on prétendoit faire connoître un livre de près de 700 pages, grand in-8°. Des fragments qui ne tenoient à rien de ce qui les précédoit ou de ce qui les suivoit dans le corps de l'ouvrage pouvoient-ils donner une idée juste de cet ouvrage? On transcrivoit quelques phrases hasardées sur le culte, mais on ne disoit pas que, dans un chapitre adressé aux infortunés, on trouvoit cet éloge de l'Évangile : « Un livre vraiment utile au misérable, « parce qu'on y trouve la pitié, la tolérance, la douce « indulgence, l'espérance plus douce encore, qui com- « posent le seul baume des blessures de l'âme, ce sont « les Évangiles. Leur divin auteur ne s'arrête point à « prêcher vainement les infortunés : il fait plus, il « bénit leurs larmes et boit avec eux le calice jusqu'à « la lie. »

Cela, ce me semble, n'étoit pourtant pas trop incrédule.

Encore un passage de ce livre qui scandalisoit si fort ces chrétiens de circonstance, lequels ne croient peut-être pas en Dieu, et ces hypocrites qui font de la haine, de l'or et des places avec la charité, la pauvreté et l'humilité de la religion : « Si la morale la « plus pure et le cœur le plus tendre, si une vie passée « à combattre l'erreur et à soulager les maux des hom- « mes, sont les attributs de la Divinité, qui peut nier « celle de Jésus-Christ? Modèle de toutes les vertus, « l'amitié le voit endormi dans le sein de Jean, ou lé- « guant sa mère à ce disciple chéri; la tolérance l'ad- « mire avec attendrissement dans le jugement de la « femme adultère : partout la pitié le trouve bénissant « les pleurs de l'infortuné; dans son amour pour les « enfants, son innocence et sa candeur se décèlent; la

« force de son âme brille au milieu des tourments de
« la croix, et son dernier soupir dans les angoisses de
« la mort est un soupir de miséricorde. » *Essai historique*, p. 578 de l'édition de Londres.

Quoi! c'est là ce que je disois quand je n'étois pas *chrétien!* Cet *Essai* doit être un livre bien étrange!
Il ne sera pas inutile de faire remarquer que j'ai transporté ce portrait de Jésus-Christ dans le *Génie du Christianisme*, ainsi que quelques autres chapitres de l'*Essai*, et qu'ils n'y forment aucune disparate.

Telle phrase amphigourique pouvoit faire croire que dans l'*Essai* l'existence de Dieu est mise en doute; on la saisissoit; mais on taisoit le chapitre sur l'*Histoire du polythéisme*, qui commence ainsi : « Il est un Dieu :
« les herbes de la vallée et les cèdres du Liban le bé-
« nissent, etc. L'homme seul a dit : il n'y a point de
« Dieu. Il n'a donc jamais, celui-là, dans ses infortunes,
« levé les yeux vers le ciel, etc. »

Je rassemble ailleurs, dans l'*Essai*, les objections que l'on a faites en tout temps, contre le christianisme[a]; on croit que je vais conclure comme les esprits forts, et tout à coup on lit ce passage : « Moi,
« qui suis très peu versé dans ces matières, je répé-
« terai seulement aux incrédules, en ne me servant
« que de ma foible raison, ce que je leur ai déjà dit.
« Vous renversez la religion de votre pays, vous plon-
« gez le peuple dans l'impiété, et vous ne proposez
« aucun autre palladium de la morale. Cessez cette
« cruelle philosophie: ne ravissez point à l'infortuné sa
« dernière espérance : qu'importe qu'elle soit une illu-
« sion, si cette illusion le soulage d'une partie du far-

---

[a] J'ai pourtant soin de dire, en rassemblant ces objections, qu'elles ont été victorieusement réfutées par les meilleurs esprits, et qu'elles ne sont pas de moi.

« deau de l'existence, si elle veille dans les longues nuits
« à son chevet solitaire et trempé de larmes; si enfin elle
« lui rend le dernier service de l'amitié en fermant
« elle-même sa paupière, lorsque seul et abandonné
« sur la couche du misérable, il s'évanouit dans la
« mort. » *Essai*, p. 621, même édition.

Retranchez ce paragraphe, et donnez le chapitre sans sa conclusion, je serai un véritable philosophe. Imprimez ces dernières lignes, et il faudra reconnoître ici l'auteur futur du *Génie du Christianisme*, l'esprit incertain qui n'attend qu'une leçon pour revenir à la vérité. En lisant attentivement l'*Essai*, on sent partout que la nature religieuse est au fond, et que l'incrédulité n'est qu'à la surface.

Au reste, cet ouvrage est un véritable chaos : chaque mot y contredit le mot qui le suit. On pourroit faire de l'*Essai* deux analyses différentes : on prouveroit par l'une que je suis un sceptique décidé, un disciple de Zénon et d'Épicure; par l'autre, on me feroit connoître comme un chrétien bigot, un esprit superstitieux, un ennemi de la raison et des lumières. On trouve dans cette rêverie de jeune homme une profonde vénération pour Jésus-Christ et pour l'Évangile, l'éloge des évêques, des curés, et des déclamations contre la cour de Rome et contre les moines : on y rencontre des passages qui sembleroient favoriser toutes les extravagances de l'esprit humain, le suicide, le matérialisme, l'anarchie; et tout auprès de ces passages, on lit des chapitres entiers sur l'existence de Dieu, la beauté de l'ordre, l'excellence des principes monarchiques. C'est le combat d'Oromaze et d'Arimane : les larmes maternelles et l'autorité de la raison croissante ont décidé la victoire en faveur du bon génie.

PRÉFACE.

La position de ceux qui m'attaquoient sous l'empire étoit extrêmement fausse. Que me reprochoient-ils? Des principes qui étoient les leurs! ils ne s'apercevoient pas qu'ils faisoient mon éloge en essayant de me calomnier; car s'il étoit vrai que l'*Essai* renfermât les opinions dont on prétendoit me faire un crime, que prouvoient-elles ces opinions? que j'avois conservé dans toutes les positions de ma vie une indépendance honorable; que moi-même, banni et persécuté, j'avois prêché la monarchie modérée à des gentilshommes bannis, et la tolérance à des prêtres persécutés; que j'avois dit à tous la vérité; que, partageant les souffrances sans partager entièrement les opinions de mes compagnons d'infortune, j'avois eu le courage, assez rare, de leur déclarer que nous avions donné quelque prétexte à nos malheurs.

Ces principes, en contradiction avec le parti même que j'avois embrassé, prouvoient que j'étois le martyr de l'honneur, plutôt que l'aveugle soldat d'une cause dont je connoissois le côté foible; que je m'étois battu comme Falkland dans les camps de Charles Ier, bien que je n'eusse pas été aussi heureux que lui.

Ces principes prouvoient encore que ces bannis que l'on représentoit comme de vils *esclaves* attachés à la *tyrannie* par amour de leurs *priviléges*, étoient pourtant des hommes qui reconnoissoient ce qu'il peut y avoir de noble dans toutes les opinions; qui ne rejetoient aucune idée généreuse; qui ne condamnoient dans la liberté que l'anarchie; qui confessoient loyalement leurs propres erreurs, en sachant supporter leurs infortunes; qui, éclairés sur les abus de l'ancien gouvernement, n'en servoient pas moins leur souverain au péril de leur vie; et qui participoient enfin aux lumières de leur siècle, sans manquer à leurs devoirs de sujets.

PRÉFACE.

Ne pouvois-je pas encore dire à mes adversaires du temps de l'empire: Ou les principes philosophiques que vous me reprochez sont dans l'*Essai*, ou ils n'y sont pas. S'ils n'y sont pas, vous parlez contre la vérité; s'ils y sont, ces principes sont les vôtres : j'étois le disciple de vos erreurs ; mes égaremens sont de vous; mon retour à la vérité est de moi.

On a supposé des motifs d'intérêt à mes opinions. J'aurois dans ce cas été bien malhabile, car j'allois toujours enseignant des doctrines contraires à celles qui menoient à la faveur dans les lieux que j'habitois.

Dans l'étranger, je n'avois, de l'émigration pour la cause de la monarchie, que l'exil et tous les genres de misère, m'obstinant à parler des fautes qui avoient contribué à la chute du trône, et prônant les libertés publiques.

Dans ma patrie, lorsque j'y revins, je trouvai les temples détruits; la religion persécutée, la puissance et les honneurs du côté de la philosophie ; aussitôt je me range du côté du foible, et j'arbore l'étendard religieux. Si je faisois tout cela dans des vues intéressées, ma méprise étoit grossière : quoi de plus insensé que de dire dans deux positions contraires précisément ce qui devoit choquer les hommes dont je pouvois attendre la fortune?

J'avois annoncé dans ce que j'appelois, je ne sais pourquoi, la *Notice* au lieu de la *Préface de l'Essai*, l'espèce de persécution que me susciteroit cet ouvrage.

« Que ce livre *m'attire beaucoup d'ennemis*, dis-je
« dans cette *Notice*, j'en suis convaincu. Si je l'avois
« cru dangereux, je l'eusse supprimé; je le crois
« utile, je le publie. Renonçant à tous les partis, je
« ne me suis attaché qu'à celui de la vérité : l'ai-je
« trouvée ? Je n'ai pas l'orgueil de le prétendre. Tout

« ce que j'ai pu faire a été de marcher en tremblant,
« de me tenir sans cesse en garde contre moi-même,
« de ne jamais énoncer une opinion sans avoir aupa-
« ravant descendu dans mon propre sein pour y décou-
« vrir le sentiment qui me l'avoit dictée. J'ai tâché d'op-
« poser philosophie à philosophie, raison à raison,
« principe à principe : ou plutôt je n'ai rien fait de
« tout cela, j'ai seulement exposé les doutes d'un hon-
« nête homme [a]. »

Cette prophétie d'*un honnête homme* date de trente ans.

Enfin d'autres censeurs de l'*Essai* vouloient bien me croire dégagé de tout intérêt matériel, mais ils m'accusoient de chercher le bruit.

Si dans l'espoir d'immortaliser mon nom j'avois embrassé la cause du crime et défendu des pervers, je me reconnoîtrois épris d'une coupable renommée. Mais si au contraire j'ai combattu en faveur des sentiments généreux partout où j'ai cru les apercevoir ; si j'ai parlé avec enthousiasme de tout ce qui me paroît beau et touchant sur la terre, la religion, la vertu, l'honneur, la liberté, l'infortune, il faudra convenir que ma passion supposée pour la célébrité sort du moins d'un principe excusable : on pourra me plaindre ; il sera difficile de me condamner. D'ailleurs, ne suis-je pas François ? quand j'aimerois un peu la gloire, ne pourrois-je pas dire à mes compatriotes : « Qui de vous
« me jettera la première pierre ? »

Ainsi donc, sous les rapports religieux, l'*Essai* paroîtra beaucoup moins condamnable qu'on ne l'a supposé, et sous les rapports politiques il sera tout en ma faveur. Loin de prêcher le républicanisme, comme d'officieux censeurs l'ont voulu faire entendre, l'*Essai*

---

[a] Voyez cette *Notice*, en tête de l'*Essai*.

cherche à démontrer au contraire que, dans l'état des mœurs du siècle, la république est impossible. Malheureusement je n'ai plus la même conviction. J'ai toujours raisonné dans l'*Essai* d'après le système de la liberté républicaine des anciens, de la liberté, fille des mœurs; je n'avois pas assez réfléchi sur cette autre espèce de liberté, produite par les lumières et la civilisation perfectionnée : la découverte de la république représentative a changé toute la question. Chez les anciens l'esprit humain étoit jeune, bien que les nations fussent déjà vieilles; la société étoit dans l'enfance, bien que l'homme fût déjà courbé par le temps. C'est faute d'avoir fait cette distinction, que l'on a voulu, mal à propos, juger les peuples modernes d'après les peuples anciens; que l'on a confondu deux sociétés essentiellement différentes; que l'on a raisonné dans un ordre de choses tout nouveau, d'après des vérités historiques qui n'étoient plus applicables. La monarchie représentative est mille fois préférable à la république représentative : elle en a tous les avantages sans en avoir les inconvénients; mais, si l'on étoit assez insensé pour croire qu'on peut renverser cette monarchie et retourner à la monarchie absolue, on tomberoit dans la république représentative, quel que soit l'état actuel des mœurs. Ces mœurs sont d'ailleurs loin d'être aussi corrompues qu'elles l'étoient au commencement de la révolution; les scandales domestiques sont aujourd'hui presque inconnus, la France est devenue plus sérieuse, et la jeunesse même a quelque chose d'austère.

Les personnages historiques sont en général jugés impartialement dans l'*Essai*. Il y a pourtant quelques hommes que j'ai traités avec trop de rigueur. Je les prie de pardonner à ces opinions sans autorité, nées du malheur et de l'inexpérience. La jeunesse est tranchante et présomptueuse; ses arrêts sont presque toujours sévères. En vieillissant, on apprend à excuser dans les autres les choses dont on s'est soi-même rendu coupable; on ne transforme plus les foiblesses en crimes, et l'on aime moins à compter les fautes que les vertus. C'est surtout pour ces jugements irréfléchis que je regrette de n'avoir pu corriger l'*Essai;* mais je me suis trouvé dans la dure nécessité de reproduire mes erreurs, et de me montrer au public avec toutes mes infirmités.

Je sais parfaitement que cette préface et les *notes critiques* de l'*Essai* ne changeront point l'opinion de la génération présente. Ceux qui aiment l'*Essai* tel qu'il est, seront peut-être contrariés par les *notes;* ceux qui trouvent l'ouvrage mauvais ne seront point désarmés. Ces derniers regarderont mes aveux comme non avenus, et reproduiront leurs accusations avec une bonne foi digne de leur charité.

Au fond, ces prétendus chrétiens ne disent pas ce qui leur déplaît. Ne croyez pas que ce soit le philosophisme de l'*Essai* qui les blesse : ce qu'ils ne peuvent me pardonner, c'est l'amour de la liberté qui respire dans cet ouvrage. Sous ce rapport, les *notes* ne feront qu'aggraver mes torts. Loin d'être rentré dans le giron de l'*absolutisme*, je me suis endurci dans ma faute constitutionnelle. Qu'importe alors que je me sois amendé comme chrétien? Soyez athée, mais prêchez l'arbitraire, la police, la censure, la sage indépendance de l'antichambre, les charmes de la domesticité, l'humiliation de la patrie, le goût du petit, l'admiration du médiocre, tous vos péchés vous seront remis.

Aussi, en écrivant les *notes*, je n'ai point espéré réformer le sentiment de mes contemporains; mais la postérité viendra, et si j'existe pour elle, elle prononcera avec impartialité sur le livre et sur le commentaire. J'ose espérer qu'elle jugera l'*Essai* comme ma tête grise l'a jugé; car, en avançant dans la vie, on prend naturellement de l'équité de cet avenir dont on approche.

Cependant des personnes prétendent qu'il ne seroit pas impossible que l'*Essai* fût reçu du public avec une faveur à laquelle je ne devrois pas m'attendre : j'avoue que les raisons présumées de cette faveur, si elle a lieu, m'attristent autant qu'elles m'effraient. Il me paroit certain à moi-même que, si je publiois le *Génie du Christianisme* aujourd'hui pour la première fois, il n'obtiendroit pas le succès populaire qu'il obtint au commencement de ce siècle; il est certain encore que, si j'avois donné en 1801 l'*Essai historique* au lieu du *Génie du Christianisme*, il eût été reçu avec un murmure d'improbation générale. Comment se fait-il maintenant que ce même *Essai* soit plus près des idées du jour sous la légitimité qu'il ne l'eût été sous l'usurpation? Et comment arrive-t-il que le *Génie du Christianisme* est moins dans l'esprit de ce moment qu'il ne l'étoit à l'époque où je l'ai fait paroître?

Quelles causes menaçantes ont pu produire dans l'opinion un effet si contraire à l'ordre naturel des temps et des événements? Par quelle fatalité l'*Essai* seroit-il devenu le livre du présent, et le *Génie du Christianisme* le livre du passé? Les oppresseurs et les opprimés auroient-ils changé de place? Quelles fautes ont été commises, quelle route de perdition a-t-on suivie pour arriver à un pareil résultat? Se seroit-on trompé sur les moyens de rendre à la religion son éclat et sa véritable puissance? Auroit-on cru que cette religion éclairée et généreuse ne pouvoit prospérer que par l'extinction des lumières et la destruction des libertés publiques? Seroit-on parvenu à inquiéter les hommes les plus paisibles, les esprits les plus calmes, les plus modérés, en nous menaçant d'un retour à des choses impossibles, en livrant le pouvoir à une petite coterie hypocrite qui amèneroit une seconde fois, et pour toujours, la ruine du trône et de l'autel?

Qu'on y prenne garde: s'il y a encore une cause de destruction pour la monarchie, elle se trouve là où je l'indique. Ce n'est pas avec des doctrines de calomnie et d'intolérance que la religion trouvera des hommes capables de la défendre. De foibles mains, qui ne sentent pas même le poids du fardeau qu'elles ont à soulever, le laissent à terre sans pouvoir le déranger d'une seule ligne. Où sont les talents qui jadis venoient au secours des principes religieux et monarchiques quand ils étoient attaqués? Repoussés, ils se retirent, et laissent le combat à l'intrigue et à l'incapacité.

La France vouloit l'union dans la religion, la monarchie légitime, les libertés publiques, et l'on s'est plu à la désunir, à l'alarmer sur les objets de ses vœux. Le discrédit total du pouvoir administratif, la lassitude de tout, le mépris ou l'indifférence de l'opinion sur les choses les plus graves, voilà ce qui reste aujourd'hui de tant d'espérances. Derrière nous, une jeunesse ardente attend ce que nous lui laisserons pour le modifier ou le briser selon sa force, car elle ne continuera pas nos destinées.

Dans cette position, tout homme sage doit songer à lui; il doit se séparer de ce qui nous perd, pour trouver un abri au moment de l'orage.

C'est une triste chose que d'en être aux professions de foi, aux controverses religieuses, à ces querelles déplorables que l'on n'auroit jamais dû tirer de l'oubli; mais, enfin, puisqu'on nous a menés là, il faut prendre son parti. Placé entre l'*Essai* et le *Génie du Christianisme*, pour éviter toute fausse interprétation, je dois dire à quelles limites je me suis arrêté, afin qu'on ne me cherche ni en dedans ni en dehors de ces limites. Cette confession publique aura du moins l'avantage de montrer ce qui me paroissoit utile à faire pour le triomphe de la religion, sous le règne du fils de saint Louis.

Je crois très sincèrement : j'irois demain pour ma foi d'un pas ferme à l'échafaud.

Je ne démens pas une syllabe de ce que j'ai écrit dans le *Génie du Christianisme*; jamais un mot n'échappera à ma bouche, une ligne à ma plume, qui soit en opposition avec les opinions religieuses que j'ai professées depuis vingt-cinq ans.

Voilà ce que je suis.

Voici ce que je ne suis pas.

Je ne suis point chrétien par patentes de trafiquant en religion : mon brevet n'est que mon extrait de baptême. J'appartiens à la communion générale, naturelle et publique de tous les hommes qui, depuis la création, se sont entendus d'un bout de la terre à l'autre pour prier Dieu.

Je ne fais point métier et marchandise de mes opinions. Indépendant de tout, fors de Dieu, je suis chrétien sans ignorer mes foiblesses, sans me donner pour modèle, sans être persécuteur, inquisiteur, délateur, sans espionner mes frères, sans calomnier mes voisins.

Je ne suis point un incrédule déguisé en chrétien, qui propose la religion comme un frein utile aux peuples. Je n'explique point l'Évangile au profit du despotisme, mais au profit du malheur.

Si je n'étois pas chrétien, je ne me donnerois pas la peine de le paroître : toute contrainte me pèse, tout masque m'étouffe ; à la seconde phrase, mon caractère l'emporteroit et je me trahirois. J'attache trop peu d'importance à la vie pour m'ennuyer à la parer d'un mensonge.

Se conformer en tout à l'esprit d'élévation et de douceur de l'Évangile, marcher avec le temps, soutenir la liberté par l'autorité de la religion, prêcher l'obéissance à la Charte comme la soumission au roi, faire entendre du haut de la chaire des paroles de compassion pour ceux qui souffrent, quels que soient leur pays et leur culte, réchauffer la foi par l'ardeur de la charité, voilà, selon moi, ce qui pouvoit rendre au clergé la puissance légitime qu'il doit obtenir : par le chemin opposé, sa ruine est certaine. La société ne peut se soutenir qu'en s'appuyant sur l'autel ; mais les ornements de l'autel doivent changer selon les siècles, et en raison des progrès de l'esprit humain. Si le sanctuaire de la divinité est beau à l'ombre, il est encore plus beau à la lumière : la croix est l'étendard de la civilisation.

Je ne redeviendrai incrédule que, quand on m'aura démontré que le christianisme est incompatible avec la liberté ; alors je cesserai de regarder comme véritable une religion opposée à la dignité de l'homme. Comment pourrois-je le croire émané du ciel, un culte qui étoufferoit les sentiments nobles et généreux, qui rapetisseroit les âmes, qui couperoit les ailes du génie, qui maudiroit les lumières au lieu d'en faire un moyen de plus pour s'élever à l'amour et à la contemplation des œuvres de Dieu ? Quelle que fût ma douleur, il faudroit bien reconnoître malgré moi que je me repaissois de chimères : j'approcherois avec horreur de cette tombe où j'avois espéré trouver le repos, et non le néant.

Mais tel n'est point le caractère de la vraie religion; le christianisme porte pour moi, deux preuves manifestes de sa céleste origine : par sa morale, il tend à nous délivrer des passions; par sa politique, il a aboli l'esclavage. C'est donc une religion de liberté : c'est la mienne.

En vain les hommes qui combattent la monarchie constitutionnelle nous disent qu'elle nous mènera au protestantisme, que le protestantisme, à son tour, nous conduira à la république, parce que le protestantisme, qui est l'indépendance en matière de religion, produit le républicanisme, qui est l'indépendance en matière de politique : cette assertion est repoussée par les faits. L'Allemagne est-elle républicaine parce qu'elle est en partie protestante? Les gouvernements les plus absolus ne se rencontrent-ils pas en Allemagne, tandis que plusieurs cantons de la Suisse sont catholiques? Venise et Gênes n'étoient-elles pas catholiques? La population catholique des États-Unis n'augmente-t-elle pas d'une manière incroyable sans troubler l'ordre établi? Toutes les nouvelles républiques espagnoles ne sont-elles pas catholiques, et le clergé de ces républiques, à quelques exceptions près, ne s'est-il pas montré plein de zèle dans la cause de l'indépendance?

Il n'est donc pas vrai que la religion protestante soit plus favorable à la cause de la liberté que la religion catholique. Croire que notre liberté ne sera assurée que quand nous serons protestants, espérer que la monarchie absolue reviendroit si l'on rendoit au clergé catholique son ancien pouvoir politique, c'est une égale erreur. Les uns, à leur grand étonnement, pourroient voir la France protestante sous telle constitution despotique empruntée de telle principauté d'Allemagne, et les autres pourroient se réveiller républicains avec un clergé catholique, des moines mendiants, et des ordres religieux de toutes les sortes.

Laissons donc là les théories pour ce qu'elles valent : en histoire comme en physique, ne prononçons que d'après les faits. Ne calomnions ni les protestants ni les catholiques ; n'allons pas supposer que les premiers sont animés d'un esprit révolutionnaire, les seconds abrutis par un esprit de servitude. Renfermons-nous dans cet axiome : Il n'y a point de véritable religion sans liberté, ni de véritable liberté sans religion.

La querelle n'est point, après tout, entre les protestants et les catholiques, comme les habiles d'un parti voudroient le faire supposer ; elle est entre le philosophisme et le fanatisme.

Deux espèces d'hommes sont aujourd'hui le fléau de la société : d'une part, ce sont ces vieux écoliers de Diderot et de d'Alembert, qui se plaisent encore aux moqueries sur la *Bible*, aux déclamations de l'athéisme, aux insultes au clergé ; de l'autre, ce sont ces esprits bornés et violents, qui disent la religion en péril, parce que nous avons une Charte, parce que les divers cultes chrétiens sont reconnus par l'État, et surtout parce que nous jouissons de la liberté de la presse. Les premiers nous ramèneroient les misérables mœurs du siècle de Louis XV, ou les persécutions irréligieuses de la fin de ce siècle ; les seconds nous replongeroient dans la crasse et dans l'ignorance du bon vieux temps ; ceux-là extermineroient philosophiquement les prêtres ; ceux-ci brûleroient charitablement les philosophes. Ces impies et ces fanatiques acharnés à se détruire, s'ils étoient les maîtres, ne s'arrêteroient qu'au dernier bourreau et à la dernière victime, faute de pouvoir occuper à la fois le dernier échafaud et le dernier auto-da-fé.

Je termine ici cette trop longue préface. Les *Notes critiques*, dont j'ai accompagné le texte de l'*Essai*, achèveront de montrer ce que je pense de cet ouvrage. Je me suis loué quelquefois; on voudra bien me pardonner cette impartialité, dont je n'ai pas, d'ailleurs, abusé : la brutalité de ma censure expiera la modération de ma louange. J'ose dire que je me suis traité avec une rigueur qui défiera la sévérité de la plus rude critique. Ce ne sont point de ces concessions auxquelles un auteur se résigne pour mettre à l'abri son amour-propre, pour se donner un air de franchise et de bonhomie, pour se glorifier en se rabaissant : ce sont de ces aveux que la vanité ne fait jamais, et qui coûtent à la nature humaine.

Si je ne parle point du style de l'*Essai*, c'est qu'il ne m'appartient pas de le juger : je dirai seulement qu'il est plus incorrect que celui de mes autres ouvrages, qu'il rend avec moins de précision ce qu'il veut exprimer, mais qu'il a la verve de la jeunesse, et qu'il renferme tous les germes de ce qu'on a bien voulu traiter avec quelque indulgence dans mes écrits d'un âge plus mûr. Il y a même un progrès sensible des premières pages de l'*Essai* aux dernières : les trois ans que je mis à élever cette tour de Babel m'avoient profité comme écrivain.

Un dernier mot. Si les préfaces de cette édition complète de mes OEuvres tiennent de la nature des mémoires, c'est que je n'ai pu les faire autrement. J'écris vers la fin de ma vie : le voyageur prêt à descendre de la montagne jette malgré lui un regard sur le pays qu'il a traversé et le chemin qu'il a parcouru. D'ailleurs mes ouvrages, comme je l'ai déjà fait observer, sont les matériaux et les pièces justificatives de mes Mémoires : leur histoire est liée à la mienne de manière qu'il est presque impossible de l'en séparer. Qu'aurois-je dit dans des préfaces ordinaires ?, que je donnois des éditions revues et corrigées ? On s'en apercevra bien. Aurois-je pris occasion de ces réimpressions particulières pour traiter quelque sujet général ? Mais de tels sujets, entrent plus naturellement dans des espèces de mémoires qui peuvent parler de tout, que dans un morceau d'apparat amené de loin, et fait exprès. C'est au lecteur à décider : si ces préfaces l'ennuient, elles sont mauvaises ; si elles l'intéressent, j'ai bien fait de laisser aller ma plume et mes idées.

ESSAI HISTORIQUE,

POLITIQUE ET MORAL

SUR

LES RÉVOLUTIONS

ANCIENNES ET MODERNES,

CONSIDÉRÉES

DANS LEURS RAPPORTS

AVEC

LA RÉVOLUTION FRANÇOISE.

DÉDIÉ A TOUS LES PARTIS:

Experti invicem sumus ego ac fortuna.
TACITE.

[1] M. DCC. XVII.

---

[1] Voyez la page ix de la feuille *a*.

PROSPECTUS[1].

ESSAI HISTORIQUE,

POLITIQUE ET MORAL

SUR

LES RÉVOLUTIONS

ANCIENNES ET MODERNES,

CONSIDÉRÉES DANS LEURS RAPPORTS

AVEC LA RÉVOLUTION FRANÇOISE

DE NOS JOURS,

OU

EXAMEN DE CES QUESTIONS :

I. Quelles sont les révolutions arrivées dans les gouvernements des hommes? quel étoit alors l'état de la société, et quelle a été l'influence de ces révolutions sur l'âge où elles éclatèrent et les siècles qui les suivirent?

II. Parmi ces révolutions en est-il quelques-unes qui, par l'esprit, les mœurs et les lumières des temps, puissent se comparer à la révolution actuelle de France?

III. Quelles sont les causes primitives de cette dernière révolution, et celles qui en ont opéré le développement soudain?

IV. Quel est maintenant le gouvernement de la France? est-il fondé sur de vrais principes, et peut-il subsister?

V. S'il subsiste, quel en sera l'effet sur les nations et les autres gouvernements de l'Europe?

VI. S'il est détruit, quelles en seront les conséquences pour les peuples contemporains et pour la postérité?

DÉDIÉ A TOUS LES PARTIS.

Experti invicem sumus ego ac fortuna.

3 vol. in-8°. Prix : 24 shillings pour les non-souscripteurs.

---

[1] Ce PROSPECTUS de l'ESSAI fut publié à Londres en 1796. On voit qu'il annonçoit le premier volume de l'Essai pour la fin de cette même année 1796.

PROSPECTUS.

Le seul énoncé du titre de cet *Essai* suffit pour en faire apercevoir toute l'importance. C'est peut-être l'ouvrage le plus complet qui ait encore paru sur les affaires présentes, si l'auteur, auquel il a coûté près de trois années d'études, a eu le bonheur de réussir dans la manière dont il l'a traité.

Les derniers livres de cet ouvrage, ne renfermant que de la politique, sont écrits en dialogue, à la manière de Platon, afin de répandre un peu de vie sur l'aridité de la matière. Au reste, l'auteur, qui a visité différentes parties du globe, et qui, par son titre d'*Essai*, a pu s'écarter çà et là sur sa route, s'est quelquefois permis d'insérer des morceaux de ses Voyages, et des digressions un peu étrangères, afin de plaire aux différents goûts des lecteurs, et de les délasser par la variété du style et des sujets.

On doit encore dire que cet ouvrage étant totalement indépendant de la question de la paix et de la guerre, des succès des François ou des alliés, l'acheteur ne court pas le risque de donner son argent le matin pour un livre que la gazette peut rendre inutile le soir.

Le premier volume de cet *Essai* paroitra au plus tard au mois de décembre de cette année, et les deux autres suivront immédiatement. Ceux qui voudront souscrire sont priés d'envoyer leurs adresses à MM. Lowes, bookseller to Her Majesty, n° 22, Pall-Mall; J. de Boffe, Gerrard-street; Debrett, Piccadilly; A. Dulau et compagnie, n° 107, Wardour-street, où l'ouvrage se trouvera.

Prix de la souscription : une guinée en trois termes ; sept shillings à la livraison de chaque volume.

The public is respectfully informed, that although this work may appear dear, yet it is, in fact, offered at the usual terms, for it might easily have been divided into 4 volumes at 5 s. and 6 d. each, as the actual volumes will contain considerably more than 400 pages, and when it is considered what a great expence, as well as loss of time, it has cost the author in quotations from Greek, Latin, English writers, etc., etc., the public will no doubt candidly acknowledge that the price is fixed at the lowest terms possible, especially when the conveniency and benefit of the subscription is reflected on.

AVIS

SUR CETTE ÉDITION [a].

On s'apercevra aisément que ce n'est pas un seul volume que l'on donne ici au public, mais deux volumes brochés ensemble. L'intérêt de l'auteur eût été de les diviser, l'intersection naturelle se trouvant entre la première et la seconde partie; ces deux tomes séparés auroient alors coûté une demi-guinée; réunis, ils ne reviendront qu'à huit shillings. Malgré le bas prix auquel on livre cet ouvrage, on a soigné autant qu'il a été possible cette première édition; la seconde, qui se fait à Paris, est exactement la même [b], excepté qu'on a changé quelque chose dans la division des parties, pour éviter les contrefaçons de l'édition de Londres. On trouvera à la fin une table générale des matières et la liste des auteurs et des éditions cités

---

[a] C'est l'avis de l'éditeur de Londres de 1797. (N. Éd.)

[b] Cette édition n'a jamais paru et n'a même jamais été commencée. (N. Éd.)

dans le cours de l'ouvrage[a]. Au reste, il auroit fallu des cartes à l'*Essai historique*, mais mes moyens ne vont pas jusque-là.

[a] L'ouvrage n'ayant point été achevé, le catalogue des auteurs et des éditions cités n'a point paru. Je ne puis le donner aujourd'hui. (N. Éd.)

NOTICE.

Lorsque je quittai la France j'étois jeune : quatre ans de malheur m'ont vieilli. Depuis quatre ans, retiré à la campagne, sans un ami à consulter, sans personne qui pût m'entendre, le jour travaillant pour vivre, la nuit écrivant ce que le chagrin et la pensée me dictoient, je suis parvenu à crayonner cet *Essai*. Je n'en ignore pas les défauts ; si le *moi* y revient souvent, c'est que cet ouvrage a d'abord été entrepris pour *moi*, et pour *moi* seul. On y voit presque partout un malheureux qui cause avec lui-même ; dont l'esprit erre de sujets en sujets, de souvenirs en souvenirs ; qui n'a point l'intention de faire un livre, mais tient une espèce de journal régulier de ses excursions mentales, un registre de ses sentiments, de ses idées. Le *moi* se fait remarquer chez tous les auteurs qui, persécutés des hommes, ont passé leur vie loin d'eux. Les solitaires vivent de leur cœur, comme ces sortes d'animaux qui, faute d'aliments extérieurs, se nourrissent de leur propre substance.

Hors quelques articles, que j'ai insérés selon les circonstances, j'ai laissé cet *Essai*, avec la brièveté des chapitres et la variété des notes, tel qu'il est originairement sorti de dessous ma plume, sans chercher à y mettre plus de régularité. Il m'a semblé que le désordre apparent qui y règne en montrant tout l'intérieur d'un homme (chose qu'on voit si rarement), n'étoit peut-être pas sans une espèce de charme. Je ne sais cependant si on peut dire que cet ouvrage manque de méthode.

Ce premier volume, ou plutôt ces deux premiers volumes contiennent les révolutions de la Grèce, et forment en eux-mêmes un tout absolument indépendant des parties qui suivront. L'empressement avec lequel on a bien voulu demander cet ouvrage me flatte moins qu'il ne m'effraie ;

ce qu'on commence par exalter sans raison on finit souvent par le déprécier sans justice. D'ailleurs ma santé, dérangée [a] par de longs voyages, beaucoup de soucis, de veilles et d'études, est si déplorable, que je crains de ne pouvoir remplir immédiatement la promesse que j'ai faite concernant les autres volumes de l'*Essai historique*.

Que ce livre m'attire beaucoup d'ennemis, j'en suis convaincu. Si je l'avois cru dangereux, je l'eusse supprimé ; je le crois utile, je le publie. Renonçant à tous les partis, je ne me suis attaché qu'à celui de la vérité : l'ai-je trouvée ? je n'ai pas l'orgueil de le prétendre. Tout ce que j'ai pu faire a été de marcher en tremblant, de me tenir sans cesse en garde contre moi-même, de ne jamais énoncer une opinion sans avoir auparavant descendu dans mon propre sein pour y découvrir le sentiment qui me l'avoit dictée. J'ai tâché d'opposer philosophie à philosophie, raison à raison, principe à principe : ou plutôt je n'ai rien fait de tout cela, j'ai seulement exposé les doutes d'un honnête homme.

N'ayant aucune cabale pour moi, aucune coterie qui me porte, aucun moyen d'argent ou d'intrigues pour faire circuler ou prôner mon livre, je dois m'attendre à rencontrer tous les obstacles des préjugés et des opinions. Je ne mendie d'éloges ni ne cours après des lecteurs. Si l'ouvrage vaut quelque chose, il sera connu assez tôt : s'il est mauvais, il restera dans l'oubli avec tant d'autres.

Une circonstance particulière m'oblige de toucher ici un article dont autrement il m'auroit peu convenu de parler. Quelques étrangers ayant, sur le prospectus, jugé trop favorablement de l'*Essai historique*, m'ont fait l'honneur de me le demander à traduire. L'homme de lettres allemand qui veut bien embellir mon ouvrage de son style ne m'a rien objecté particulièrement ; mais la dame angloise qui traduit l'*Essai historique* m'a critiqué avec autant de grâce que de politesse. Elle me mandoit, par exemple, qu'elle ne pourroit jamais

---

[a] Voyez la Préface.

se résoudre à traduire le passage qui se rapporte à M. de La Fayette. Je fus étonné : je m'aperçus alors combien il est difficile d'entendre parfaitement tous les tours d'une langue qui n'est pas la nôtre. Cette dame avoit pris au sens littéral ces mots : *La Fayette est un scélérat !* Aucun François ne se méprendra à la vraie signification de cette phrase; mais puisque cette dame a pu s'y tromper, il est possible que d'autres étrangers tombent dans la même erreur. J'invite donc ceux d'entre eux qui parcourront cet *Essai* à faire attention au passage indiqué; ils verront sans doute aisément que l'expression est bien loin de dire en effet ce qu'elle semble dire à la lettre. J'ose me flatter d'avoir mis assez de mesure dans cet écrit pour qu'on ne m'accuse pas d'insulter grossièrement un homme qui n'est pas un grand génie sans doute, mais qu'on doit respecter par cela seul qu'il est malheureux [a].

[a] Il étoit à cette époque dans les prisons d'Olmutz. (N. Éd.)

ESSAI HISTORIQUE,

POLITIQUE ET MORAL

SUR

LES RÉVOLUTIONS

ANCIENNES ET MODERNES,

CONSIDÉRÉES DANS LEURS RAPPORTS

AVEC LA RÉVOLUTION FRANÇOISE.

LIVRE PREMIER.

PREMIÈRE PARTIE.

RÉVOLUTIONS ANCIENNES.

INTRODUCTION.

Qui suis-je ? et que viens-je annoncer de nouveau aux hommes ? On peut parler de choses passées ; mais quiconque n'est pas spectateur désintéressé des événements actuels doit se taire. Et où trouver un tel spectateur en Europe ? Tous les individus, depuis le paysan jusqu'au monarque, ont été enveloppés dans cette étonnante tragédie. « Non-seulement, dira-t-on, vous n'êtes pas spectateur, mais vous êtes acteur, et acteur souffrant, François malheureux, qui avez vu disparoître votre fortune et vos amis dans le gouffre de la révolution; enfin vous êtes un émigré. » A ce mot, je vois les gens sages, et tous ceux dont les opinions sont modérées ou républicaines, jeter là le volume sans chercher à en savoir davantage. Lecteurs, un moment. Je ne vous demande que de parcourir quelques lignes de plus. Sans doute je ne serai pas intelligible pour tout le monde; mais quiconque m'entendra poursuivra la lecture de cet *Essai*. Quant à ceux qui ne m'entendront pas, ils feront mieux de fermer le livre; ce n'est pas pour eux que j'écris [a].

Celui qui dit dans son cœur, « Je veux être utile à mes semblables, » doit commencer par se juger soi-même : il faut qu'il étudie ses passions, les préjugés et les intérêts qui peuvent le diriger sans qu'il s'en aperçoive. Si malgré tout cela il se sent assez de force pour dire la vérité, qu'il la dise; mais, s'il se sent foible, qu'il se taise. Si celui qui écrit sur les affaires présentes ne peut être lu éga-

---

[a] Ce ton solennel, la morgue de ce début, dans un auteur dont le nom étoit inconnu et qui écrivoit pour la première fois, ce ton et cette morgue seroient comiques s'ils n'étoient l'imitation d'un jeune homme nourri de la lecture de J. J. Rousseau, et reproduisant les défauts de son modèle. Le *moi* que l'on retrouve partout dans l'*Essai* m'est d'autant plus odieux aujourd'hui que rien n'est plus antipathique à mon esprit; que ma disposition habituelle sur mes ouvrages n'est pas de l'orgueil, mais de l'indifférence que je pousse peut-être trop loin. Au reste, j'avois été averti par mon instinct que cette manière n'étoit pas la mienne : on trouve dans la Notice ou Préface de l'ancienne édition des excuses peut-être assez touchantes de l'emploi que j'avois fait du *moi*. (N. ÉD.)

lement au directoire et aux conseils des rois, il a fait un livre inutile ; s'il a du talent, il a fait pis, il a fait un livre pernicieux. Le mal, le grand mal, c'est que nous ne sommes point de notre siècle. Chaque âge est un fleuve qui nous entraîne selon le penchant des destinées quand nous nous y abandonnons. Mais il me semble que nous sommes tous hors de son cours. Les uns (les républicains) l'ont traversé avec impétuosité, et se sont élancés sur le bord opposé. Les autres sont demeurés de ce côté-ci sans vouloir s'embarquer. Les deux partis crient et s'insultent, selon qu'ils sont sur l'une ou sur l'autre rive. Ainsi, les premiers nous transportent loin de nous dans des perfections imaginaires, en nous faisant devancer notre âge; les seconds nous retiennent en arrière, refusent de s'éclairer, et veulent rester les hommes du quatorzième siècle dans l'année 1796 [a].

L'impartialité de ce langage doit me réconcilier avec ceux qui, de la prévention contre l'auteur,

---

[a] Dis-je aujourd'hui autre chose que cela? n'est-ce pas le fond de toutes les vérités politiques, de toutes les plaintes, de toutes les prévisions que l'on retrouve dans les *Réflexions politiques*, dans *la Monarchie selon la Charte*, dans *le Conservateur*, dans mes *Opinions* à la Chambre des Pairs, etc. Il y a cependant trente années que cela est écrit. Mais où écrivois-je de la sorte? à Londres, dans l'exil, au milieu des victimes de la révolution. Il y avoit peut-être quelque courage à parler ainsi à un parti dans les rangs duquel j'étois, et dont je partageois les souffrances. Cette fureur de dire la vérité à tout le monde explique assez bien les accidents de ma vie politique.

Je remarquerai une fois pour toutes, et pour n'y plus revenir, car je serois obligé de faire des notes à chaque page, je remarque-

auroient pu passer au dégoût de l'ouvrage. Je dirai plus : si celui qui, né avec une passion ardente pour les sciences, y a consacré les veilles de la jeunesse ; si celui qui, dévoré de la soif de connoître, s'est arraché aux jouissances de la fortune pour aller au-delà des mers contempler le plus grand spectacle qui puisse s'offrir à l'œil du philosophe, méditer sur l'homme libre de la nature et sur l'homme libre de la société, placés l'un près de l'autre sur le même sol ; enfin, si celui qui, dans la pratique journalière de l'adversité, a appris de bonne heure à évaluer les préjugés de la vie ; si un tel homme, dis-je, mérite quelque confiance, lecteurs, vous le trouvez en moi.

rai que les doctrines politiques professées dans l'*Essai*, sur la liberté et sur les gouvernements constitutionnels, sont parfaitement conformes à celles que je prêche maintenant et que j'ai manifestées jusque sous le despotisme de l'usurpation, soit dans le *Génie du Christianisme*, soit dans quelques autres écrits. Je me tiens pour honoré de cette constance dans mes opinions politiques, qui ne s'est démentie ni dans l'exil sous l'impatience du malheur, ni pendant le règne de Buonaparte sous la menace de la force, ni à l'époque de la restauration sous l'influence de la prospérité. Quand on ne retrouveroit dans l'*Essai* que ce sentiment d'indépendance, il effaceroit à des yeux non prévenus beaucoup d'erreurs. Une main trop jeune, qui n'avoit encore été serrée par aucune main amie, n'a-t-elle pas pu s'égarer un peu en traçant une première ébauche ?

Ainsi ceux qui ont pu croire, par la vive expression de mon horreur pour les crimes révolutionnaires, que j'étois un ennemi des libertés publiques, et ceux qui ont pensé, d'après mon amour pour ces libertés, que j'approuvois les doctrines révolutionnaires, se sont également trompés. Ils vont relire de suite mes ouvrages : pour peu qu'ils veuillent faire la part de l'âge, des temps et des circonstances, je ne crains pas de m'en rapporter à leur bonne foi.   (N. Éd.)

INTRODUCTION.

La position où je me trouve est d'ailleurs favorable à la vérité. Attaqué d'une maladie qui me laisse peu d'espoir, je vois les objets d'un œil tranquille[a]. L'air calme de la tombe se fait sentir au voyageur qui n'en est plus qu'à quelques journées.

Sans désirs et sans crainte, je ne nourris plus les chimères du bonheur, et les hommes ne sauroient me faire plus de mal que je n'en éprouve. « Le malheur [1], » dit l'auteur des *Études de la Nature*, « le malheur ressemble à la montagne noire de Bember, aux extrémités du royaume brûlant de Lahor : tant que vous la montez, vous ne voyez devant vous que de stériles rochers; mais, quand vous êtes au sommet, vous apercevez le ciel sur votre tête, et le royaume de Cachemire à vos pieds [2]. »

Le lecteur pardonnera aisément cette digression,

---

[a] Voyez la Préface.   (N. Éd.)

[1] *Chaumière indienne.*

[2] Je crains d'avoir altéré quelque chose dans cette belle comparaison. J'en préviendrai ici, une fois pour toutes : n'ayant rien sauvé de la révolution, (excepté un petit nombre de notes), sans bibliothèque et sans ressources, je n'ai eu pour m'aider, dans l'obscurité de ma retraite, qu'une mémoire assez heureuse autrefois, mais aujourd'hui presque usée par le chagrin. On verra, à la conclusion de cet Essai, les difficultés innombrables qu'il m'a fallu surmonter. J'ai été souvent sur le point d'abandonner l'ouvrage, et de livrer le tout aux flammes [*]. Cependant je puis assurer les lecteurs que les inexactitudes qui ont pu se glisser dans mes citations sont de peu de conséquence, et que, partout où le sujet l'a absolument exigé, j'ai suspendu mon travail jusqu'à ce que je me fusse procuré les livres originaux. En cela, j'ai trouvé de grands secours chez les gentilshommes anglois, qui m'ont ouvert leurs bibliothèques avec une générosité qui fait honneur à leur philosophie. J'ai été pareillement redevable au révérend B. S., homme d'autant d'esprit que d'humanité, et auquel j'aime à rendre ici l'hommage public de ma reconnoissance.

[*] J'aurois bien fait de céder à la tentation.   (N. Éd.)

qui ne sert après tout ici que de préface, et sans laquelle, plein de cette malheureuse défiance qui nous met en garde contre les opinions de l'auteur, il lui eût été impossible de continuer avec intérêt la lecture de cet ouvrage. Mais, si j'ai pris tant de soin de lui aplanir l'entrée de la carrière, il doit à son tour me faire quelque sacrifice. O vous tous qui me lisez, dépouillez un moment vos passions en parcourant cet écrit sur les plus grandes questions qui puissent, dans ce moment de crise, occuper les hommes. Méditez attentivement le sujet avec moi. Si vous sentez quelquefois votre sang s'allumer, fermez le livre, attendez que votre cœur batte à son aise avant de recommencer votre lecture. En récompense, je ne me flatte pas de vous apporter du génie, mais un cœur aussi dégagé de préjugés qu'un cœur d'homme puisse l'être. Comme vous, si mon sang s'échauffe, je le laisserai se calmer avant de reprendre la plume : je causerai toujours simplement avec vous; je raisonnerai toujours d'après des principes. Je puis me tromper sans doute; mais, si je ne suis pas toujours juste, je serai toujours de bonne foi. Ne vous hâtez pas de mépriser l'ouvrage d'un inconnu qui n'écrit que pour être utile. Enfin, si par des souvenirs trop tendres je laissois dans le cours de cet écrit tomber une larme involontaire, songez qu'on doit passer quelque chose à un infortuné laissé sans amis sur la terre, et dites : Pardonnons-lui en faveur du courage qu'il a eu d'écouter la voix de la vérité, malgré les préjugés si excusables du malheur.

EXPOSITION.

I. Quelles sont les révolutions arrivées autrefois dans les gouvernements des hommes ? Quel étoit alors l'état de la société, et quelle a été l'influence de ces révolutions sur l'âge où elles éclatèrent et les siècles qui les suivirent ?

II. Parmi ces révolutions en est-il quelques-unes qui, par l'esprit, les mœurs et les lumières des temps, puissent se comparer à la révolution actuelle de France ?

III. Quelles sont les causes primitives de cette dernière révolution, et celles qui en ont opéré le développement soudain ?

IV. Quel est maintenant le gouvernement de France ? Est-il fondé sur de vrais principes, et peut-il subsister ?

V. S'il subsiste, quel en sera l'effet sur les nations et autres gouvernements de l'Europe ?

VI. S'il est détruit, quelles en seront les conséquences pour les peuples contemporains et pour la postérité [a] ?

---

[a] Ces questions me semblent clairement posées. Si elles embrassent des sujets qui occupent rarement la jeunesse, elles se ressentent aussi du caractère de la jeunesse : elles vont trop loin ; elles veulent ramener tous les événements de l'histoire à un centre de convergence impossible ; non-seulement elles interrogent le passé, mais elles prétendent révéler l'avenir ; elles sont toutes de théorie, et n'ont aucune utilité pratique ; on y reconnoît à la fois l'audace et l'inexpérience d'un esprit que l'âge n'a point éclairé, et qui est prêt à faire abus de sa force. (N. Éd.)

Telles sont les questions que je me propose d'examiner. Quoiqu'on ait beaucoup écrit sur la révolution françoise, chaque faction se contentant de décrier sa rivale, le sujet est aussi neuf que s'il n'eût jamais été traité.

Républicains, constitutionnels, monarchistes, girondistes, royalistes, émigrés, enfin politiques de toutes les sectes [1], de ces questions bien ou mal entendues dépend votre bonheur ou votre malheur à venir. Il n'est point d'homme qui ne forme des projets de gloire, de fortune, de plaisir ou de repos; et nul, cependant, dans ce moment de crise, ne peut se dire : « Je ferai telle chose demain, » s'il n'a prévu quel sera ce demain. Il est passé le temps des félicités individuelles : les petites ambitions, les étroits intérêts d'un homme, s'anéantissent devant l'ambition générale des nations et l'intérêt du genre humain [a]. En vain vous espérez échapper aux calamités de votre siècle par des mœurs solitaires et l'obscurité de votre vie; l'ami est maintenant arraché à l'ami, et la retraite du sage retentit de la chute des trônes. Nul ne peut se promettre

---

[1] Je serai souvent obligé, pour me faire entendre, d'employer les divers noms de partis de notre révolution. J'avertis que ces noms ne signifieront, sous ma plume, que des appellations nécessaires à l'intelligence de mon sujet, et non une injure personnelle. Je ne suis l'écrivain d'aucune secte, et je conçois fort bien qu'il peut exister de très honnêtes gens, avec des notions des choses différentes des miennes. Peut-être la vraie sagesse consiste-t-elle à être, non pas sans principes, mais sans opinions déterminées [*].

[a] Cette réflexion est aujourd'hui plus vraie que jamais. (N. Éd.)

[*] On peut avouer les sentiments modérés exprimés dans cette note; mais le scepticisme de la dernière phrase est risible.

(N. Éd.)

un moment de paix : nous naviguons sur une côte inconnue, au milieu des ténèbres et de la tempête. Chacun a donc un intérêt personnel à considérer ces questions avec moi, parce que son existence y est attachée. C'est une carte qu'il faut étudier dans le péril pour reconnoître en pilote sage le point d'où l'on part, le lieu où l'on est et celui où l'on va, afin qu'en cas de naufrage on se sauve sur quelque île où la tempête ne puisse nous atteindre. Cette île-là est une conscience sans reproche.

VUE DE MON OUVRAGE.

Le défaut de méthode se fait ordinairement sentir dans les ouvrages politiques, bien qu'il n'y ait point de sujet qui demandât plus d'ordre et de clarté. Je tâcherai de donner une idée distincte de cet *Essai*, en disant un mot de ma manière.

1° J'examinerai les causes éloignées et immédiates de chaque révolution ;

2° Leurs parties historiques et politiques ;

3° L'état des mœurs et des sciences de ce peuple en particulier, et du genre humain en général, au moment de cette révolution ;

4° Les causes qui en étendirent ou en bornèrent l'influence ;

5° Enfin, tenant toujours en vue l'objet principal du tableau, je ferai incessamment remarquer les rapports ou les différences entre la révolution alors décrite et la révolution françoise de nos jours. De sorte que celle-ci servira de foyer commun, où viendront converger tous les traits épars de la morale, de l'histoire et de la politique[a].

Cette intéressante peinture occupera la majeure partie des quatre premiers livres, et servira de réponse à la première question.

L'examen de la troisième et celui de la seconde (déjà à moitié résolue) rempliront la troisième partie du quatrième livre.

Le cinquième livre, écrit en dialogue, sera consacré aux recherches sur la quatrième question.

Quelques sujets détachés se trouveront dans la première partie du livre sixième; et la seconde du même livre contiendra les probabilités sur les deux dernières questions.

Ainsi l'ouvrage entier sera composé de six livres, les uns de deux, les autres de trois parties, formant en totalité quinze parties, subdivisées en chapitres[b].

De cette esquisse générale passons maintenant aux divisions particulières, et fixons d'abord la valeur que je donne au mot *révolution*, puisque ce mot reviendra sans cesse dans le cours de cet ouvrage.

Par le mot révolution je n'entendrai donc, dans la suite, qu'une conversion totale du gouvernement

---

[a] Mêmes défauts que dans l'exposition ; système de convergence qui ne pouvoit produire que des rapprochements historiques quelquefois curieux, mais presque toujours forcés. (N. Éd.)

[b] Ces prétentions à la méthode et à la clarté sont très mal fondées : il n'y a rien de plus embrouillé que ces divisions et ces subdivisions. (N. Éd.)

d'un peuple, soit du monarchique au républicain, ou du républicain au monarchique. Ainsi, tout État qui tombe par des armes étrangères, tout changement de dynastie, toute guerre civile qui n'a pas produit des altérations remarquables dans une société, tout mouvement partiel d'une nation momentanément insurgée, ne sont point pour moi des révolutions. En effet, si l'esprit des peuples ne change, qu'importe qu'ils se soient agités quelques instants dans leurs misères, et que leur nom ou celui de leur maître ait changé ª?

Considérées sous ce point de vue, je ne reconnoîtrai que cinq révolutions dans toute l'antiquité, et sept dans l'Europe moderne. Les cinq révolutions anciennes seront l'établissement des républiques en Grèce; leur sujétion sous Philippe et Alexandre, avec les conquêtes de ce héros; la chute des rois à Rome; la subversion du gouvernement populaire par les Césars; enfin le renversement de leur empire par les Barbares [1].

La république de Florence, celle de la Suisse,

ª Raisonnable. (N. Éd.)

[1] L'irruption des Barbares dans l'empire n'est pas proprement une révolution dans le sens que j'ai donné à ce mot. On en peut dire autant des guerres sous le roi Jean, et de la Ligue sous Henri IV, dont j'ai cependant fait des révolutions [*]. Quant aux Barbares, il est aisé d'apercevoir que, formant le point de contact où s'unit l'histoire des anciens et des modernes, il m'étoit indispensable d'en parler. Quant aux deux autres époques, les troubles de la France dans ces temps-là sont trop fameux, offrent des caractères trop grands et des analogies trop frappantes pour ne pas les avoir considerées comme de véritables révolutions.

[*] On voit qu'à l'époque où j'écrivois l'*Essai* je songeois déjà à l'*Histoire de France*.

les troubles sous le roi Jean, la ligue sous Henri IV, l'union des Provinces Belgiques, les malheurs de l'Angleterre durant le règne de Charles Ier, et l'érection des États-Unis de l'Amérique en nation libre, formeront le sujet des sept révolutions modernes.

Au reste, je crayonnerai rapidement la partie de cet ouvrage consacrée à l'histoire ancienne, réservant les grands détails lorsque je parlerai des nations actuelles de l'Europe. Le génie des Grecs et des Romains diffère tellement du génie des peuples d'aujourd'hui, qu'on y trouve à peine quelques traits de ressemblance. J'aurois pu m'étendre sur les révolutions de Thèbes, d'Argos et de Mycènes; les annales de la Suède et de la Pologne, celles des villes impériales, les insurrections de quelques cités d'Espagne et du royaume de Naples, me présentoient des matériaux suffisants pour multiplier les volumes. Mais, en portant un œil attentif sur l'histoire, j'ai vu qu'une multitude de rapports qui m'avoient d'abord frappé se réduisoient, après un mûr examen, à quelques faits isolés totalement étrangers dans leurs causes et dans leurs effets à ceux de la révolution françoise. En m'arrêtant incessamment à chaque petite ville de la Grèce et de l'Allemagne, je serois tombé dans un cercle de répétitions, aussi ennuyeuses que peu utiles. Je n'ai donc saisi que les grands traits, ceux qui offrent des leçons à suivre, ou des exemples à imiter. Je n'ai pas prétendu écrire un roman, dans lequel, pliant de force les événements à mon système ª, je n'eusse laissé après moi qu'un de ces monuments déplorables, où nos neveux contempleront avec un serrement de cœur l'esprit qui anima leurs pères, et béniront le ciel de ne les avoir pas fait naître dans ces jours de calamité. Je me suis proposé une fin plus noble, en écrivant ces pages, je l'avouerai; l'espoir d'être utile aux hommes a exalté mon âme et conduit ma plume. Que si le plus grand sujet est celui dont on peut faire sortir le plus grand nombre de vérités naturelles; que si, fixant en outre la somme des vérités historiques, ce sujet mène à la solution du problème de l'homme, fut-il jamais d'objet plus digne de la philosophie que le plan qu'on s'est tracé dans cet ouvrage ᵇ? Malheureusement l'exécution en est confiée à des mains trop inhabiles ᶜ. J'ai fait, par mon titre d'*Essai*, l'aveu public de ma foiblesse. Ce sera assez de gloire pour moi d'avoir montré la route à de plus beaux génies.

ª Voilà la critique la plus juste qu'on puisse faire de l'*Essai*: j'avois le sentiment de la foiblesse de mon plan, et je faisois des efforts pour le cacher aux yeux du public et aux miens. (N. Éᴅ.)

ᵇ Et pourtant c'est un roman où les événements sont obligés, bon gré, mal gré, de se plier à un système. (N. Éᴅ.)

ᶜ Me voilà rendu à ma propre nature : Rousseau n'est plus pour rien dans cette manière d'écrire. (N. Éᴅ.)

CHAPITRE PREMIER.

PREMIÈRE QUESTION.

Ancienneté des hommes.

« Quelles sont les révolutions arrivées autrefois
« dans le gouvernement des hommes ? quel étoit
« alors l'état de la société ? et quelle a été l'influence
« de ces révolutions sur l'âge où elles éclatèrent et
« les siècles qui les suivirent ? »

Le seul énoncé de cette question suffit pour en démontrer l'importance. Le vaste sujet qu'elle embrasse remplira la majeure partie de cet ouvrage, et, servant de clef à nos derniers problèmes, en fera naître une foule de vérités inconnues. Le flambeau des révolutions passées, à la main, nous entrerons hardiment dans la nuit des révolutions futures. Nous saisirons l'homme d'autrefois malgré ses déguisements, et nous forcerons le Protée à nous dévoiler l'homme à venir. Ici s'ouvre une perspective immense ; ici j'ose me flatter de conduire le lecteur par un sentier encore tout inculte de la philosophie, où je lui promets des découvertes et de nouvelles vues des hommes[a]. Du tableau des troubles de l'antiquité passant à celui des nations

---

[a] Quelle assurance ! l'excuse ici est la jeunesse. *De nouvelles vues des hommes !* mais il auroit fallu commencer par savoir ce que j'étois moi-même.   (N. Éd.)

modernes, je remonterai, par une série de malheurs, depuis les premiers âges du monde jusqu'à notre siècle. L'histoire des peuples est une échelle de misère dont les révolutions forment les différents degrés.

Si l'on considère que depuis le jour mémorable où Christophe Colomb aborda sur les rives américaines, pas une des hordes qui vaguent dans les forêts du Nouveau-Monde n'a fait un pas vers la civilisation, que cependant ces peuples étoient déjà loin de l'état de nature [1] à l'époque où on les a trouvés, on ne pourra s'empêcher de convenir que la forme la plus grossière du gouvernement n'ait dû coûter à l'homme des siècles de barbarie.

Qu'apercevons-nous donc au moment où l'histoire s'ouvre? De grandes nations déjà sur leur déclin, des mœurs corrompues, un luxe effroyable, des sciences abstraites [2], telles que l'astronomie, l'écriture et la métaphysique des langues, arts dont l'achèvement semble demander la durée d'un monde! Si on ajoute à cela les traditions des peuples : les Pasteurs de l'antique Égypte, paissant leurs gazelles dans les villes abandonnées et sur les monuments en ruine d'une nation inconnue, jadis

---

[1] Une observation importante à faire sur la lenteur avec laquelle les Américains se civilisent, c'est que la nature leur a refusé les troupeaux, ces premiers législateurs des hommes. Il est même très remarquable qu'on a trouvé ces sauvages policés là précisément où il y avoit une espèce d'animal domestique [*].

[*] Observation assez curieuse.   (N. Éd.)

[2] Hérod., l. i et ii; Diod., l. i et ii.

florissante dans ces déserts [1]; cette même Égypte comptant plus de cinq mille ans [2], depuis la fin de l'âge bucolique et l'érection de la monarchie sous son premier roi Ménès jusqu'à Alexandre; la Chine fondant son histoire sur un calcul d'éclipses qui remonte jusqu'au déluge [3], au-delà duquel ses annales se perdent dans des siècles innombrables; l'Inde

---

[1] *Voyage aux Sources du Nil*, par J. Bruce, tom. III, liv. II, chap. II, pag. 117, etc.

En admettant, avec Bruce, que les pasteurs remplacèrent les anciens peuples de l'Égypte, je rejette le reste de son système, qui fait sortir les pasteurs de l'Éthiopie. Il vous dit que les descendants de Cush, petit-fils de Noé, peuplèrent ces contrées *alors désertes;* et quelques pages après il ajoute que les Cushites trouvèrent auprès d'eux une nation puissante, les Pasteurs. Outre que les anciens historiens paroissent faire entendre que les Pasteurs entrèrent en Égypte par l'isthme de Suez, Bruce a ignoré un passage d'Eusèbe qui dit : *Æthiopes ab Indo flumine consurgentes juxta Ægyptum consederunt.* Et il fixe leur arrivée au règne d'Aménophis, avant la dix-neuvième dynastie, et vers le temps de la fondation de Sparte, environ 1500 ans avant l'ère vulgaire. Ainsi les Pasteurs auroient été les habitants primitifs de l'Éthiopie. D'ailleurs, selon Ussérius, Sésostris étoit fils d'Aménophis. Celui-ci avoit régné glorieusement, et Sésostris, loin d'avoir à arracher son royaume des mains des Pasteurs victorieux, entreprit la conquête du monde, si nous en croyons Diodore de Sicile. Il faut donc placer le règne des Pasteurs dans une antiquité bien plus reculée que ne le fait le voyageur Bruce, et rejeter l'opinion, très invraisemblable, que ces peuples venoient originairement de l'Éthiopie. Manethon, dans sa seizième dynastie, les appelle expressément Φοινίκες ξένοι, Phéniciens étrangers. Au reste, Josèphe rapporte que Tethmosis contraignit ceux-ci par un traité d'abandonner son empire, ce qui en feroit remonter l'époque vers l'an 2889 de la période Julienne. Mais ceci ne doit s'entendre que des derniers Pasteurs. Il est certain que ces peuples ravagèrent plusieurs fois l'Égypte. (Manetho apud Joseph. et Afric.; Hérod., lib. II, cap. C; Diod., l. I, pag. 48, etc.; Euseb., Chron., l. I, pag. 13.)

[2] Suivant le calcul modéré de Manethon. Si on admettoit le règne des dieux et des demi-dieux, il faudroit compter plus de vingt mille ans. (Diod., l. I, pag. 41.)

[3] Duhalde, *Hist. de la Chine*, tom. II, pag. 2.

La première éclipse a été observée deux mille cent cinquante-cinq ans avant Jésus-Christ.

enfin, offrant le phénomène d'une langue primitive, source de toutes celles de l'Orient, langue qui n'est plus entendue que des Bramins [1], et qui fut jadis parlée d'un grand peuple, dont le nom même a disparu de la terre; il est certain que le premier coup d'œil qu'on jette sur l'histoire des hommes suffiroit pour nous convaincre que notre courte chronologie en remplit à peine la dernière feuille, si les monuments de la nature ne démontroient cette vérité au-delà de toute contradiction [2].

[1] *Hist. of Ind. from the Earliest. Acc.* ROBERTSON, *Appendix to his Disquis.*

La langue sanscrite ou sacrée vient enfin d'être révélée au monde. Nous possédons déjà la traduction de plusieurs poëmes, écrits dans cet idiome. La puissance et la philosophie des Anglois aux Indes ont fait à la république des lettres ce présent inestimable. (Voyez les auteurs cités ci-dessus.)

[2] BUFFON, *Th. de la Terre.*

J'avois recueilli moi-même un grand nombre d'observations botaniques et minéralogiques sur l'antiquité de la terre. J'ai compté sur des montagnes d'une hauteur médiocre, qui courent du sud-est au nord-ouest, par le 42e degré de latitude septentrionale en Amérique, jusqu'à treize générations de chênes, évidemment successives sur le même sol. On m'a montré en Allemagne une pierre calcaire seconde, formée des débris d'une pierre calcaire première : ce qui nous jette dans une immensité de siècles. M. M., célèbre minéralogiste de Paris, m'avoit assuré avoir trouvé auparavant cette même pierre dans les environs de Montmartre. A Gracioza, l'une des Açores, j'ai ramassé des laves si antiques, qu'elles étoient revêtues d'une croûte de mousse pétrifiée de plus d'un demi-pouce d'épaisseur. Enfin, à l'île Saint-Pierre, sur la côte désolée qui regarde l'île de Terre-Neuve, dont elle est séparée par une mer bruyante et dangereuse, toujours couverte d'épais brouillards, j'ai examiné un rocher formé de couches alternatives de lichen rouge qui avoit acquis la dureté du granit. Le manuscrit de ces voyages, dont on trouvera quelques extraits dans l'ouvrage que je donne ici au public, a péri, avec le reste de ma fortune, dans la révolution *.

* Oui le manuscrit *tout-à-fait* primitif de ces voyages, mais non pas le manuscrit des *Natchez*, écrit à Londres, dans lequel une grande partie du manuscrit primitif a été conservée.

(N. ÉD.)

La destruction et le renouvellement d'une partie du genre humain est une autre conjecture également fondée. Les corps marins transportés au sommet des montagnes, ou enfouis dans les entrailles de la terre; les lits de pierres calcaires; les couches parallèles et horizontales des sols [1], se réunissent avec les traditions des Juifs [2], des Indiens [3], des Chinois [4], des Égyptiens [5], des Celtes [6], des Nègres [7]; de l'Afrique et des sauvages [8] même du

---

[1] Buffon, *Théor. de la Terre*, *Hist. des Hommes*, tom. I; Carl., *Lettres sur l'Am.*

[2] *Genèse.*

[3] *Hist. of Ind. from the Earliest*, etc.

[4] Duhald., *Hist. de la Chine*, tom. II.

[5] Lucian., *de Dea Syria*.
Lucien rapporte l'histoire de la colombe de Noé.

[6] Edda, *Mythol.*; Keyzl, *Ant. Sept.*, c. II; Sched. *de Diis Germ.*

[7] Koben's *Acc. of the C. of Good Hope*; Sparrm. *Voy. among the Hott.*, VI, ch. V.
Ce dernier auteur raconte que les Hottentots ont une si grande horreur de la pluie, qu'il est impossible de leur faire convenir qu'elle soit quelquefois nécessaire. Le voyageur suédois attribue la cause de cette singularité à des opinions religieuses; il est plus naturel de croire que cette antipathie tient à un sentiment confus des malheurs occasionés par le déluge. Il est vrai que cette tradition a pu être portée en Afrique, soit par les mahométans qui y pénétrèrent dans le huitième siècle (voy. *Geogr. Nubiens.*, trad. de l'arabe, et Léon, *Description de l'Afr.*), ou long-temps auparavant par les Carthaginois, dont quelques voyageurs modernes ont retrouvé des monuments jusque sur les bords du Sénégal et du Tigre. Cependant, si les Carthaginois ont suivi les opinions de leurs ancêtres les Phéniciens, ils ne croyoient pas au déluge.

[8] Laf., *Mœurs des Sauv.*, art. relig.
Le docteur Robertson, dans son excellente *Histoire de l'Amérique* (tom. II, liv. IV, p. 25, etc.), adopte le système des premières émigrations à ce continent, par le nord-est de l'Asie et le nord-ouest de l'Europe. D'après les voyages de Cook, et ceux encore plus récents des autres navigateurs, il paroît maintenant prouvé que l'Amérique méridionale a pu recevoir ses habitants des îles de la mer du Sud, de même que ces dernières reçurent les leurs des côtes de l'Inde qui en sont les plus voisines. Cette chaîne d'îles

Canada, pour prouver la submersion du globe [1].

Posons donc pour base de l'histoire ces deux vérités : l'antiquité des hommes, et leur renouvel-

enchantées semble être jetée comme un pont sur l'Océan, entre les deux mondes, pour inviter les hommes à parcourir leurs domaines. Les rapports de langage et de religion entre les anciens Péruviens, les insulaires des Sandwich, d'Otahiti, etc., et les Malais, donnent quelque solidité à cette conjecture. Il est alors plus que probable que la tradition du déluge se répandit en Amérique avec les peuples de l'Inde, de la Tartarie et de la Norwége.

(Voyez les tables comparées des langues à la fin des *Voyages de Cook*, et les extraits d'un dernier *Voyage à la recherche de M. de la Peyrouse. Journal de M. Peltier*, n°s 64-65.)

[1] Il ne faut pas, au reste, se dissimuler une grande objection historique. Sanchoniathon le Phénicien, contemporain de Sémiramis, ne dit pas un seul mot du déluge. Il n'y a peut-être pas de monument plus curieux dans toute la littérature que les passages de cet auteur, échappés aux ravages du temps dans les écrits de Porphyre et d'Eusèbe. Non-seulement on doit s'étonner du profond silence de ces fragments sur les deux fameuses traditions du déluge et de la chute de l'homme, ainsi que de l'explication que ces mêmes fragments nous donnent de l'origine du culte chez les Grecs; mais d'y trouver le plus ancien historien du monde athée par principes, c'est sans doute une circonstance de la nature la plus extraordinaire. Ces précieuses reliques de l'antiquité n'étant guère connues que des savants, les lecteurs me sauront peut-être gré de les leur produire ici.

« La source de l'univers, dit Sanchoniathon, étoit un air sombre et agité, un chaos infini et sans forme. Cet air devint amoureux de ses propres principes, et il en sortit une substance mixte appelée Πόθος ou le désir.

« Cette substance mixte fut la matrice générale des choses; mais l'air ignoroit ce qu'il avoit produit. Avec celle-ci il engendra Môt (une vase fermentée), et de cet embryon germèrent toutes les plantes et le système de l'univers. »

L'auteur phénicien raconte ensuite que le soleil, la lune, les étoiles, sont des animaux intelligents qui se formèrent dans Môt, ou le limon ; et que, la lumière ayant produit les tonnerres, les animaux, éveillés au bruit de la foudre, s'enfuirent dans les forêts, ou se précipitèrent dans les eaux. Ici Sanchoniathon cite les écrits de Taautus, dont il a tiré sa cosmogonie, et il fait Taautus même inventeur des lettres : ainsi, on ne peut imaginer une plus grande antiquité. L'historien passe à la génération des hommes, et dit :

« Du vent Colpias et de sa femme Baau furent engendrés deux mortels (mâle et femelle) appelés *Protogonus* et *Æon*. De ce premier couple naquirent Genus et Genea, qui, dans une grande sécheresse étendirent leurs mains vers le soleil, s'écriant : *Beelsamin !* (en phénicien, Seigneur du ciel;

lement après la destruction presque totale de la race humaine.

Mais en ne commençant l'Histoire qu'à l'époque très incertaine du déluge, vous êtes loin d'avoir vaincu toutes les difficultés. Sanchoniathon ne vous apprend d'abord que la fondation des villes et des

en grec, Ζεύς). » De là l'origine du grand nom de la Divinité chez les Grecs. L'historien se moque de ceux-ci, pour n'avoir pas entendu l'expression phénicienne.

Sanchoniathon rapporte ainsi douze générations : Protogonus, Genus, Phos, Libanus, Memrumus, Agreus, Chrysor, Technites, Agrus, Amynus, Misor, Taautus, donnant aux uns l'invention de l'agriculture, aux autres celle des arts mécaniques, etc., montrant comment les divisions géographiques prirent leur nom de ceux de ces premiers hommes, telle que de Libanus, le Liban, et enfin la source de la plupart des divinités des Grecs qui déifièrent ces mortels par ignorance.

On remarque qu'à la dixième génération (Amynus), qui correspond à Noé dans la Genèse, Sanchoniathon passe immédiatement à Misor, sans qu'il paroisse même se douter du mémorable événement qui dut avoir lieu alors. « D'Agrus, dit-il, naquit Amynus, qui enseigna aux hommes à bâtir des villes; d'Amynus, Misor le juste, etc. »

Concluons cette note par une remarque importante. On place Sanchoniathon (Porphyre) vers le temps de Sémiramis. Or, la reine assyrienne régnoit environ deux mille cent quatre-vingt-dix ans avant notre ère. Selon l'opinion commune, la première colonie égyptienne qui émigra aux côtes de la Grèce, n'y parvint que dans l'année 1856 de la même chronologie; et le système religieux n'y prit des formes permanentes que sous la législation de Cécrops, un peu plus de trois siècles après. Cependant l'auteur phénicien relève les méprises des Grecs sur les dieux, en parlant des premiers comme d'une nation déjà ancienne. Il y a plus : il nous apprend qu'Athéna, fille de Cronus, régna en Attique à une époque qu'il est difficile de déterminer, et qui renverseroit le système entier de notre chronologie. Je laisse à penser au lecteur ce qu'il faut croire maintenant de l'histoire et de l'origine moderne des Grecs, sans parler que * Diodore dans *Eusèbe*, Hérodote, Apollodore, Pausanias, confirment le récit de l'auteur phénicien par plusieurs passages. Au reste, si l'on suppose que Sanchoniathon vivoit deux ou trois siècles après Moïse, comme quelques savants le prétendent, on pallie toutes les difficultés. (SANCH., *apud*. Eus. *Præpar. Evang.*, lib. I, cap. X.)

* *Sans parler que* n'est pas françois. Il y a dans tout cela quelque lecture, mais de la lecture mal digérée et empreinte d'un mauvais esprit. (N. ÉD.)

États. Cronus, fils du roi Ouranus, saisit son père auprès d'une fontaine, le fait cruellement mutiler, entreprend de longs voyages, dispense à son gré les empires, donnant à sa fille Athéna, l'Attique, et au dieu Taautus, l'Égypte [1]. Hérodote et Diodore vous introduisent ensuite dans le pays des merveilles. Ce sont des villes de vingt lieues de circuit, élevées comme par enchantement [2], des jardins suspendus dans les airs [3], des lacs entiers creusés de la main des hommes [4]. L'Orient se présente soudainement à nous dans toute sa corruption et dans toute sa gloire. Déjà trois puissantes monarchies se sont assises sur les ruines les unes des autres [5]; partout des conquêtes démesurées, désastreuses aux vaincus, inutiles ou funestes aux vainqueurs [6]. En Perse une nation avilie [7] et des satrapes exaltés [8]; en Égypte un peuple ignorant et superstitieux [9], des prêtres savants et despotiques [10]. Dans ce monde, où le palais de Sardanapale s'élève auprès de la hutte de l'esclave, où le temple de la Divinité ne rassemble que des misérables sous ses dômes de porphyre; dans ce chaos de luxe et d'indigence, de souffrances et de voluptés, de fanatisme et de lumières, d'oppression

---

[1] Sanchon., *ibid.*   [2] Diod., lib. ii, pag. 95.   [3] Diod., pag. 98-99.
[4] Herod., lib. i, c. clxxxv.   [5] Les Assyriens, les Mèdes et les Perses.
[6] Diodore, lib. ii, pag. 90, etc.; Joseph., *Ant.*, lib. x, etc.
[7] Plut., *in Apophthegm.*; Senec., lib. iii, c. xii, *de Benef.*
[8] Plat., lib. iii *de Leg.*, pag. 697; Xen., *Cyrop.*, lib. iv; Senec., lib. v, *de Ira.*, c. xx.
[9] Cic., lib. i *de Nat. Deor.*; Herod., lib. i, lxv; Diod., lib. i, pag. 74, etc; Juven., *Satir.* xv.
[10] Diod., lib. i, pag. 88; Plut., *de Isid. et Osir.*

et de servitude, laissons dormir inconnus les crimes des tyrans et les malheurs des esclaves. Un rayon émané de l'Égypte, après avoir lutté quelque temps contre les ténèbres de la Grèce, couvrit enfin de splendeur ces régions prédestinées. Les hordes errantes qu'Inachus, Cécrops, Cadmus, avoient d'abord réunies, dépouillèrent peu à peu leurs mœurs sauvages, et se formant à différentes époques, en républiques, nous appellent maintenant à la *première révolution*[a].

CHAPITRE II.

Première révolution. Les républiques grecques. Si le contrat social des publicistes est la convention primitive des gouvernements.

Les républiques de la Grèce, considérées comme les premiers gouvernements populaires parmi les

---

[a] Je n'ai point voulu interrompre par des *notes* ce débordement d'observations et de *notes*. Qu'est-ce que cette confusion d'observations sur l'histoire des hommes et sur l'histoire naturelle veut dire ? Que je doutois de la nouveauté du monde et de la chronologie de Moïse. Hé bien, dans ce même *Essai*, vingt passages prouveront que je croyois à l'authenticité historique des livres saints : je ne savois donc ce que je *croyois* et ce que je *ne croyois pas*.

Quant aux antiquités égyptiennes et chinoises, il est démontré aujourd'hui que ces prétendues antiquités sont extrêmement modernes. Le chinois, le sanscrit, les hiéroglyphes égyptiens, tout est pénétré, et tout se renferme dans la chronologie de Moïse. Le zodiaque de Denderah est venu se faire expliquer à Paris, et l'on a été obligé de reconnoitre que des monuments réputés antédiluviens souvent ne remontoient pas au-delà du second siècle de l'ère

hommes¹, offrent un objet bien intéressant à la philosophie. Si les causes de leur établissement nous avoient été transmises par l'histoire, nous eussions pu obtenir la solution de ce fameux problème en politique, savoir : quelle est la convention originale de la société?

Jean-Jacques prononce et rapporte l'acte ainsi : « Chacun de nous met en commun sa personne et « toute sa puissance sous la suprême direction de « la volonté générale; et nous recevons en corps « chaque membre, comme partie indivisible du « tout ². »

Pour faire un tel raisonnement ne faut-il pas supposer une société déjà préexistante? Sera-ce le sauvage, vagabond dans ses déserts, à qui le *mien* et le *tien* sont inconnus, qui passera tout à coup de la liberté naturelle à la liberté civile, sorte de

---

chrétienne. Depuis que l'esprit philosophique a cessé d'être l'esprit d'irréligion, on a cessé d'attacher de l'importance à l'âge du monde.

Quant aux monuments de l'histoire naturelle, les études géologiques de M. Cuvier n'ont laissé aucun doute et sur les races qui ont péri, et sur le déluge universel. J'en étois encore dans l'*Essai* à l'histoire naturelle de Voltaire, aux coquilles des pèlerins et à toutes ces *savantes incrédulités*. Y a-t-il rien de plus puéril que ces générations de chênes que j'ai vues, de mes yeux vues, sur des montagnes de l'Amérique! L'écolier méritoit de recevoir ici une rude leçon. Si je ne la pousse pas plus loin, on voudra bien pardonner quelque chose à la commisération fraternelle.

(N. Éd.)

¹ Ceci n'est pas d'une exactitude rigoureuse. La république des Juifs commence à la sortie de ce peuple d'Égypte, l'an 1491 avant notre ère, et Tyr fut fondée l'an 1252 de la même chronologie. (*Genes.*; Joseph., *Antiq.*, lib. VIII, c. II.)

² *Contrat Soc.*, liv. I, ch. VI.

liberté purement abstraite, et qui suppose de nécessité, toutes les idées antérieures de propriété, de justice conventionnelle, de force comparée du tout à la partie, etc. Il se trouve donc un état civil intermédiaire entre l'état de nature et celui dont parle Jean-Jacques. Le contrat qu'il suppose n'est donc pas l'original.

Mais quel est, dira-t-on, ce contrat primitif? C'est ici la grande difficulté.

Que si on reçoit, pour un moment, celui de Rousseau comme authentique, du moins est-il certain que ce pacte fondamental remonte au-delà des sociétés dont nous nous formions quelque idée, puisque pas une des hordes sauvages qu'on a rencontrées sur le globe n'existoit sous un gouvernement populaire. Or, de ces deux choses l'une :

Ou il faut admettre, avec Platon[1], que le gouvernement monarchique, établi sur l'image d'une famille, est le seul qui soit naturel; que conséquemment le contrat social ne peut être que d'une date subséquente;

Ou que, s'il est original,

Les peuples, presque aussitôt fatigués de leur souveraineté, s'en sont déchargés sur un citoyen courageux ou sage.

D'ici cette immense question :

Comment du gouvernement primitif, en le supposant monarchique, les hommes sont-ils parvenus à concevoir le phénomène d'une liberté autre que celle de la nature?

---

[1] Plat., lib. III, *de Leg.*, pag. 680.

Ou si l'on veut dire que la constitution primitive ait été républicaine :

Par quels degrés l'esprit humain, après des siècles d'observation, après l'expérience des maux qui résultent de tout gouvernement [a], a-t-il retrouvé la constitution naturelle, depuis si long-temps mise en oubli [b] ?

J'invite les lecteurs à méditer ce grand sujet. Le

---

[a] On a fait grand bruit de cette phrase, qui, si elle signifie quelque chose, veut dire seulement qu'il y a des vices dans toutes les institutions humaines. Ce n'est d'ailleurs qu'une boutade empruntée au doute de Montaigne ou à l'humeur de Rousseau. (N. É.)

[b] Ce chapitre suffiroit seul pour prouver ce que j'ai avancé dans une des préfaces de cette édition complète de mes œuvres, savoir : que j'ai écrit sur la politique dans ma première jeunesse avec un goût aussi vif que sur des sujets d'imagination. Ce n'est donc pas, comme on a feint de le croire, la restauration qui m'a fait passer de la littérature à la politique.

On reconnoît encore ici les deux caractères qui distinguent ma politique : elle est toujours de bonne foi, et toujours monarchique, bien que favorable à la liberté. Malgré l'admiration que je professois alors pour J. J. Rousseau, je combats vigoureusement le système de son *Contrat social*, et l'on va voir bientôt que cela me mène à conclure contre les républiques en faveur de la monarchie constitutionnelle. Il est plaisant qu'on ait voulu faire de moi, dans ces derniers temps, un républicain, parce que j'ai dit que si l'on n'adoptoit pas franchement la monarchie représentative, on iroit se perdre dans la république ; vérité qui me paroit démontrée jusqu'à l'évidence. Le despotisme militaire pourroit peut-être subsister un moment, mais sa durée est impossible dans l'état actuel de nos mœurs. Si l'armée est nombreuse, elle a tous les sentiments de la nation ; si elle est foible, la population la domine et l'entraîne. N'est pas d'ailleurs despote militaire qui veut ; on ne le devient qu'à force de combats et de conquêtes : pour établir l'esclavage chez un peuple, il faut à ce peuple de la gloire ou des malheurs. Encore une fois, abandonnez la monarchie constitutionnelle, et vous tombez de force dans la république.

(N. Éd.)

traiter ici seroit faire un ouvrage sur un ouvrage, et je n'écris que des essais. Dans les causes du renversement de la monarchie en Grèce, peu de choses conduisent à l'éclaircissement de ces vérités.

CHAPITRE III.

L'âge de la monarchie en Grèce.

On ne peut jeter les yeux sur les premiers temps de la Grèce sans frémir. Si l'âge d'or coula dans l'Argolide, sous les pasteurs Inachus et Phoronée; si Cécrops donna des lois pures à l'Attique; si Cadmus introduisit les lettres dans la Béotie; ces jours de bonheur fuirent avec tant de rapidité, qu'ils ont passé pour un songe chez la postérité malheureuse.

Les muses ont souvent fait retentir la scène des noms tragiques des Agamemnon, des OEdipe et des Thésée[1]. Qui de nous ne s'est attendri aux chefs-d'œuvre des Crébillon[a] et des Racine? A la peinture de ces fameux malheurs des rois, nous versions des larmes jadis, comme à des fables : témoins de la catastrophe de Louis XVI et de sa famille, nous pourrons maintenant y pleurer comme à des vérités[b].

---

[1] Eschyle, Sophocle, Euripide.

[a] Crébillon est ici singulièrement associé à Racine : ce sont jugements de collége. (N. Éd.)

[b] Dans cet *Essai*, où je devois être *athée* et *républicain*, on me

Des massacres [1], des enlèvements [2], des incendies [3]; des peuples entiers forcés à l'émigration par leur misère [4]; d'autres se levant en masse pour envahir leurs voisins [5]; des rois sans autorité [6], des grands factieux [7], des nations barbares [8] : tel est le tableau que nous présente la Grèce monarchie. Tout à coup, sans qu'on en voie de raisons apparentes, des républiques se forment de toutes parts. D'où vient cette transition soudaine? Est-ce l'opinion qui, comme un torrent, renverse subitement le trône? Sont-ce des tyrans qui ont mérité leur sort à force de crimes? Non. Ici on abolit la royauté par estime pour cette royauté même, « nul homme, disent les Athéniens, n'étant digne de succéder à Codrus [9] » : là c'est un prince héritier de la couronne, qui établit lui-même la constitution populaire [10].

Cette révolution singulière, différente dans ses principes de toutes celles que nous connoissons, a été l'écueil de la plupart des écrivains qui ont voulu en rechercher les causes [a]. Mably, effleurant rapi-

---

trouve presque à chaque page religieux, monarchique et fidèle à mes princes légitimes. (N. Éd.)

[1] Plut., *in Thes.* [2] Hom., *Iliad.* [3] *Ibid.*, lib. ix.
[4] Herod., lib. i, cap. cxlv ; Strab., lib. xiii, pag. 582 ; Pausan., lib. vii, cap. ii, pag. 524.
[5] Pausan., lib. ii, cap. xiii ; Thucyd., l. i, pag. 2.
[6] Plut., *in Thes.;* Diod., lib iv, pag. 266.
[7] Pausan., cap. ii, pag. 7.
[8] Aelian., *Var. Hist.*, lib. iii, cap. xxxviii.
[9] Meurs., *de Regib. Athen.*, lib. iii, cap. xi.
Ils reconnurent pour roi Jupiter.
[10] Plut., *in Lyc.*

[a] Je soulève certainement ici une question nouvelle; mais je promets avec témérité une solution que je ne donnerai pas. (N. É.)

dement le sujet, se jette aussitôt dans les constitutions républicaines [1], sans nous apprendre le secret qui fit trouver ces constitutions. Tâchons, malgré l'obscurité de l'histoire, de faire quelques découvertes dans ce champ nouveau de politique.

CHAPITRE IV.

Causes de la subversion du gouvernement royal chez les Grecs. Elles diffèrent totalement de celles de la révolution françoise.

La première raison qu'on entrevoit de la chute de la monarchie en Grèce se tire des révolutions qui désolèrent si long-temps ce beau pays. Depuis la prise de Troie, jusqu'à l'extinction de la royauté à Athènes, et même long-temps après, un bouleversement général changea la face de la contrée. Dans ce chaos de choses nouvelles, l'ordre des successions au trône fut violé [2]; les rois perdirent peu à peu leur puissance, et les peuples l'idée d'un gouvernement légal. Toutes les humeurs du corps politique, allumées par la fièvre des révolutions, se trouvoient à ce plus haut point d'énergie, d'où sortent les formes premières et les grandes pensées : le moindre choc dans l'État étoit alors plus que suffisant pour renverser de frêles monarchies qui pouvoient à peine porter ce nom.

Nous trouvons dans l'esprit des riches une autre

---

[1] *Observat. sur l'Hist. de la Grèce*, pag. 1-29.
[2] Pausan., lib. II. cap. XIII et XVIII; Vell. Paterc., lib. I, cap. II.

cause non moins frappante de la subversion du gouvernement royal en Grèce. Ceux-ci, profitant de la confusion générale pour usurper l'autorité, semoient les factions autour des trônes où ils aspiroient [1]. C'est un trait commun à toutes les révolutions dans le sens républicain, qu'elles ont rarement commencé par le peuple [a]. Ce sont toujours les nobles qui, en proportion de leur force et de leurs richesses, ont attaqué les premiers la puissance souveraine : soit que le cœur humain s'ouvre plus aisément à l'envie dans les grands que dans les petits, ou qu'il soit plus corrompu dans la première classe que dans la dernière, ou que le partage du pouvoir ne serve qu'à en irriter la soif; soit enfin que le sort se plaise à aveugler les victimes qu'il a une fois marquées. Qu'arrive-t-il lorsque

---

[1] Diod., lib. IV; Pausan., lib. IX, cap. V.

[a] Observation digne de l'histoire ; mais pour être logique, après m'être servi de l'adverbe *rarement,* il ne falloit pas dire ce sont *toujours* les nobles; il falloit dire ce sont *presque toujours* les nobles. Je fais d'ailleurs le procès de l'aristocratie avec trop de rigueur. Pourquoi l'aristocratie est-elle disposée à mettre des obstacles au pouvoir d'un seul? C'est que son principe naturel est la liberté, comme le principe naturel de la démocratie est l'égalité. Aussi voyons-nous que les rois qui aspirent au despotisme détestent l'aristocratie, et qu'ils recherchent la faveur populaire, laquelle ils sont sûrs d'obtenir en sacrifiant les riches et les nobles au principe de l'égalité. Si l'aristocratie a souvent attaqué la puissance souveraine, c'est encore plus souvent la démocratie qui a livré la liberté à cette puissance. Mais remarquez qu'aussitôt que le monarque est parvenu au despotisme par le peuple, il ne veut plus du peuple et retourne à l'aristocratie qu'il a proscrite ; car, si le peuple est bon pour faire usurper la tyrannie, il ne vaut rien pour la maintenir.

(N. Éd.)

l'ambition des grands est parvenue à renverser le trône? Que le peuple, opprimé par ses nouveaux maîtres, se repent bientôt d'avoir assis une multitude de tyrans à la place d'un roi légitime. Sans égard au prétendu patriotisme dont ces hommes s'étoient couverts, il finit par chasser la faction honteuse; et l'état, selon sa position morale, se change en république ou retourne à la monarchie [a].

Une troisième source de la constitution populaire chez les Grecs mérite surtout d'être connue, parce qu'elle découle essentiellement de la politique, et qu'elle n'a pas encore, du moins que je sache, été découverte par les publicistes; je veux dire, l'accroissement du pouvoir des Amphictyons. Cette assemblée fédérative, instituée par le troisième roi d'Athènes [1], étendit peu à peu son autorité sur toute la Grèce [2]. Or, par le principe, il ne peut y avoir deux souverains dans un État. Une monarchie n'est plus, là où il y a une convention souveraine en unité. Que si l'on dit que le conseil amphictyonique n'avoit que le droit de proposition, et ressembloit, dans ses rapports, aux diètes d'Allemagne, c'est faute d'avoir remarqué que,

Ce n'étoient pas les envoyés des princes qui

---

[a] Ceci est imprimé en 1797 : la prédiction s'est vérifiée pour la France. (N. Éd.)

[1] On ignore le temps précis de l'institution de cette assemblée, et l'on varie également sur le nom de son auteur : les uns, tels que Pausanias, le nommant *Amphictyon*, les autres, tels que Strabon, *Acrisius*. En suivant l'opinion commune, l'époque en remonteroit vers le quinzième siècle avant notre ère.

[2] Æschin., *de fals. Leg.*

composoient l'assemblée, mais les députés des peuples[1];

Qu'une telle convention étoit propre à faire naître aux nations qu'elle représentoit l'idée des formes républicaines;

Enfin, que les Amphictyons, favorisés de l'opinion publique, devoient, tôt ou tard, par cet ambitieux esprit de corps, naturel à toute société particulière, s'arroger des droits hors de leur institution; et que conséquemment les monarchies devoient aussi cesser tôt ou tard[2].

Mais la grande et générale raison de l'établissement des républiques en Grèce, est qu'en effet ces républiques ne furent jamais de vraies monarchies[a]; je m'expliquerai par la suite sur cet important sujet[3].

---

[1] AEschin., de fals. Leg.; Strab., pag. 413.

[2] Dans les jugements que le corps amphictyonique prononçoit contre tel ou tel peuple, il avoit le droit d'armer toute la Grèce au soutien de son décret, et de séparer le peuple condamné de la communion du temple. Comment une foible monarchie auroit-elle pu résister à ce colosse de puissance populaire, secondé du fanatisme religieux *? (Diod., lib. xvi; Plut., in Themist.)

[a] Cette phrase est obscure. Qu'est-ce que des républiques qui ne furent jamais de vraies monarchies? Le fond de la pensée est ceci : les monarchies primitives de Rome et de la Grèce ne furent point de véritables monarchies dans le sens absolu du mot : pour se transformer en républiques, ces monarchies n'eurent pas besoin de changer leurs institutions : il leur suffit d'abolir le pouvoir royal. (N. Éd.)

[3] A la révolution de Brutus.

* J'attribue trop de pouvoir au conseil amphictyonique; mais j'aurois dû remarquer qu'il renfermoit dans sa constitution fédérale le premier germe de la république représentative. (N. Éd.)

Telles furent les causes éloignées et immédiates qui contribuèrent au développement de cette grande révolution. Mais, puisque l'histoire nous a laissé ignorer par quelle étonnante suite d'idées les hommes, vivant de tout temps sous des monarchies, trouvèrent les principes républicains, disons que quelques oppressions réelles, beaucoup d'imaginaires, la lassitude des choses anciennes et l'amour des nouvelles, des chances et des hasards, par qui tout arrive[a], enfin cette nécessité qu'on appelle la force des choses, produisirent les républiques, sans qu'on sût d'abord distinctement ce que c'étoit, et l'effet ayant dans la suite fait analyser la cause, les philosophes se hâtèrent d'écrire des principes.

Au reste, il seroit superflu de faire remarquer aux lecteurs que les sources d'où coula la révolution républicaine en Grèce n'ont rien, ou presque rien de commun, avec celles de la dernière révolution en France. Nous allons passer maintenant aux conséquences de la première. Je ne m'attacherai, comme tous les autres écrivains, qu'à l'histoire de Sparte et d'Athènes. Les annales des autres petites villes sont trop peu connues pour intéresser.

[a] Me voilà bien matérialiste : attendons quelques pages. (N. Éd.)

CHAPITRE V.

Effet de la révolution républicaine sur la Grèce. Athènes depuis Codrus jusqu'à Solon, comparée au nouvel état de la France.

Cette révolution fut bien loin de donner le bonheur à la Grèce. La preuve que le principe n'étoit pas trouvé, c'est que toutes les petites républiques se virent immédiatement plongées dans l'anarchie après l'extinction de la royauté. Sparte seule, qui fut assez heureuse pour posséder dans le même homme le révolutionnaire[a] et le législateur, jouit tout à coup du fruit de sa nouvelle constitution. Partout ailleurs les riches, sous le nom captieux de magistrats, s'emparèrent de l'autorité souveraine qu'ils avoient anéantie[1]; et les pauvres languirent dans les factions et la misère[2].

Depuis le dévouement de Codrus à Athènes jusqu'au siècle de Solon, l'histoire est presque muette sur l'état de cette république. Nous savons seulement que l'archontat à vie, que les citoyens substituèrent d'abord à la royauté, fut dans la suite réduit à dix ans, et qu'ils finirent par le diviser entre neuf magistrats annuels[3].

Ainsi les Athéniens s'habituèrent par degrés au

---

[a] Expression hardie, mais peut-être juste. (N. Éd.)

[1] ARIST., *de Rep.*, tom. II, lib. II, cap. XII.
[2] PLUT., *in Solon*.
[3] MEURS., *de Archont.*; lib. I, cap. I, etc.

gouvernement populaire. Ils passèrent lentement de la monarchie à la république. Le statut nouveau étoit toujours formé en partie du statut antique. Par ce moyen on évitoit ces transitions brusques, si dangereuses dans les États, et les mœurs avoient le temps de sympathiser avec la politique. Mais il en résulta aussi que les lois ne furent jamais très pures, et que le plan de la constitution offrit un mélange continuel de vérités et d'erreurs, comme ces tableaux où le peintre a passé par une gradation insensible des ténèbres à la clarté; chaque nuance s'y succède doucement; mais elle se compose sans cesse de l'ombre qui la précède et de la lumière qui la suit [a].

Cependant cette mobilité de principes devoit produire de grands maux. Les Athéniens, semblables aux François sous tant de rapports, en changeant incessamment l'économie du gouvernement, comme ces derniers l'ont fait de nos jours, vivoient dans un état perpétuel de troubles [1] : car dans toute révolution il se trouve toujours de chauds partisans des institutions nouvelles, et des hommes attachés aux antiques lois de la patrie par les souvenirs d'une vie passée sous leurs auspices.

Comme en France encore, l'antipathie des pauvres et des riches étoit à son comble [2]. A Dieu ne plaise que je veuille fermer les oreilles à la voix du nécessiteux. Je sais m'attendrir sur le malheur des

---

[a] Ces morceaux-là, et il y en a quelques-uns de semblables dans l'*Essai*, demandent peut-être grâce pour l'ouvrage et pour le jeune homme. (N. Éd.)

[1] Hérod., lib. I, cap. LIX; Plut., *in Solon*. [2] *Id*.

autres; mais, dans ce siècle de philanthropie, nous avons trop déclamé contre la fortune. Les pauvres, dans les États, sont infiniment plus dangereux que les riches, et souvent ils valent moins qu'eux [a].

Le besoin d'une constitution déterminée se faisoit sentir de plus en plus. Dracon, philosophe inexorable, fut choisi pour donner des lois à l'humanité. Cet homme méconnut le cœur de ses semblables; il prit les passions pour des crimes, et, punissant également du dernier supplice et le foible et le vicieux[1], il sembla prononcer un arrêt de mort contre le genre humain.

Ces lois de sang, telles que les décrets funèbres de Robespierre, favorisèrent les insurrections. Cylon, profitant des troubles de sa patrie, voulut s'emparer de la souveraineté. On l'assiége aussitôt dans la citadelle, d'où il parvient à s'échapper. Ses partisans, réfugiés dans le temple de Minerve, en sortent sous promesse de la vie, et on les sacrifie aussitôt sur l'autel des Euménides[2]. La France n'est pas la première république qui ait eu des lois sauvages et de barbares citoyens.

---

[a] Comment a-t-on pu confondre dans mes écrits l'amour d'une liberté raisonnable avec le sentiment révolutionnaire, quand je montre partout la haine des crimes et des principes démagogiques? Si j'ai fait quelques reproches aux rois, j'en ai fait également aux nobles et aux plébéiens. Je me défie de ces Brutus à la besace, qui commencent par changer leur poignard en une médaille de la police, et qui finissent par attacher des plaques et des rubans à leurs haillons républicains. Dans les *Martyrs* j'ai mis un pauvre aux enfers avec un riche : il faut faire justice à tout le monde. (N. Éd.)

[1] Hérod., lib. i, pag. 87.   [2] Thucyd., lib. i, c. cxxvi; Plut., *in Solon*.

Ce régime de terreur passe, mais il ne reste à la place que relâchement et foiblesse. Les Athéniens, comme les François, abhorrèrent ces atrocités, et, comme eux aussi, ils se contentèrent de verser des pleurs stériles. Cependant le peuple, effrayé de son crime, s'imaginoit voir les vengeances de Minerve suspendues sur sa tête. Les dieux, secondant les cris de l'humanité, remplissoient les consciences de troubles; et tel qui n'eût été qu'un pitoyable anthropophage dans la France incrédule, fut touché de repentir à Athènes : tant la religion est nécessaire aux hommes [a] !

Pour apaiser ces tourments de l'âme, plus insupportables que ceux du corps, on eut recours à un sage nommé *Épiménide* [1]. Si celui-ci ne ferma pas les plaies réelles de l'État, il fit plus encore en guérissant les maux imaginaires. Il bâtit des temples aux dieux, leur offrit des sacrifices [2], et versa le baume de la religion dans le secret des cœurs. Il ne traitoit point de superstition ce qui tend à diminuer le nombre de nos misères; il savoit que la statue populaire, que le pénate obscur qui console le malheureux, est plus utile à l'humanité que le livre du philosophe qui ne sauroit essuyer une larme [b].

Mais ces remèdes, en engourdissant un moment

---

[a] Qu'est devenu mon matérialisme précédent ? (N. Éd.)

[1] Plat., *de Leg.*, lib. i, tom. ii.   [2] Strab., lib. x, pag. 479.

[b] Voilà un singulier athée ! Trouve-t-on dans le *Génie du Christianisme* une page où l'accent religieux soit plus sincère et plus tendre ?   (N. Éd.)

les maux de l'État, ne furent pas assez puissants pour les dissiper. Peu après le départ d'Épiménide les factions se rallumèrent. Enfin les partis fatigués résolurent de se jeter dans les bras d'un seul homme. Heureusement pour la république cet homme étoit Solon [1].

Je n'entrerai point dans le détail des institutions de ce législateur célèbre, non plus que dans celui des lois de Lycurgue : de trop grands maîtres en ont parlé. Je dirai seulement ce qui tend au but de mon ouvrage. Pour ne pas couper le sujet, nous allons continuer l'histoire d'Athènes jusqu'au bannissement des Pisistratides : nous reviendrons ensuite à Lacédémone.

CHAPITRE VI.

Quelques réflexions sur la législation de Solon. Comparaisons. Différences.

Les gouvernements mixtes sont vraisemblablement les meilleurs, parce que l'homme de la société est lui-même un être complexe, et qu'à la multitude de ses passions il faut donner une multitude d'entraves. Sparte, Carthage, Rome et l'Angleterre, ont été, par cette raison, regardées comme des modèles en politique [a]. Quant à Athènes, nous re-

---

[1] Plut., *in Solon.*

[a] C'est tout mon système politique clairement énoncé, franchement avoué, et tel que je le professe aujourd'hui. (N. Éd.)

marquerons ici qu'elle a réellement possédé ce que la France prétend avoir de nos jours : la constitution la plus démocratique qui ait jamais existé chez aucun peuple. Au mot *démocratie* on se figure une nation assemblée en corps délibérant sur ses lois ? non. Cela signifie maintenant deux conseils, un directoire, et des citoyens à qui l'on permet de rester chez eux jusqu'à la première réquisition [a].

Le législateur athénien et les réformateurs françois se trouvoient à peu près placés entre les mêmes dangers au commencement de leurs ouvrages. Une foule de voix demandoient la répartition égale des fortunes. Pour éviter le naufrage de la chose publique, Solon fut forcé de commettre une injustice. Il remit les dettes, et refusa le partage des terres [1]. Les assemblées nationales de France ont pensé différemment : elles ont garanti la créance à l'usurier, et divisé les biens des riches. Cela seul suffit pour caractériser la différence des deux siècles [b].

---

[a] Cette moquerie de la constitution du Directoire étoit assez bonne alors ; mais c'est pourtant le principe de la division des pouvoirs posé dans cette constitution qui a sauvé la France.
(N. Éd.)

[1] Plut., *in Solon.*, pag. 87.

[b] Tous les créanciers n'étoient pas des usuriers, mais la remarque ne m'en semble pas moins importante. Jusqu'à présent la comparaison entre les anciennes révolutions et la révolution françoise peut se soutenir, et ne produit que ces rapprochements politiques plus ou moins vrais, plus ou moins ingénieux, auxquels Montesquieu lui-même s'est plu dans l'*Esprit des Lois ;* mais, en avançant, cette comparaison perpétuelle, surtout quand il s'agira des hommes et des ouvrages littéraires, deviendra le comble du ridicule.
(N. Éd.)

Dans les institutions morales nous trouvons les mêmes contrastes. Des femmes pures parurent indispensables à Athènes pour donner des citoyens vertueux à l'État [1], et le divorce n'étoit permis qu'à des conditions rigoureuses [2]. La France républicaine a cru que la Messaline qui va offrant sa lubricité d'époux en époux n'en sera pas moins une excellente mère.

« Qu'il soit chassé des tribunaux, de l'assemblée générale, du sacerdoce, disoit la loi à Athènes, qu'il soit rigoureusement puni, celui qui, noté d'infamie par la dépravation de ses mœurs, ose remplir les fonctions saintes de législateur ou de juge [3]; que le magistrat qui se montre en état d'ivresse aux yeux du peuple soit à l'instant mis à mort [4] ! »

Ces décrets-là, sans doute, n'étoient pas faits pour la France. Que fût devenue, sous un pareil arrêt, toute l'Assemblée constituante dans la nuit du 4 août 1789 [a] ?

Ceci mène à une triste réflexion. Fanatiques admirateurs de l'antiquité, les François [b] semblent en

---

[1] PLUT., *in Solon.*, pag. 90-91.   [2] PET., *in Leg. Attic.*
[3] AESCH., *in Tim.*   [4] LAERT., *in Solon.*

Apparemment que le parti de Drouet, en s'insurgeant contre le Directoire, se rappelle cette autre loi de Solon, par laquelle il étoit permis de tuer le magistrat qui conservoit sa place après la destruction de la démocratie.

[a] Ce jugement est dur, mais il ne porte évidemment que sur l'état d'ivresse où l'on prétend que se trouvoient les membres de l'Assemblée constituante dans la nuit du 4 août 1789. J'examinerois aujourd'hui avec plus d'impartialité un fait historique avant d'en faire la base d'un raisonnement.   (N. ÉD.)

[b] Il faut entendre ici non pas les François *en général*, mais les François de cette époque.   (N. ÉD.)

avoir emprunté les vices, et presque jamais les vertus. En naturalisant chez eux les dévastations et les assassinats de Rome et d'Athènes, sans en atteindre la grandeur, ils ont imité ces tyrans qui, pour embellir leur patrie, y faisoient transporter les ruines et les tombeaux de la Grèce.

Au reste nous entrons ici sur un sol consacré, où chaque pouce de terrain nous offrira un nouveau sujet d'étonnement. Peut-être même pourrois-je déjà beaucoup dire; mais il n'est pas encore temps. Lecteurs, je le répète, veillez, je vous en supplie, plus que jamais sur vos préjugés. C'est au moment où un coin du rideau commence à se lever que l'on est le plus sensible, surtout si ce que nous apercevons n'est pas dans le sens de nos idées.

On m'a souvent reproché de voir les objets différemment des autres[a] : cela peut être. Mais si on se hâte de me juger sans me laisser le temps de me développer à ma manière, si on se blesse de certaines choses avant de connoître la place que ces choses occupent dans l'harmonie générale des parties, j'ai fini pour ces gens-là. Je n'ai ni l'envie ni le talent de tout penser et de tout dire à la fois.

Je reviens.

---

[a] J'ai déjà fait une note sur ce ton suffisant, sur cette bouffissure de l'auteur de l'*Essai*. A peine aujourd'hui aurois-je assez d'autorité pour parler de moi avec tant d'importance. Pour dire avec quelque convenance, *on m'a souvent reproché de voir*, etc., il faudroit être depuis long-temps connu du public ; cela fait pitié quand c'est un écolier, dont on ne sait pas même le nom, qui, dans son premier barbouillage, affecte ces airs de docteur. (N. Éd.)

CHAPITRE VII.

Origine des noms des factions : la Montagne et la Plaine.

Solon voulut couronner ses travaux par un sacrifice. Voyant que sa présence faisoit naître des troubles à Athènes, il résolut de s'en bannir par un exil volontaire. Il s'arracha donc pour dix ans [1] au séjour si doux de la patrie, après avoir fait promettre à ses concitoyens qu'ils vivroient en paix jusqu'à son retour. On s'aperçut bientôt qu'on n'ajourne point les passions des hommes.

Depuis long-temps l'État nourrissoit dans son sein trois factions qui ne cessoient de le déchirer. Quelquefois, réunies par intérêt ou tranquilles par lassitude, elles sembloient s'éteindre un moment; mais bientôt elles éclatoient avec une nouvelle furie.

La première, appelée *le parti de la Montagne*, étoit composée, ainsi que le fameux parti du même nom en France, des citoyens les plus pauvres de la république, qui vouloient une pure démocratie [2]. Par l'établissement d'un sénat [3], et l'admission exclusive des riches aux charges de la magistrature [4], Solon avoit opposé une digue puissante à la fougue populaire ; et la Montagne, trompée dans ses espérances, n'attendoit que l'occasion favorable de s'insurger contre les dernières institutions. C'étoient les Jacobins d'Athènes.

---

[1] Plut., *in Solon.*   [2] Herod., lib. I, cap. LIX ; Plut., *in Solon.*
[3] Herod., lib. I, pag. 88.   [4] Arist., *de Rep.*, lib. II, cap. XII, pag. 336.

Le second parti, connu sous le nom de *la Plaine*, réunissoit les riches possesseurs de terres qui, trouvant que le législateur avoit trop étendu le pouvoir du petit peuple, demandoient la constitution oligarchique, plus favorable à leurs intérêts [1]. C'étoient les Aristocrates.

Enfin, sous un troisième parti, distingué par l'appellation de *la Côte*, se rangeoient tous les négociants de l'Attique. Ceux-ci, également effrayés de la licence des pauvres et de la tyrannie des grands, inclinoient à un gouvernement mixte, propre à réprimer l'un et l'autre [2] : ils jouoient le rôle des Modérés.

Athènes se trouvoit ainsi, à peu près, dans la même position que la France républicaine : nul ne goûtoit la nouvelle constitution; tous en demandoient une autre; et chacun vouloit celle-ci d'après ses vues particulières. On voit encore ici la source d'où les François ont tiré les noms de partis qui les divisoient [a] : comme si mes malheureux compatriotes n'avoient déjà pas trop de leurs haines nationales, sans aller remuer les cendres des factions étrangères parmi les ruines des États qu'elles ont dévorés !

---

[1] PLUT., *in Solon.*, pag. 85.   [2] *Id., ibid.*

[a] Voici le commencement des rapprochements outrés. Comment a-t-il pu me tomber dans la tête que les trois partis athéniens, la *montagne*, la *plaine* et la *côte*, dont les noms ne désignoient que les opinions politiques de trois espèces de citoyens; comment, dis-je, a-t-il pu me tomber dans la tête que ces trois partis se retrouvoient dans trois sections de la Convention nationale? Lorsqu'une fois on s'est laissé dominer par une idée, et qu'on veut tout plier à cette idée, on avance niaisement les imaginations les plus creuses comme des faits indubitables. (N. ÉD.)

CHAPITRE VIII.

Portraits des chefs.

Des mêmes causes les mêmes effets. Il devoit s'élever alors des tyrans à Athènes, comme il s'en est élevé de nos jours à Paris. Mais autant le siècle de Solon surpasse le nôtre en morale; autant les factieux de l'Attique furent supérieurs en talents à ceux de la France.

A la tête des montagnards on distinguoit Pisistrate[1] : brave[2], éloquent[3], généreux[4], d'une figure aimable[5] et d'un esprit cultivé[6], il n'avoit de Robespierre que la dissimulation profonde[7], et de l'infâme d'Orléans [a] que les richesses[8] et la naissance

---

[1] Plut., *in Solon.*   [2] Herod., lib. i, cap. lix.
[3] Plut., *in Solon.*   [4] *Id.*   [5] Athen., lib. xii, cap. viii.
[6] Cicer., *de Orat.*, lib. iii, cap. xxxiv.   [7] Plut., *in Solon.*

[a] Pour tout commentaire à cette expression violente je citerai ici en note un autre passage de l'*Essai*, qui se trouvera dans le chapitre xii de la seconde partie de cet *Essai*, et qui tombe à la page 457 de l'édition de Londres :
« Déjà un Bourbon, qui devoit être le plus riche particulier de
« l'Europe, a été obligé, pour vivre, d'avoir recours en Suisse au
« moyen employé par Denys à Corinthe. Sans doute le duc d'Or-
« léans aura enseigné à ses pupilles les dangers d'une ambition
« coupable, et surtout les périls d'une mauvaise éducation. Il se
« sera fait une loi de leur répéter que le premier devoir de l'homme
« n'est pas d'être roi, mais d'être probe. Si ce mot paroît sévère,
« j'en appelle à ce prince lui-même, qu'on dit d'ailleurs plein de
« courage et de vertus naturelles. Qu'il jette les regards autour de
« lui en Europe, qu'il contemple les milliers de victimes sacrifiées
« chaque jour à l'ambition de sa famille. J'aurois voulu éviter de
« nommer son père. »   (N. Éd.)

[8] Herod., lib. i, cap. lix.

illustre[1]. Il prit la route que ce dernier conspirateur a tâché de suivre après lui. Il fit retentir le mot *égalité*[2] aux oreilles du peuple; et tandis que la liberté respiroit sur ses lèvres, il cachoit la tyrannie au fond de son cœur.

Lycurgue avoit la confiance de la Plaine[3]. Nous ne savons presque rien de lui. C'étoit apparemment un de ces intrigants obscurs que le tourbillon révolutionnaire jette quelquefois au plus haut point du système, sans qu'ils sachent eux-mêmes comment ils y sont parvenus. Les aristocrates d'Athènes ne furent pas plus heureux dans le choix et le génie de leurs chefs que les aristocrates de France.

Il semble qu'il y ait des hommes qui renaissent à des siècles d'intervalles pour jouer, chez différents peuples, et sous différents noms, les mêmes rôles dans les mêmes circonstances : Mégaclès et Tallien en offrent un exemple extraordinaire. Tous deux redevables à un mariage opulent de la considération attachée à la fortune[4], tous deux placés à la tête du parti modéré[5] dans leurs nations respectives, ils se font tous deux remarquer par la versatilité de leurs principes et la ressemblance de leurs destinées. Flottant, ainsi que le révolutionnaire françois, au gré d'une humeur capricieuse, l'Athé-

---

[1] Herod., lib. v, cap. lxv.   [2] Plut., *in Solon.*   [3] *Id.*

[4] Herod., lib. vi, cap. cxxv-cxxxi.

Tous les papiers publiés sur les affaires de France. Mégaclès étoit riche, mais sa fortune fut considérablement augmentée par son mariage avec la fille de Clisthène, tyran de Sicyone.

[5] Plut., *in Solon.; Pap. publ.,* etc.

nien fut d'abord subjugué par le génie de Pisistrate[1], parvint ensuite à renverser le tyran[2], s'en repentit bientôt après; rappela les Montagnards[3], se brouilla de nouveau avec eux; fut chassé d'Athènes, reparut encore[4], et finit par s'éclipser tout à coup dans l'histoire; sort commun des hommes sans caractère : ils luttent un moment contre l'oubli qui les submerge, et soudain s'engloutissent tout vivants dans leur nullité.

Tel étoit l'état des factions à Athènes lorsque Solon, après dix ans d'absence, revint dans sa malheureuse patrie[a].

CHAPITRE IX.

Pisistrate.

Après avoir erré sur le globe, l'homme, par un instinct touchant, aime à revenir mourir aux lieux qui l'ont vu naître, et à s'asseoir un moment au bord de sa tombe, sous les mêmes arbres qui ombragèrent son berceau. La vue de ces objets, changés sans doute, qui lui rappellent à la fois les jours

---

[1] Plut., *in Solon.*, pag. 96.   [2] Hérod., lib. I, cap. LXIV.
[3] *Id., ibid.*   [4] *Id., ibid.*

[a] Pisistrate et Robespierre, Mégaclès et Tallien! Je demande pardon au lecteur de tout cela. J'ai plus souffert que lui en relisant ces pages. Il y a peut-être quelque chose dans ces portraits, mais à coup sûr ce n'est pas la ressemblance.   (N. Éd.)

heureux de son innocence, les malheurs dont ils furent suivis, les vicissitudes et la rapidité de la vie, ranime dans son cœur ce mélange de tendresse et de mélancolie, qu'on nomme *l'amour de son pays*.

Quelle doit être sa tristesse profonde, s'il a quitté sa patrie florissante, et qu'il la retrouve déserte ou livrée aux convulsions politiques! Ceux qui vivent au milieu des factions, vieillissant pour ainsi dire avec elles, s'aperçoivent à peine de la différence du passé au présent; mais le voyageur qui retourne aux champs paternels, bouleversés pendant son absence, est tout à coup frappé des changements qui l'environnent : ses yeux parcourent amèrement l'enclos désolé, de même qu'en revoyant un ami malheureux après de longues années, on remarque avec douleur sur son visage les ravages du chagrin et du temps. Telles furent sans doute les sensations du sage Athénien, lorsque après les premières joies du retour il vint à jeter les regards sur sa patrie[a].

Il ne vit autour de lui qu'un chaos d'anarchie et de misères. Ce n'étoient que troubles, divisions, opinions diverses. Les citoyens sembloient transformés en autant de conspirateurs. Pas deux têtes

---

[a] A des taches près, que je n'ai pas voulu effacer parce que je ne veux pas changer un seul mot à l'*Essai*, ce morceau rappellera peut-être au lecteur des sentiments et même des phrases que j'ai répandus et transportés dans mes autres ouvrages. Il y a quelque chose d'inattendu dans la manière dont ce morceau est amené, comme un délassement à la politique. L'exilé reparoît malgré lui, et entraîne un moment le lecteur dans un autre ordre d'images et d'idées. (N. Éd.)

qui pensassent de même; pas deux bras qui eussent agi de concert. Chaque homme étoit lui tout seul une faction; et quoique tous s'harmoniassent de haine contre la dernière constitution, tous se divisoient d'amour sur le mode d'un régime nouveau [1].

Dans cette extrémité, Solon cherchoit un honnête homme qui, en sacrifiant ses intérêts, pût rendre le calme à la république. Il s'imagina le trouver à la tête du parti populaire; mais s'il se laissa tromper un moment par les dehors patriotiques de Pisistrate, il ne fut pas long-temps dans l'erreur. Il sentit que, de deux motifs d'une action humaine, il faut s'efforcer de croire à la bonne et agir comme si on n'y croyoit pas. Le sage, qui connoissoit les cœurs, sut bientôt ce qu'il devoit penser d'un homme riche et de haute naissance attaché à la cause du peuple. Malheureusement il le sut trop tard.

Sur le point de dénoncer la conspiration, il n'attendoit plus que de nouvelles lumières, lorsque Pisistrate se présente tout à coup sur la place publique, couvert de blessures qu'il s'étoit adroitement faites [2]. Le peuple ému s'assemble en tumulte. Solon veut en vain faire entendre sa voix [3]. On insulte le vieillard, on frémit de rage, on décrète par acclamation une garde formidable à cette illustre victime de la démocratie, que les nobles avoient voulu faire assassiner [4]. *O homines ad ser-*

---

[1] PLUT., *in Solon.*   [2] HEROD., lib. I, cap. LIX et LXIV.
[3] PLUT., *in Solon.*   [4] JUSTIN., lib. II, cap. VIII.

vitutem paratos! Nous avons vu un tyran de la Convention employer la même machine.

Quiconque a une légère teinture de politique n'a pas besoin qu'on lui apprenne la conséquence de ce décret. Une démocratie n'existe plus là où il y a une force militaire en activité dans l'intérieur de l'État. Que penserons-nous donc des cohortes du Directoire? Pisistrate s'empara peu après de la citadelle[1], et, ayant désarmé les citoyens, comme la Convention les sections de Paris, il régna sur Athènes avec toutes les vertus, hors celles du républicain.

CHAPITRE X.

Règne et mort de Pisistrate.

La victoire s'attachera au parti populaire toutes les fois qu'il sera dirigé par un homme de génie : parce que cette faction possède au-dessus des autres l'énergie brutale d'une multitude pour laquelle la vertu n'a point de charmes, ni le crime de remords.

Après tout, le succès ne fait pas le bonheur : Pisistrate en est un exemple. Chassé de l'Attique par Mégaclès réuni à Lycurgue, il y fut bientôt rappelé par ce même Mégaclès, qui, changeant une troisième fois de parti, se vit à son tour obligé de prendre la fuite. Deux fois les orages qui grondent

---

[1] Plut., *in Solon.*

autour des tyrans renversèrent Pisistrate de son trône, et deux fois le peuple l'y replaça de sa main[1]. La fin de sa carrière fut plus heureuse. Il termina tranquillement ses jours à Athènes, laissant à ses deux fils, Hipparque et Hippias, la couronne qu'il avoit usurpée[2].

Au reste ces différentes factions avoient tour à tour, selon les chances de la fortune, rempli la terre de l'étranger d'Athéniens fugitifs. A la mort de Pisistrate, les modérés et les aristocrates se trouvoient émigrés dans plusieurs villes de la Grèce[3] : là nous allons bientôt les voir remplir avec succès le même rôle que, de nos jours, les constitutionnels et les aristocrates de France ont joué si malheureusement en Europe.

CHAPITRE XI.

Hipparque et Hippias. Assassinat du premier. Rapports.

Hippias et Hipparque montèrent sur le trône aux applaudissements de la multitude. Sages dans leur gouvernement[4] et faciles dans leurs mœurs[5], ils avoient ces vertus obscures que l'envie pardonne, et ces vices aimables qui échappent à la haine. Peut-

---

[1] HEROD., lib. I, cap. LXIV; ARIST., lib. V *de Rep.*, cap. XII.
[2] HEROD., lib. I, cap. LXIV; ARIST., lib. V *de Rep.*, cap. XII.
[3] HEROD., lib. V, cap. LXII-XCVI.
[4] THUCYD., lib. VI, cap. LIV.   [5] ATHEN., lib. XII, cap. VIII.

être eussent-ils transmis le sceptre à leur postérité ; peut-être un seul anneau changé dans la chaîne des peuples auroit-il altéré la face du monde ancien et moderne, si la fatalité qui règle les empires n'avoit décidé autrement de l'ordre des choses [a].

Hipparque insulté par Harmodius, jeune Athénien plein de courage, voulut s'en venger par un affront public qu'il fit souffrir à la sœur de ce dernier [1]. Harmodius, la rage dans le cœur, résolut, avec Aristogiton, son ami, d'arracher le jour aux tyrans de sa patrie [2]. Il ne s'en ouvrit qu'à quelques personnes fidèles, comptant, au moment de l'entreprise, sur les principes des uns, les passions des autres, ou du moins sur ce plaisir secret qu'éprouvent les hommes à voir souffrir ceux qu'ils ont crus heureux. Par amour de l'humanité, il faut se donner de garde de remarquer que le vice et la vertu conduisent souvent aux mêmes résultats [b].

Le jour de l'exécution étant fixé à la fête des Panathénées, les assassins se rendirent au lieu désigné. Hipparque tomba sous leurs coups, mais son frère leur échappa. Heureux cependant s'il eût par-

---

[a] Encore la *fatalité*, bientôt nous reverrons la religion : j'en étois au *que sais-je ?* (N. Éd.)

[1] Thucyd., lib. vi, cap. lvi.
[2] *Id., ib.*; Plat., *in Hipparch.*, pag. 229.

[b] Cela est affreux et n'a pu être arraché qu'à la misanthropie d'un jeune homme qui se croit près de mourir, et qui n'a éprouvé que des malheurs sans avoir rien fait pour les mériter. De pareils traits sont bien autrement condamnables que les sottes impiétés de l'*Essai*, qui n'étoient après tout que le sot esprit de mon siècle.
(N. Éd.)

tagé la même destinée! Aristogiton, présenté à la torture, accusa faussement les plus chers amis d'Hippias[1], qui les livra sur-le-champ aux bourreaux. L'amitié offrit ce sacrifice, aussi ingénieux que terrible, aux mânes d'Harmodius massacré par les gardes du tyran.

Depuis ce moment, Hippias, désabusé du pouvoir des bienfaits sur les hommes, ne voulut plus devoir sa sûreté qu'à sa barbarie[2]. Athènes se remplit de proscriptions : les tourments les plus cruels furent mis en usage; et les femmes, comme de nos jours, s'y distinguèrent par leur constance héroïque[3]. Les citoyens, poursuivis par la mort, se hâtèrent de quitter en foule une patrie dévouée; mais, plus heureux que les émigrés françois, ils emportèrent avec eux leurs richesses[4], et conséquemment leur vertu[a]. C'est ainsi que nous avons vu en France les massacres se multiplier, et de nouvelles troupes de fugitifs joindre leurs infortunés compatriotes sur des terres étrangères, lorsque après le prétendu assassinat d'un des satellites de Robespierre, le monstre se crut obligé de redoubler de furie.

---

[1] Sen., *de Ira*, lib. ii, cap. xxiii.   [2] Thucyd., lib. vi, cap. lix.
[3] *Id.*, Plin., lib. vii, cap. xxiii.   [4] Herodot., lib. v.

[a] Terrible ironie. (N. Éd.)

CHAPITRE XII.

Guerre des émigrés. Fin de la révolution républicaine en Grèce.

Cependant les bannis sollicitoient au dehors les puissances voisines de les rétablir dans leurs propriétés. Ils firent parler l'intérêt de la religion [1] et celui d'un peuple qu'ils représentoient opprimé par des tyrans. Les Lacédémoniens prirent enfin les armes en leur faveur [2]. D'abord repoussés par les Athéniens, un hasard leur donna ensuite la victoire; les enfants d'Hippias étant tombés entre leurs mains, celui-ci, père avant que d'être roi, consentit pour les racheter à abdiquer sa puissance et à quitter en cinq jours l'Attique. Cette chute-là tire des larmes : on est fâché de voir un tyran finir par un trait dont bien peu d'honnêtes gens seroient capables.

On peut fixer à la retraite d'Hippias l'époque des beaux jours de la Grèce, et la fin de la révolution républicaine : car, quoiqu'il s'élevât encore quelques factieux à Athènes [3], de même qu'après une longue tempête il se forme encore des écumes sur la mer, ils s'évanouirent bientôt dans le calme. N'oublions pas cependant que les Lacédémoniens, qui, en s'armant pour les émigrés, n'avoient eu d'autre vue que de s'emparer de l'Attique, voyant leurs espérances déçues, voulurent rétablir sur le

---

[1] Herod., lib. v. [2] Id., ibid.
[3] Herod., lib. v, cap. LXVI.

trône celui qu'ils en avoient chassé [1] : tant ces grands mots de justice générale et de philanthropie veulent dire peu de chose! La soif de la liberté et celle de la tyrannie ont été mêlées ensemble dans le cœur de l'homme par la main de la nature : indépendance pour soi seul, esclavage pour tous les autres, est la devise du genre humain [a].

La réinstallation du tyran d'Athènes, proposée par les Spartiates au conseil amphictyonique, en fut rejetée avec indignation. Le malheureux Hippias se retira alors à la cour du satrape Artapherne, où bientôt, en attirant les armes du grand roi contre sa patrie, il ne fit que consolider la république qu'il prétendoit renverser.

C'est un des premiers princes qui, descendu du rang des monarques à l'humble condition de particulier, traîna de contrée en contrée ses malheurs, à charge à la terre, ayant partout à dévorer l'insolence ou la pitié des hommes [b].

Ici finit, comme je l'ai remarqué plus haut, la révolution populaire en Grèce. Mais, avant de passer aux caractères généraux et à l'influence de cette révolution sur les autres nations, il est nécessaire de revenir à Sparte.

---

[1] Hérod., lib. v, cap. LXVI.

[a] Je ne voudrois pas avoir dit ici la vérité : j'espère que j'ai calomnié l'espèce humaine ; du moins je sais qu'en réclamant l'indépendance pour moi, je la souhaite également aux autres. (N. Éd.).

[b] Si l'on retranchoit de cette histoire des Pisistratides quelques phrases relatives à la révolution françoise et à ses agents, elle ne seroit peut-être pas sans intérêt et sans vues : elle est grave et triste.   (N. Éd.)

CHAPITRE XIII.

Sparte. Les Jacobins.

Sparte se présente comme un phénomène au milieu du monde politique. Là nous trouvons la cause du gouvernement républicain, non dans les choses, mais dans le plus grand génie qui ait existé. La force intellectuelle d'un seul homme enfanta ces nouvelles institutions d'où est sorti un autre univers. Il n'entre pas dans mon plan de répéter ici ce que mille publicistes ont écrit de Lacédémone. Voici seulement quelques réflexions qui se lient à mon sujet.

Le bouleversement total que les François, et surtout les Jacobins, ont voulu opérer dans les mœurs de leur nation, en assassinant les propriétaires, transportant les fortunes, changeant les costumes, les usages et le Dieu même, n'a été qu'une imitation de ce que Lycurgue fit dans sa patrie. Mais ce qui fut possible chez un petit peuple encore tout près de la nature, et qu'on peut comparer à une pauvre et nombreuse famille, l'étoit-il dans un antique royaume de vingt-cinq millions d'habitants? Dira-t-on que le législateur grec transforma des hommes plongés dans le vice en des citoyens vertueux, et qu'on eût pu réussir également en France ? Certes, les deux cas sont loin d'être les mêmes. Les Lacédémoniens avoient l'immoralité d'une nation qui existe sans formes civiles ; immoralité qu'il faut plutôt appeler un désordre qu'une véritable corruption : une telle société, lorsqu'elle vient à se ranger sous une constitution, se métamorphose soudainement, parce qu'elle a toute la force primitive, toute la rudesse vigoureuse d'une matière qui n'a pas encore été mise sur le métier. Les François avoient l'incurable corruption des lois; ils étoient légalement immoraux, comme tous les anciens peuples soumis depuis long-temps à un gouvernement régulier. Alors la trame est usée, et lorsque vous venez à tendre la toile, elle se déchire de toutes parts.

Il y a plus, les grands changements que Lycurgue opéra à Lacédémone furent plutôt dans les règlements moraux et civils, que dans les choses politiques. Il institua les repas publics et les leschès [1], bannit l'or et les sciences [2], ordonna les réquisitions

---

[1] PLUT., *in Lyc.*; PAUSANIAS, lib. III, cap. XIV, pag. 240.

Cette institution, unique dans l'antiquité (si l'on en excepte cette société d'Athènes à laquelle Philippe envoyoit de l'or pour l'encourager dans son insouciance des affaires de la patrie), est l'origine de nos clubs modernes. Les réquisitions forcées d'esclaves, de chevaux, etc., sont aussi de Lycurgue. Il semble que cet homme extraordinaire n'ait rien ignoré de ce qui peut toucher les hommes, qu'il ait embrassé à la fois tous les genres d'institutions les plus capables d'agir sur le cœur humain, d'élever leur génie, de développer les facultés de leurs âmes, et de lâcher ou de tendre le ressort des passions. Plus on étudie les lois de Lycurgue, plus on est convaincu que depuis on n'a rien trouvé de nouveau en politique. Lycurgue et Newton ont été deux divinités dans l'espèce humaine. Par l'affreuse imitation des Jacobins, on va voir comment la vertu peut se tourner en vice dans des vases impurs : tant il est vrai encore que chaque âge, chaque nation a ses institutions qui lui sont propres, et que la constitution la plus sublime chez un peuple pourroit être exécrable chez un autre. Au reste, les leschès avoient toutes les qualités des clubs; on s'y assembloit pour y parler de politique.

[2] PLUT., *in Lyc.*; ISOCR., *Panath.*, t. II.

d'hommes et de propriétés [1], fit le partage des terres, établit la communauté des enfants [2], et presque celle des femmes [3]. Les Jacobins, le suivant pas à pas dans ces réformes violentes, prétendirent à leur tour anéantir le commerce, extirper les lettres [4], avoir des gymnases [5], des philities [6], des clubs; ils voulurent forcer la vierge, ou la jeune épouse, à recevoir malgré elle un époux [7]; ils mirent surtout en usage les réquisitions, et se préparoient à promulguer les lois agraires.

Ici finit la ressemblance. Le sage Lacédémonien laissa à ses compatriotes leurs dieux, leurs rois et leurs assemblées du peuple [8], qu'ils possédoient de

---

[1] XENOPH.; *de Rep. Laced.*, pag. 681.
[2] PLUT.; *ibid.* [3] *Id., ibid.*
[4] Le lecteur doit se rappeler les projets de Marat et de Robespierre, qui se trouvent dans tous les papiers et les brochures du temps. Sans doute il sait ces faits tout aussi bien que moi, sans que je sois obligé de citer une foule de journaux et de feuilles publiques. Quant à ceux qui ne connoissent pas la révolution, tant pis ou tant mieux pour eux, mais qu'ils ne me lisent pas.
[5] Les écoles républicaines.
[6] Les repas publics de Sparte.
[7] Ceci est bien connu par les décrets proposés dans la Convention, pour obliger les femmes des émigrés, ou les jeunes filles au-dessous d'un certain âge, d'épouser ce qu'on appeloit des CITOYENS. Je raconterai à ce sujet ce que je tiens d'un témoin oculaire, dont je n'ai aucune raison de soupçonner la véracité. Dans le moment le plus violent de la persécution de Robespierre, lorsque les sœurs et les épouses des émigrés étoient jetées dans des cachots en attendant la mort, on leur envoyoit des brigands, soldats dans l'armée intérieure, qui leur disoient : « Citoyennes, nous sommes fâchés de vous l'apprendre, votre sort est décidé : demain la guillotine ;... mais il y a un moyen de vous sauver, épousez-nous, etc.; » et ils les accabloient des propos les plus grossiers. Si on considère que ces exécrables monstres étoient peut-être les hommes qui avoient assassiné les frères et les maris de ces infortunées, l'atrocité et l'immoralité d'insulter des femmes couchées sur la terre, sans pain, sans vêtements, et plongées dans toutes les douleurs de l'âme et du corps, on ne pourra s'empêcher de frémir à la pensée des crimes dont l'espèce humaine est capable.
[8] PLUT., *in Lyc.*

temps immémorial avec le reste de la Grèce. Il ne
fit pas vibrer toutes les cordes du cœur humain en
brisant à la fois imprudemment tous les préjugés;
il sut respecter ce qui étoit respectable; il se donna
de garde d'entreprendre son ouvrage au milieu des
troubles, des guerres qui engendrent toutes les
sortes d'immoralités. Il eut à surmonter de grandes
difficultés sans doute : il fut même obligé d'employer une espèce de violence [1], mais il n'égorgea
point les citoyens pour les convaincre de l'efficacité
des lois nouvelles; il chérissoit ceux-là même qui
poussoient la haine de ses innovations jusqu'à le
frapper [2]. C'est peut-être ici un des plus curieux,
de même qu'un des plus grands sujets commémo-
rés dans les annales des nations. Qu'y a-t-il en effet
de plus intéressant que de retrouver dans ce passage le plan original de cet étonnant édifice sur
lequel les Jacobins ont calqué la fatale copie qu'ils
viennent de nous en donner? il mérite bien la peine
qu'on s'y arrête pour en méditer les leçons. J'op-
poserai dans les chapitres suivants le tableau des
réformations des Jacobins à celui de ces réformations de Lycurgue qui ont servi de modèle aux premières, et que j'ai brièvement exposées ci-dessus.
Sans cette comparaison il seroit impossible de se
former une idée juste des rapports et des différences des deux systèmes, considérés dans le génie,
les temps, les lieux et les circonstances : ce sera
alors au lecteur à prononcer sur les causes qui

[1] PLUT., *in Lyc.* [2] *Id., ibid.*

consolidèrent la révolution à Sparte, et sur celles qui pourront l'établir ou la renverser en France. Celui qui lit l'histoire ressemble à un homme voyageant dans le désert à travers ces bois fabuleux de l'antiquité qui prédisoient l'avenir[a].

[a] Sparte et les Jacobins ! Cependant ce premier chapitre peut, à la rigueur, se soutenir. Il est certain que les demi-lettrés qui furent les premiers chefs des Jacobins affectèrent des imitations de Rome et de Sparte, témoin les noms d'hommes et les diverses nomenclatures de choses qu'ils empruntèrent des Grecs et des Latins. Les chapitres qui suivent et qui, sortant des comparaisons générales, entrent dans les rapprochements particuliers, tombent dans ces ressemblances déraisonnables que j'ai tant de fois critiquées dans ces notes ; mais ils sont écrits avec une verve d'indignation, avec une jeunesse de haine contre le crime, qui doit faire pardonner ce qu'ils ont d'absurde dans le système de leur composition. Le style aussi me paroît s'élever dans ces chapitres, et il soutient la comparaison avec ce que j'ai fait de moins mal en politique et en histoire dans ces derniers temps de ma vie. Les personnes qui déterrèrent l'*Essai* pour me l'opposer ne l'avoient pas lu sans doute tout entier. Il est probable que ceux qui m'ont obligé de fournir contre moi au procès la pièce de conviction seront assez peu satisfaits de son contenu. (N. Éd.)

CHAPITRE XIV.

Suite.

Quoique les Jacobins se soient indubitablement proposé Lycurgue pour modèle, ils sont cependant partis d'un principe totalement opposé. La grande base de leur doctrine étoit le fameux système de perfection [1] que je développerai dans la suite, savoir que les hommes parviendront un jour à une pureté inconnue de gouvernement et de mœurs [a].

Le premier pas à faire vers le système étoit l'établissement d'une république. Les Jacobins, à qui on ne peut refuser l'affreuse louange d'avoir été conséquents dans leurs principes, avoient aperçu avec génie que le vice radical existoit dans les

---

[1] Ce système (plus ou moins reçu par le reste des révolutionnaires, mais qui appartient particulièrement aux Jacobins), sur lequel toute notre révolution est suspendue, n'est presque point connu du public. Les initiés à ce grand mystère en dérobent religieusement la connoissance aux profanes. J'espère être le premier écrivain sur les affaires présentes qui aura démasqué l'idole. Je tiens le secret de la bouche même du célèbre Chamfort, qui le laissa échapper devant moi un matin que j'étois allé le voir. Ce système de perfection a obtenu un grand crédit en Angleterre, parmi les membres de la Société correspondante. MM. T. et H. paroissent en avoir adopté les principes, de même que l'auteur du Général justice, livre (quelle que soit d'ailleurs la différence entre mes opinions et celles de l'auteur) qui annonce des vues peu communes en politique. On trouvera tout ce qui a rapport à cet intéressant sujet dans la seconde partie du cinquième livre de cet Essai.

[a] Le système de perfection n'est faux que pour ce qui regarde les mœurs : il est vrai pour tout ce qui est relatif à l'intelligence.

(N. Éd.)

mœurs, et que dans l'état actuel de la nation françoise, l'inégalité des fortunes, les différences d'opinion, les sentiments religieux et mille autres obstacles, il étoit absurde de songer à une démocratie sans une révolution complète du côté de la morale*. Où trouver le talisman pour faire disparoître tant d'insurmontables difficultés? à Sparte. Quelles mœurs substituera-t-on aux anciennes? celles que Lycurgue mit à la place des antiques désordres de sa patrie. Le plan étoit donc tracé depuis longtemps, et il ne restoit plus aux Jacobins qu'à le suivre. Mais comment l'exécuter? Au moment de la promulgation de ses lois nouvelles la Laconie étoit dans une paix profonde. Il étoit aisé à Lycurgue, moitié de gré, moitié de force, de faire consentir les propriétaires d'un petit pays au partage des terres et à l'égalité des rangs; il étoit aisé d'ordonner des armées en masse et des réquisitions forcées pour des guerres à venir, quand tout étoit tranquille autour de soi; il étoit aisé de transformer une monarchie en un gouvernement populaire chez une nation qui possédoit déjà les principes de ce dernier. Quelle différence de temps, de circonstances, entre l'époque de la réforme la-

---

* Les Jacobins n'avoient point aperçu tout cela, et ils n'avoient point de génie : je leur prête des idées quand je ne devrois leur accorder que des crimes; mais les crimes ont quelquefois d'immenses résultats. Je mets aussi à tort sur le compte d'une poignée d'hommes sanguinaires ce qu'il faut attribuer à la nation : la défense de la patrie. Je fais trop d'honneur à des scélérats en les associant à une gloire qui suffit à peine pour noyer dans son éclat leur abominable souvenir. (N. Éd.)

cédémonienne et celle où les Jacobins prétendoient
l'introduire chez eux ! Attaquée par l'Europe entière, déchirée par des guerres civiles, agitée de
mille factions, ses places frontières ou prises ou
assiégées, sans soldats, sans finances, hors un papier discrédité qui tomboit de jour en jour, le
découragement dans tous les états, et la famine
presque assurée ; telle étoit la France, tel le tableau
qu'elle présentoit à l'instant même qu'on méditoit
de la livrer à une révolution générale. Il falloit re-
médier à cette complication de maux ; il falloit
établir à la fois par un miracle la république de
Lycurgue chez un vieux peuple nourri sous une
monarchie, immense dans sa population et corrompu dans ses mœurs ; et sauver un grand pays
sans armées, amolli dans la paix et expirant dans
les convulsions politiques, de l'invasion de cinq cent
mille hommes des meilleures troupes de l'Europe.

Ces forcenés seuls pouvoient en imaginer les
moyens, et, ce qui est encore plus incroyable, parvenir en partie à les exécuter : moyens exécrables
sans doute, mais, il faut l'avouer, d'une conception
gigantesque. Ces esprits raréfiés au feu de l'enthousiasme républicain, et pour ainsi dire réduits, par
leurs scrutins épuratoires [1], à la quintessence du
crime, déployèrent à la fois une énergie dont il n'y
a jamais eu d'exemple, et des forfaits que tous ceux
de l'histoire mis ensemble pourroient à peine égaler.

---

[1] On sait que les Jacobins expulsoient à certaines époques périodiques tous
ceux de leurs membres soupçonnés de modérantisme ou d'humanité, et on
appeloit cela un scrutin épuratoire.

Ils virent que, pour obtenir le résultat qu'ils se proposoient, les systèmes reçus de justice, les axiomes communs d'humanité, tout le cercle des principes adoptés par Lycurgue, ne pouvoient être utiles, et qu'il falloit parvenir au même but par un chemin différent. Attendre que la mort vînt saisir les grands propriétaires, ou que ceux-ci consentissent à se dépouiller, que les années déracinassent le fanatisme et vinssent changer les costumes et les mœurs, que des recrues ordinaires fussent envoyées aux armées, attendre tout cela leur parut douteux et trop long; et comme si l'établissement de la république et la défense de la France, pris séparément, eussent été trop peu pour leur génie, ils résolurent de tenter les deux à la fois.

Les gardes nationales étant achetées, des agents placés à leurs postes dans tous les coins de la république, le mot communiqué aux sociétés affiliées, les monstres se bouchant les oreilles, ou s'arrachant pour ainsi dire les entrailles de peur d'être attendris, donnèrent l'affreux signal qui devoit rappeler Sparte de ses ruines. Il retentit dans la France comme la trompette de l'ange exterminateur : les monuments des fils des hommes s'écroulèrent, et les tombes s'ouvrirent.

CHAPITRE XV.

Suite.

Au même instant mille guillotines sanglantes s'élèvent à la fois dans toutes les cités et dans tous les villages de la France. Au bruit du canon et des tambours le citoyen est réveillé en sursaut au milieu de la nuit, et reçoit l'ordre de partir pour l'armée. Frappé comme de la foudre, il ne sait s'il veille : il hésite, il regarde autour de lui, il aperçoit les têtes pâles et les troncs hideux des malheureux qui n'avoient peut-être refusé de marcher à la première sommation que pour dire un dernier adieu à leur famille! Que fera-t-il? où sont les chefs auxquels il puisse se réunir pour éviter la réquisition[1]? Chacun pris séparément se voit privé de toute défense. D'un côté la mort assurée; de l'autre des troupes de volontaires qui, fuyant la famine, la persécution et l'intolérance de l'intérieur, vont chercher dans les armées, ivres de vin, de chansons[2] et de jeunesse, du pain et la liberté. Ce citoyen, la guillotine sous les yeux, et

---

[1] J'ai déjà dit que l'idée des réquisitions vient de Sparte. Tous les citoyens étoient obligés de servir depuis l'âge de vingt ans jusqu'à soixante. Dans le cas d'urgence, les rois et les éphores pouvoient mettre les chevaux, les esclaves, les chariots, etc., en réquisition. (Voyez PLUTARQUE et XÉNOPHON.)

[2] Les hymnes de Tyrtée à Sparte; ceux de Lebrun et de Chénier en France.

ne trouvant qu'un seul asile, part le désespoir dans le cœur. Bientôt rendu aux frontières, la nécessité de défendre sa vie, le courage naturel aux François, l'inconstance et l'enthousiasme dont son caractère est susceptible, la paye considérable[a], la nourriture abondante, le tumulte, les dangers de la vie militaire, les femmes, le vin, et sa gaîté native, lui font oublier qu'il a été conduit là malgré lui; il devient un héros. Ainsi la persécution d'un côté et les récompenses de l'autre créent par enchantement des armées. Car une fois les premiers exemples faits et les réquisitions obéies, les hommes, par une pente imitative naturelle à leur cœur, s'empressent, quelles que soient leurs opinions, de marcher sur les traces des autres.

Voilà bien les rudiments d'une force militaire; mais il falloit l'organiser. Un comité, dont on a dit que les talents ne pouvoient être surpassés que par les crimes, s'occupe à lier ces corps déjoints. Et ne croyez pas que les tactiques anciennes des César et des Turenne soient recherchées : non. Tout doit être nouveau dans ce monde d'une ordonnance nouvelle. Il ne s'agit plus de sauver la vie d'un homme et de ne livrer bataille que quand la perte peut être au moins réciproque; l'art se réduit à un calcul de masse, de vitesse et de temps. Les armées se précipitent en nombre double ou triple pour les masses : les soldats et l'artillerie voyagent en poste de Nice

---

[a] La paye est de trop : souvent les soldats républicains étoient sans paye et sans vêtements. Les fortunes militaires n'ont commencé que sous l'empire. (N. Éd.)

à Lille, quant aux vitesses ; et les temps sont toujours uns et généraux dans les attaques. On perdra dix mille hommes pour prendre ce bourg; on sera obligé de l'attaquer vingt fois [1] et vingt jours de suite; mais on le prendra. Quand le sang des hommes est compté pour rien, il est aisé de faire des conquêtes. Les déserteurs et les espions ne sont pas sûrs ? c'est au milieu des airs que les ingénieurs vont étudier les parties foibles des armées, et assurer la victoire en dépit du secret et du génie. Le télégraphe fait voler les ordres, la terre cède son salpêtre, et la France vomit ses innombrables légions.

CHAPITRE XVI.

Suite.

Tandis que les armées se composent, les prisons se remplissent de tous les propriétaires de la France. Ici, on les noie par milliers [2]; là, on ouvre les portes des cachots pleins de victimes, et l'on y décharge du canon à mitraille [3]. Le coutelas des guillotines tombe jour et nuit. Ces machines de destruction sont trop lentes au gré des bourreaux; des artistes de mort en inventent qui peuvent

---

[1] A Sparte, lorsqu'un premier combat avoit été désavantageux, le général étoit obligé d'en livrer un autre. (Xénophon, *Hist. de Grèce.*)
[2] A Nantes. (Voy. le *procès de Carrier.*) [3] A Lyon.

trancher plusieurs têtes d'un seul coup[1]. Les places publiques inondées de sang deviennent impraticables; il faut changer le lieu des exécutions : en vain d'immenses carrières ont été ouvertes pour recevoir les cadavres, elles sont comblées; on demande à en creuser de nouvelles [2]. Vieillards de quatre-vingts ans, jeunes filles de seize, pères et mères, sœurs et frères, enfants, maris, épouses, meurent couverts du sang les uns des autres. Ainsi les Jacobins atteignent à la fois quatre fins principales, vers l'établissement de leur république : ils détruisent l'inégalité des rangs, nivellent les fortunes, relèvent les finances par la confiscation des biens des condamnés, et s'attachent l'armée en la berçant de l'espoir de posséder un jour ces propriétés.

Cependant le peuple, qui n'est plus entretenu que de conspirations, d'invasion, de trahisons, effrayé de ses amis même et se croyant sur une mine toujours prête à sauter, tombe dans une terreur stupide. Les Jacobins l'avoient prévu [a]. Alors on lui demande son pain et il le donne, son vêtement et il s'en dépouille, sa vie et il la livre sans regret [3]. Il voit au même moment se fermer tous ses temples, ses ministres sacrifiés et son ancien culte

---

[1] A Arras.   [2] Voyez les *Messages à la Convention.*

[a] Les Jacobins n'avoient rien prévu ; ils tuoient pour tuer. La révolution étoit un combat entre le passé et l'avenir : le champ de carnage étoit partout ; on ne songeoit qu'à triompher, sans s'inquiéter de ce que l'on feroit après la victoire.   (N. Éd.)

[3] Réquisitions de Sparte.

banni sous peine de mort¹. On lui apprend qu'il n'y a point de vengeance céleste², mais une guillotine; tandis que par un jargon contradictoire et inexplicable, on lui dit d'adorer les vertus, pour lesquelles on institue des fêtes où de jeunes filles vêtues de blanc et couronnées de roses entretiennent sa curiosité imbécile, en chantant des hymnes en l'honneur des dieux³. Ce malheureux peuple, confondu, ne sait plus où il est, ni s'il existe. En vain il se cherche dans ses antiques usages, et il ne se retrouve plus. Il voit, dans un costume bizarre⁴, une nation étrangère errer sur les places publiques. S'il demande ses jours de fêtes ou de devoirs accoutumés, d'autres appellations frappent son oreille. Le jour de repos a disparu. Il compte au moins que le retour fixe de l'année ramènera l'état naturel des choses, et apportera quelque soulagement à ses maux : espérances déçues! Comme s'il étoit condamné pour jamais à ce nouvel ordre de misère, des mois ignorés semblent lui dire que la révolution s'étend jusqu'au cours des astres; et dans cette terre de prodiges, il craint de s'égarer au milieu

---

¹ Pour y substituer le culte de la Grèce.

² L'athéisme de la Convention est bien connu.

³ Imités de Lacédémone et de toute la Grèce. A Sparte, on plaçoit la statue de la Mort à côté de celle du Sommeil; ce qui a pu inspirer aux Jacobins l'idée de l'inscription qu'ils vouloient graver sur les tombeaux : *La mort est l'éternel sommeil.* (PAUSAN., lib. III, c. XVIII.)

⁴ Le bonnet des hommes et la presque nudité des femmes sont encore originairement de Sparte, quoique j'en donnerai d'autres exemples. (MEURS., *Miscell. Lacon.*, lib. I, cap. XVII.)

des rues de la capitale, dont il ne reconnoît plus les noms [1].

En même temps que tous ces changements dérangent la tête du peuple, les notions les plus étranges viennent bouleverser son cœur. La fidélité dans le secret, la constance dans l'amitié, l'amour de ses enfants, le respect pour la religion, toutes les choses que depuis son enfance il *souloit* tenir bonnes et vertueuses, ne sont, lui dit-on, que de vains noms dont les tyrans se servent pour enchaîner leurs esclaves. Un républicain ne doit avoir ni amour, ni fidélité, ni respect que pour la patrie [2]. Résolus d'altérer la nation jusque dans sa source, les Jacobins, sachant que l'éducation fait les hommes, obligent les citoyens à envoyer leurs enfants à des écoles militaires, où on va les abreuver de fiel et de haine contre tous les autres gouvernements. Là, préparés par les jeux de Lacédémone à la conquête du monde [3], on leur apprend à se dépouiller des plus doux sentiments de la nature pour des vertus de tigres, qui ne leur nourrissent que des cœurs d'airain.

Tel étoit, ballotté entre les mains puissantes de cette faction, ce peuple infortuné, transporté tout à coup dans un autre univers, étonné des cris des

[1] Les changements des noms des rues, des mois, etc., sont trop connus pour avoir besoin de notes.

[2] Ici évidemment toute la morale de Lycurgue pervertie et pliée à leur vue. (Voy. PLUT., *in Lycurg.*)

[3] Les gymnases. On sait que le caractère dominant de Sparte étoit la haine des autres peuples et l'esprit d'ambition. « Où fixerez-vous vos frontières? » disoit-on à Agésilas. « Au bout de nos piques, » répondoit-il. Les François diront : « A la pointe de nos baïonnettes. »

victimes et des acclamations de la victoire retentissant de toutes les frontières, lorsque Dieu, laissant tomber un regard sur la France, fit rentrer ces monstres dans le néant[1].

[1] J'ai vu rire de la minutie avec laquelle les François ont essayé de changer leur costume, leurs manières, leur langage ; mais le dessein est vaste et médité. Ceux qui savent l'influence qu'ont sur les hommes des mots en apparence frivoles, lorsqu'ils nous rappellent d'anciennes mœurs, des plaisirs ou des peines, sentiront la profondeur du projet.

Que si d'ailleurs on considère que ce sont les Jacobins qui ont donné à la France des armées nombreuses, braves et disciplinées ; que ce sont eux qui ont trouvé moyen de les payer, d'approvisionner un grand pays sans ressources et entouré d'ennemis ; que ce furent eux qui créèrent une marine comme par miracle, et conservèrent par intrigue et argent la neutralité de quelques puissances ; que c'est sous leur règne que les grandes découvertes en histoire naturelle se sont faites, et les grands généraux se sont formés ; qu'enfin ils avoient donné de la vigueur à un corps épuisé, et organisé, pour ainsi dire, l'anarchie : il faut nécessairement convenir que ces monstres échappés de l'enfer en avoient apporté tous les talents...

Je n'ignore pas que, depuis leur chute, le parti régnant s'est efforcé de les représenter comme ineptes et ignorants ; les *Campagnes de Pichegru*, dernièrement publiées à Paris, tendent à prouver qu'ils ne faisoient que détruire sans organiser. Ce livre, par sa modération, fait honneur à son auteur ; mais je n'ai pas présenté des conjectures, j'ai rassemblé des faits. Au reste, on peut juger de la vigueur de ce parti par les secousses qu'il donne encore au gouvernement. Les Jacobins sont évidemment la seule faction républicaine qui ait existé en France : toutes celles qui l'ont précédée ou suivie (excepté les Brissotins) ne l'ont point été.

Après tout je n'ai pas la folie d'avancer que les Jacobins prétendissent ramener expressément le siècle de Lycurgue en France. La plupart ne surent même jamais qu'il eût existé un homme de ce nom. J'ai seulement voulu dire que les chefs de ce parti visoient à une réforme sévère, dont ils auroient sans doute après fait leur profit, et que Sparte leur en fournissoit un plan tout tracé. J'écris sans esprit de système[*]. Je ne cherche point de ressemblance où il n'y en a point, ni ne donne à de certains rapports des événements plus d'importance qu'ils n'en méritent. La foule des leçons devant moi est trop grande pour avoir besoin de recourir à des remarques frivoles. J'ai souvent regretté qu'un sujet si magnifique ne soit pas tombé en des mains plus habiles que les miennes.

[*] Tous les hommes qui ont embrassé un système ont la prétention de n'en pas avoir ; je sentois si bien la foiblesse du mien que je le désavoue ici formellement. (N. Éd.)

CHAPITRE XVII.

Fin du sujet.

Tels furent les Jacobins. On a beaucoup parlé d'eux et peu de gens les ont connus. La plupart se jettent dans les déclamations, publient les crimes de cette société, sans vous apprendre le principe général qui en dirigeoit les vues. Il consistoit ce principe dans le système de perfection vers lequel le premier pas à faire étoit la restauration des lois de Lycurgue. Nous avons trop donné aux passions et aux circonstances. Un trait distinctif de notre révolution, c'est qu'il faut admettre la voie spéculative et les doctrines abstraites pour infiniment dans ses causes. Elle a été produite en partie par des gens de lettres qui, plus habitants de Rome et d'Athènes que de leur pays, ont cherché a ramener dans l'Europe les mœurs antiques [1]. Par cette lé-

---

[1] Que ceci soit dit sans prétendre insulter aux gens de lettres de France. La différence d'opinion ne m'empêchera jamais de respecter les talents. Quand il n'y auroit que les rapports que j'ai entretenus autrefois avec plusieurs de ces hommes célèbres, c'en seroit assez pour me commander la décence. Je me souviendrai toujours avec reconnoissance que quelques-uns d'entre eux, qui jouissent à juste titre d'une grande réputation, tels que M. de La Harpe, ont bien voulu, en des jours plus heureux, encourager les foibles essais d'un jeune homme qui n'avoit d'autre mérite qu'un peu de sensibilité. Le malheur rend injuste. Nous autres émigrés avons tort de déprécier la littérature de France. Outre l'auteur que je viens de nommer, on y compte encore Bernardin de Saint-Pierre, Marmontel, Fontanes, Parny, Lebrun, Ginguené, Flins, Lemierre, Collin d'Harleville, etc., etc. J'avoue que ce n'est pas sans émotion que je rappelle ici ces noms, dont la plupart reportent à ma

gère esquisse, j'ai essayé de donner un fil aux écrivains qui viendront après moi. Que de choses me resteroient encore à dire! mais le temps, ma santé, ma manière, tout me précipite vers la fin de cet ouvrage.

Ainsi, dès notre premier début dans la carrière, tout fourmille autour de nous de leçons et d'exemples. Déjà Athènes nous a montré nos factions dans le règne de Pisistrate et la catastrophe de ses fils; Sparte vient de nous offrir dans ses lois des origines étonnantes. Plus nous avancerons dans ce vaste sujet, plus il deviendra intéressant. Nous avons vu l'établissement des gouvernements populaires chez les Grecs; nous allons parler maintenant du génie comparé de ces peuples et des François, de l'état des lumières, de l'influence de la révolution

---

mémoire d'anciennes liaisons et des temps de bonheur qui ne reviendront plus. Je remarque avec plaisir que MM. Fontanes, Lebrun et plusieurs autres, semblent avoir redoublé de talents en proportion des maux qui affligent leurs compatriotes. On diroit que ce seroit le sort de la poésie, que de briller avec un nouvel éclat parmi les débris des empires, comme ces espèces de fleurs qui se plaisent à couvrir les ruines.

D'un autre côté, les gens de lettres restés en France ont mis trop d'aigreur dans leurs jugements des gens de lettres émigrés. Je n'ai pas le bonheur de connoître ceux-ci autant que les premiers; mais MM. Peltier, Rivarol, etc., occupent une place distinguée dans notre littérature. MM. d'Ivernois et Mallet-du-Pan ne sont pas à la vérité François; cependant comme ils écrivent dans cette langue, ainsi que le fit leur illustre compatriote Jean-Jacques, les émigrés peuvent s'honorer de leurs grands talents. La plupart des membres de l'Assemblée constituante, les Lally, les Mounier, les Montlosier, ont écrit d'une manière qui fait autant d'honneur à leur esprit qu'à leur cœur. Je voudrois qu'on fût juste; comment l'être avec des passions *?

* Je ne renie point les sentiments de bienveillance et de modération exprimés dans cette note : je réformerois seulement quelques jugements. (N. ED.)

républicaine sur la Grèce, sur les nations étrangères, enfin de la position politique et morale des mêmes nations à cette époque.

CHAPITRE XVIII.

Caractère des Athéniens et des François.

Quels peuples furent jamais plus aimables dans le monde ancien et moderne, que les nations brillantes de l'Attique et de la France? L'étranger, charmé à Paris et à Athènes, ne rencontre que des cœurs compatissants et des bouches toujours prêtes à lui sourire. Les légers habitants de ces deux capitales du goût et des beaux arts, semblent formés pour couler leurs jours au sein des plaisirs. C'est là, qu'assis à des banquets [1], vous les entendrez se lancer de fines railleries [2], rire avec grâce de leurs maîtres [3]; parler à la fois de politique et d'amour, de l'existence de Dieu et du succès de la comédie nouvelle [4], et répandre profusément les bons mots et le sel attique, au bruit des chansons d'Anacréon et de Voltaire, au milieu des vins, des femmes et des fleurs [5].

---

[1] AEschin., *in Ctes.*; Volt., *Contes et Mél.*
[2] Plut., *de Præcep. reip. Ger.*; *Caract. de La Bruy.*
[3] Plut., *in Pericl.*; *Satir. Ménipp.*; *Noëls de la Cour*, etc.
[4] Plut., *Conviv.*; Xénoph., *ib.*; Plut., *Sept. Sapient. Conviv.*; J.-J. *Confess.* et *N. Hél.*
[5] Anacr., *Od.*; Volt., *Corresp. gén.*

Mais où court tout ce peuple furieux? d'où viennent ces cris de rage dans les uns et de désespoir dans les autres? Quelles sont ces victimes égorgées sur l'autel des Euménides[1]? Quel cœur ces monstres à la bouche teinte de sang ont-ils dévoré[2]?... Ce n'est rien : ce sont ces Épicuriens que vous avez vus danser à la fête[3], et qui, ce soir, assisteront tranquillement aux farces de Thespis[4], ou aux ballets de l'Opéra.

A la fois orateurs, peintres, architectes, scul-

---

[1] THUCYD.

[2] M. de Belzunce et plusieurs autres. J'ai vu moi-même un de ces cannibales assez proprement vêtu, ayant pendu à sa boutonnière un morceau du cœur de l'infortuné Flesselles. Deux traits que j'ai entendu citer à un témoin oculaire méritent d'être connus pour effrayer les hommes. Ce citoyen passoit dans les rues de Paris dans les journées des 2 et 3 septembre; il vit une petite fille pleurant auprès d'un chariot plein de corps, où celui de son père, qui venoit d'être massacré, avoit été jeté. Un monstre, portant l'uniforme national, qui escortoit cette digne pompe des factions, passe aussitôt sa baïonnette dans la poitrine de cette enfant; et pour me servir de l'expression énergique du narrateur, *la place aussi tranquillement qu'on auroit fait d'une botte de paille* sur une pile de morts, à côté de son père.

Le second trait, peut-être encore plus horrible, développe le caractère de ce peuple à qui l'on prétend donner un gouvernement républicain. Le même citoyen rencontra d'autres tombereaux, je crois vers la porte Saint-Martin; une troupe de femmes étoient montées parmi ces lambeaux de chair, et, *à cheval sur les cadavres des hommes* (je me sers encore des mots du rapporteur), cherchoient avec des rires affreux à assouvir la plus monstrueuse des lubricités. Les réflexions ne serviroient de rien ici. Je dirai seulement que le témoin de cette exécrable dépravation de la nature humaine est un ancien militaire, connu par ses lumières, son courage et son intégrité*.

Hérodote raconte que les Grecs auxiliaires à la solde du roi d'Égypte contre Cambyse, ayant été trahis par leur général qui déserta à l'ennemi, saisirent ses enfants, les égorgèrent, et en burent le sang à la vue des deux armées. Je dirai dans la suite les raisons pour lesquelles je semble m'appesantir sur ces détails.

[3] THÉOPHR., *Charact.*, cap. XV.

[4] Thespis est l'inventeur de la tragédie; mais la grossièreté de ces premiers essais du drame peut être justement qualifiée de farce.

* J'espère pourtant qu'il a été trompé. (N. Éd.)

pteurs, amateurs de l'existence[1], pleins de douceur et d'humanité[2], du commerce le plus enchanteur dans la vie[3], la nature a créé ces peuples pour sommeiller dans les délices de la société et de la paix. Tout à coup la trompette guerrière se fait entendre; soudain toute cette nation de femmes lève la tête. Se précipitant du milieu de leurs jeux, échappés aux voluptés et aux bras des courtisanes[4], voyez ces jeunes gens, sans tentes, sans lits, sans nourriture, s'avancer en riant[5] contre ces innombrables armées de vieux soldats, et les chasser devant eux comme des troupeaux de brebis obéissantes[6].

Les cours qui gouvernent sont pleines de gaieté

---

[1] On sait l'attachement des Grecs à la vie. Homère n'a point craint de la faire regretter à Achille même. Avant la révolution je ne connoissois point de peuple qui mourût plus gaîment sur le champ de bataille que les François, ni de plus mauvaise grâce dans leur lit. La cause en étoit dans leur religion.

[2] PLUT., *in Pelop.*; id., *in Demosth.*; *Siècle de Louis XIV*; DUCLOS, *Consid. sur les mœurs.*

[3] PLUT., *de Præcep. reip. Ger.*; LAVATER, *Physion.*; SMOLL., *Voyage en France.*

[4] HEROD., lib. VIII, cap. XXVIII; VOLT., *Henr. et Zaïre.*

[5] DIOD., lib. IX; VOLT., *Henr. et Zaïre*; *Mémoires du général Dumouriez.*

[6] HEROD., lib. IX, cap. LXX; *Mémoires du général Dumouriez*; *Campagnes de Pichegru.*

Léonidas, prêt à attaquer les Perses aux Thermopyles, disoit à ses soldats : « Nous souperons ce soir chez Pluton. » Et ils poussoient des cris de joie. Dans les dernières campagnes, un soldat françois, étant en sentinelle perdue, a l'avant-bras gauche emporté d'un coup de canon; il continue de charger sous son moignon, criant aux Autrichiens, en prenant des cartouches dans sa giberne : « Citoyens, j'en ai encore. »

Voltaire a peint admirablement ce caractère des François :

C'est ici que l'on dort sans lit,
Que l'on prend ses repas par terre.
Je vois, et j'entends l'atmosphère
Qui s'embrase et qui retentit

et de pompe [1]. Qu'importent leurs vices ? Qu'ils dissipent leurs jours au milieu des orages, ceux-là qui aspirent à de plus hautes destinées; pour nous, chantons [2], rions aujourd'hui. Passagers inconnus, embarqués sur le fleuve du temps, glissons sans bruit dans la vie. La meilleure constitution n'est pas la plus libre, mais celle qui nous laisse de plus doux loisirs [3]... O ciel! pourquoi tous ces citoyens condamnés à la ciguë ou à la guillotine ? ces trônes déserts et ensanglantés [4]? ces troupes de bannis, fuyant sur tous les chemins de la patrie [5] ? — Comment! ne savez-vous pas que ce sont des tyrans qui

> De cent décharges de tonnerre :
> Et dans ces horreurs de la guerre
> Le François chante, boit et rit.
> Bellone va réduire en cendres
> Les courtines de Philipsbourg,
> Par quatre-vingt mille Alexandres
> Payés à quatre sous par jour.
> Je les vois, prodiguant leur vie,
> Chercher ces combats meurtriers,
> Couverts de fange et de lauriers,
> Et pleins d'honneur et de folie.
> ....
> O nation brillante et vaine !
> Illustres fous ! peuple charmant,
> Que la gloire à son char entraîne.
> Il est beau d'affronter gaîment
> Le trépas et le prince Eugène !
> ... .

Le prince Eugène étoit de moins dans cette guerre-ci.

[1] ATHEN., lib. XII, cap. VIII ; *Louis XIV, sa Cour et le Régent.*

[2] ANACR., *Od.* ; *Vie privée de Louis XV et du duc de Richelieu.*

[3] ATHEN., lib. IV; HEROD., lib. I, c. LXII; *Recueils de poésies, romans, etc.*

[4] PLAT., *in Hipparch.*; HÉROD., lib. V ; *Conspiration de L.-P. d'Orléans et de Max. Robespierre.*

[5] HÉROD., lib. V.

vouloient retenir un peuple fier et indépendant dans la servitude?

Inquiets et volages dans le bonheur, constants et invincibles dans l'adversité, nes pour tous les arts, civilisés jusqu'à l'excès durant le calme de l'État, grossiers et sauvages dans leurs troubles politiques, flottants comme un vaisseau sans lest au gré de leurs passions impétueuses, à présent dans les cieux, le moment d'après dans l'abîme, enthousiastes et du bien et du mal, faisant le premier sans en exiger de reconnoissance, le second sans en sentir de remords, ne se rappelant ni leurs crimes, ni leurs vertus, amants pusillanimes de la vie durant la paix, prodigues de leurs jours dans les batailles, vains, railleurs, ambitieux, novateurs, méprisant tout ce qui n'est pas eux, individuellement les plus aimables des hommes, en corps les plus détestables de tous, charmants dans leur propre pays, insupportables chez l'étranger[1], tour à tour

---

[1] Voyez tous les auteurs cités aux pages précédentes. Les seuls traits nouveaux que j'aie ajoutés ici sont ceux qui commencent au mot *vains* et finissent au mot *étranger*. Ce malheureux esprit de raillerie, et cette excellente opinion de nous-mêmes, qui nous font tourner les coutumes des autres nations en ridicule, en même temps que nous prétendons ramener tout à nos usages, ont été bien funestes aux Athéniens et aux François. Les premiers s'attirèrent, par ce défaut, la haine de la Grèce, la guerre du Péloponèse, et mille troubles; et c'est ce qui a valu aux seconds la même haine du reste de l'Europe; et les a fait chasser plus d'une fois de leurs conquêtes. Il est assez curieux de remarquer, sur les anciennes médailles d'Athènes, ce caractère général de la nation imprimé sur des fronts particuliers. On retrouve aussi le même trait parmi mes compatriotes. Il n'y a personne qui n'ait rencontré en France dans la société de ces hommes dont les yeux pétillent d'ironie, qui vous répondent à peine en souriant, et affectent les airs de la plus haute supériorité. Combien ils doivent paroître haïssables au modeste étranger qu'ils insultent ainsi de leurs regards! Ce qu'il y a de déplorable, c'est que ces mêmes hommes ne

plus doux, plus innocents que la brebis qu'on égorge, et plus féroces que le tigre qui déchire les entrailles de sa victime : tels furent les Athé-

portent que trop souvent sur leur figure la marque indélébile de la médiocrité. Ils seroient bien punis s'ils se doutoient seulement de la pitié qu'ils vous font, ou s'ils pouvoient lire dans le fond de votre âme l'humiliant « Comme je te vois! comme je te mesure! »

L'art de la physionomie offre d'excellentes études à qui voudroit s'y livrer. Notre siècle raisonneur a trop dédaigné cette source inépuisable d'instructions. Toute l'antiquité a cru à la vérité de cette science, et Lavater l'a portée de nos jours à une perfection inconnue. La vérité est que la plupart des hommes la rejettent parce qu'ils s'en trouveroient mal. Nous pourrions du moins porter son flambeau dans l'histoire. Je m'en suis servi souvent avec succès dans cette partie. Quelquefois aussi je me suis plu à descendre dans le cœur de mes contemporains. J'aime à aller m'asseoir, pour ces espèces d'observations, dans quelque coin obscur d'une promenade publique, d'où je considère furtivement les personnes qui passent autour de moi. Ici, sur un front à demi ridé, dans ces yeux couverts d'un nuage, sur cette bouche un peu entr'ouverte, je lis les chagrins cachés de cet homme qui essaie de sourire à la société; là, je vois sur la lèvre inférieure de cet autre, sur les deux rides descendantes des narines, le mépris et la connoissance des hommes percer à travers le masque de la politesse; un troisième me montre les restes d'une sensibilité native étouffée à force d'avoir été déçue, et maintenant recouverte par une indifférence systématique. Dans la classe la plus basse du peuple on rencontre quelquefois des figures étonnantes. Il y a quelque temps qu'au bas de Hay-Market, vis-à-vis le café d'Orange, je m'arrêtai à écouter un de ces Allemands qui tournent des orgues à cylindre. Je n'eus pas plus tôt jeté les yeux sur cet étranger que je fus frappé de son air grand et énergique, en même temps que le vice se montroit de toutes parts sur sa physionomie. Il joua un air devant notre groupe, puis se détourna froidement, en nous jetant un regard du plus souverain mépris, comme s'il nous avoit dit : « Je vous connois, race d'hommes; vous me prenez pour votre dupe, je n'attendois rien de vous. » Il est possible que ce malheureux fût né avec des qualités supérieures; jeté par la destinée dans un rang au-dessous de son génie, il peut avoir souffert de longues infortunes, être devenu vicieux par misère; et la même vigueur d'âme qui l'auroit conduit aux premières vertus en a peut-être fait un scélérat :

   Some mute inglorious Milton here may rest.
   Some village Hampden, etc.

Où seroient les Pichegru, les Jourdan, les Buonaparte, sans la révolution? Mais je crains d'en avoir trop dit [*].

[*] Voici maintenant du Lavater et des promenades romanesques.

niens d'autrefois, et tels sont les François d'aujourd'hui.

Au reste, loin de moi la pensée de chercher à diffamer le caractère des François. Chaque peuple a son vice national, et si mes compatriotes sont cruels, ils rachètent ce grand défaut par mille qualités estimables. Ils sont généreux, braves, pères indulgents, amis fidèles; je leur donne d'autant plus volontiers ces éloges, qu'ils m'ont plus persécuté [a].

Heureusement elles ne sont qu'en notes. Mais il est curieux de rencontrer le nom de Buonaparte jeté en passant, dans une note, avec ceux de quelques autres généraux. Tout émigré que j'étois, j'avois une admiration involontaire pour cette même gloire qui me fermoit les portes de ma patrie. (N. Éd.)

[a] J'ai transporté quelque chose de ce portrait des François dans le *Génie du Christianisme*, en parlant de la manière d'écrire l'histoire. Il y a dans tous ces chapitres des incorrections que les hommes qui savent leur langue apercevront, et qu'il m'a semblé inutile de relever : je n'en finirois pas. (N. Éd.)

CHAPITRE XIX.

De l'état des lumières en Grèce au moment de la Révolution républicaine. Siècle de Lycurgue.

Lorsque je parlerai des lumières dans cet Essai, je ne m'attacherai principalement qu'à la partie morale et politique. Ce qui regarde les arts n'est pas, à proprement parler, de mon sujet : cependant j'en toucherai quelque chose, selon l'influence qu'ils auront eue sur les hommes dont j'écrirai alors l'histoire.

En commençant nos recherches au siècle de Lycurgue et les finissant à celui de Solon, nous voyons d'abord paroître Homère et Hésiode. Je n'entretiendrai point le lecteur de ces deux fameux poëtes. Qui n'a lu l'*Iliade* et l'*Odyssée?* qui ne connoît les *Travaux et les Jours,* la *Théogonie,* le *Bouclier d'Hercule?* Homère a donné Virgile à l'antique Italie, et le Tasse à la nouvelle, le Camoëns au Portugal, Ercilla à l'Espagne, Milton à l'Angleterre, Voltaire à la France, Klopstock à l'Allemagne : il n'a pas besoin de mes éloges.

Pour nous le côté intéressant des poëmes de ce sublime génie, est leur action sur la liberté de la Grèce. Lycurgue les apporta à Sparte[1] et voulut que ses compatriotes y puisassent cet enthousiasme

---

[1] Plut., *in Lyc.*

guerrier qui met les peuples à l'abri de la servitude étrangère. Solon fit des lois expresses en faveur de ce même Homère[1] qui, comme historien, ne s'offre pas sous des rapports moins précieux. Aux seuls Athéniens il donne le nom de peuple, aux Scythes l'appellation des plus justes des hommes[2], et souvent caractérise ainsi par un seul trait la politique et la morale de l'antiquité.

Les ouvrages d'Hésiode sont pleins des plus excellentes maximes. Le poëte ne voyoit pas les hommes sous des couleurs riantes. Il respire cette mélancolie antique qui semble être le partage des grands génies. On sait que Virgile a puisé dans les *Travaux et les Jours*, l'idée de ses *Géorgiques*[3]. C'est de la belle description de l'Age d'Or[4] qu'il a tiré ce morceau ravissant :

> O fortunatos nimium, sua si bona norint,
> Agricolas!

L'influence d'Hésiode sur son siècle dut être considérable, dans un temps où l'art d'écrire en prose étoit à peine connu. Ses poésies tendoient à ramener les hommes à la nature; et la morale, revêtue du charme des vers, a toujours un effet certain.

Thalès de Crète, poëte et législateur, dont nous ne connoissons plus que le nom, fut le précurseur des lois à Lacédémone[5]. Il consentit par amitié

---

[1] Laert., *in Solon.* [2] *Il.*, lib. iv.
[3] *Geor.*, lib. ii, v. 176. [4] Hesiod., *Oper. et Dies.*
[5] Strab., lib. x, pag. 482.

pour Lycurgue à se rendre à Sparte et à préparer, par la douceur de ses chants et la pureté de ses dogmes, les esprits à la révolution. Ces grands hommes savoient qu'il ne faut pas précipiter tout à coup les peuples dans les extrêmes, si l'on veut que les réformes soient durables. Il n'est point de révolution là où elle n'est pas opérée dans le cœur : on peut détourner un moment par force le cours des idées; mais si la source dont elles découlent n'est changée, elles reprendront bientôt leur pente ordinaire [a].

Ainsi les philosophes de l'antiquité adoucissoient les traits de la sagesse en lui prêtant les grâces des muses. Parmi les modernes, les Anglois ont eu l'honneur d'avoir appliqué les premiers la poésie à des sujets utiles aux hommes. Quant à nous, nous avons été préparés aux bonnes mœurs par la *Pucelle* et d'autres ouvrages que je n'ose nommer [b].

---

[a] Observation fort juste; et par la même raison, lorsqu'une révolution est opérée dans le *cœur*, c'est-à-dire dans les *idées*, dans les *mœurs* des hommes, rien ne peut empêcher ce fleuve de répandre ses eaux telles qu'elles sont à leur source. (N. Éd.)

[b] Cela est vrai; aussi ne jouirons-nous pas de cette liberté, fille des mœurs, qui appartient à l'enfance des peuples; mais nous pouvons avoir cette liberté, fille des lumières, qui naît dans l'âge mûr des nations. Quand j'écrivois l'*Essai*, je n'entendois encore bien que le système des républiques anciennes; je n'avois pas fait assez d'attention à la découverte de la république représentative, qui, n'étant qu'une monarchie constitutionnelle sans roi, peut exister avec les arts, les richesses et la civilisation la plus avancée. La monarchie constitutionnelle avec un monarque est, selon moi, très préférable à cette monarchie sans monarque; mais il faut savoir adopter franchement la première si l'on ne veut être entraîné dans la seconde. (N. Éd.)

CHAPITRE XX.

Siècles moyens.

Le siècle qui suivit immédiatement celui de Lycurgue fournit les noms de quelques législateurs : mais leurs écrits ne nous sont pas parvenus.

Dans l'âge subséquent parut Tyrtée [1], dont les chants firent triompher l'injustice; Archiloque, plein de crimes et de génie, qui donna le premier exemple d'un homme qui osa publier l'histoire intérieure de sa conscience à la face de l'univers [2]; Hipponax [3], exhalant le fiel et la haine. L'esprit des temps perce à chaque vers de ces poëtes. La véhémence et l'enthousiasme dominent dans les passions qu'ils ont peintes. Ce fut le siècle de l'énergie, quoique ce ne fût pas celui de la plus grande liberté. La remarque n'est pas frivole : elle décèle cette fermentation qui devance et annonce le retour périodique des révolutions des peuples.

Dracon florissoit aussi à la même époque. Il avoit composé un ouvrage que J. J. Rousseau nous a donné dans son sublime *Émile* [a]. C'étoit un traité

---

[1] Plut., *in Agid.*; Horat., *in Art. poet.*
Pour offrir sous un seul point de vue au lecteur le tableau des lumières et de l'esprit des temps, j'ai renvoyé au siècle de Solon la citation des poëtes nommés dans ce chapitre.

[2] Quintil., lib. x, cap. 1; Aelian., *Var. Hist.*, lib. x, cap. xiii.

[3] *Anthol.*, lib. iii; Horat., *Epod.* vi.

[a] Je parlerai plus loin de Rousseau et de son *sublime* Émile.
(N. Éd.)

de l'éducation¹, où, prenant l'homme à sa naissance, il le conduisoit à travers les misères de la vie jusqu'à son tombeau. Le destin des deux révolutions grecque et françoise fut d'être précédées à peu près par les mêmes écrits.

Épiménide chercha, comme Fénelon, à ramener les hommes au bonheur par l'amour et le respect des dieux². Si je ne craignois de mêler les petites choses aux grandes, je dirois encore qu'il a payé son tribut à notre révolution, en fournissant à M. Flins[a] le sujet de son ingénieuse comédie³.

Malheureusement nous n'avons ici que des différences. Quelle comparaison pourrions-nous découvrir entre les livres d'un âge moral et ceux des temps du Régent et de Louis XV ? C'est en vain que nous nous abusons ; si, malgré Condorcet et la troupe des philosophes modernes, nous jugeons du présent par le passé; si un siècle renferme toujours l'histoire de celui qui le suit, je sais ce qui nous attend[b].

---

¹ AESCHIN., *in Timarc.*, pag. 261.
² STRAB., lib. x ; LAERT., *in Epim.*

[a] Le nom de *Flins* est ici inattendu ; mais c'est un tribut qu'un jeune auteur payoit à une première liaison littéraire. J'avois beaucoup connu M. Flins, homme de mœurs douces, d'un esprit distingué, d'un talent agréable, et ami particulier de M. de Fontanes.
(N. ÉD.)

³ *Réveil d'Épiménide.*

[b] Ce qui attendoit la république étoit le despotisme militaire, et je le prévoyois. (N. ÉD.)

CHAPITRE XXI.

Siècle de Solon.

C'est ici l'époque d'une des plus grandes révolutions de l'esprit humain, de même qu'elle le fut d'un des plus grands changements en politique. Toutes les semences des sciences, fermentées depuis long-temps dans la Grèce, y éclatèrent à la fois. Les lumières ne parvinrent pas, comme de nos jours, au zénith de leur gloire; mais elles atteignirent cette hauteur médiocre, d'où elles éclairent les hommes sans les éblouir. Ils y voient alors assez pour tenir le chemin de la liberté, et non pas trop pour s'égarer dans les routes inconnues des systèmes. Ils ont cette juste quantité de connoissances qui nous montrent les principes, sans avoir cet excès de savoir qui nous porte à douter de leur vérité. La tragédie prit naissance sous Thespis [1], la comédie sous Susarion [2], la fable sous Ésope [3], l'histoire sous Cadmus [4], l'astronomie sous Thalès [5], la grammaire sous Simonide [6]. L'architecture fut perfectionnée par Memnon, Antimachide; la sculpture par une multitude de statuaires : mais surtout la philosophie et la politique prirent un essor inconnu. Une foule de publicistes et de législateurs

---

[1] Hor., *in Art. poet.*   [2] Arist., *de Poet.*, cap. iv.
[3] Phæd., lib. i.   [4] Suid., *in Cadm.*
[5] Herod., lib. i, cap. lxxiv.   [6] Cicer., *de Orat.*, lib. ii, cap. lxxxvi.

parurent tout à coup dans la Grèce et donnèrent le signal d'une révolution générale. Ainsi les Locke, les Montesquieu, les J. J. Rousseau, en se levant en Europe, appelèrent les peuples modernes à la liberté.

Jetons d'abord un coup d'œil sur les beaux-arts [1].

CHAPITRE XXII.

Poésie à Athènes. Anacréon, Voltaire. Simonide, Fontanes, Sapho, Parny. Alcée. Ésope. Nivernois. Solon, les deux Rousseau.

Pisistrate, en usurpant l'autorité souveraine, avoit senti que, pour la conserver chez un peuple volage, il falloit l'amuser par des fêtes : on retient plus facilement les hommes avec des fleurs qu'avec des chaînes. Il remplit sa patrie des monuments du génie et des arts [2]. Ses fils, imitant son exemple, firent de leur cour le rendez-vous des beaux esprits de la Grèce [3]. La capitale de l'Attique retentissoit, comme celle de la France, du bruit des vers et des orgies. Écoutons le chantre octogénaire de Téos, et le vieillard de Ferney, au milieu des cercles brillants de Paris et d'Athènes :

« Que m'importent les vains discours de la rhétorique ? Qu'ai-je besoin de tant de paroles inutiles ?

---

[1] Je daterai désormais, jusqu'à la fin de cette révolution, du bannissement d'Hippias, olympiade 67.
[2] Meurs., *in Pisistr.*, cap. IX.   [3] Plat., *in Hipparch.*

Apprenez-moi plutôt à boire du jus vermeil de Bacchus, à folâtrer avec l'amoureuse Vénus aux cheveux d'or. Garçon, couronne ma tête blanchie par les ans. Verse du vin pour assoupir mon âme. Bientôt tu me déposeras dans la tombe, et les morts n'ont plus de désirs [1]. »

Si vous voulez que j'aime encore,
Rendez-moi l'âge des amours :
Au crépuscule de mes jours,
Rejoignez s'il se peut l'aurore.

Des beaux lieux où le dieu du vin
Avec l'Amour tient son empire,
Le temps qui me prend par la main,
M'avertit que je me retire.

De son inflexible rigueur
Tirons du moins quelque avantage :
Qui n'a pas l'esprit de son âge,
De son âge a tout le malheur.
. . . .
Ainsi je déplorois la perte
Des plaisirs de mes premiers ans ;
. . . .
Lorsque, du ciel daignant descendre,
L'amitié vient à mon secours.
Elle étoit peut-être aussi tendre,
Mais moins belle que les amours.

Touché de sa grâce nouvelle,
Et de sa lumière éclairé,
Je la suivis : mais je pleurai
De ne pouvoir plus suivre qu'elle [2].

---

[1] Anacr., *Od.*, xxxvi.
[2] Volt., *Mélanges de poésie; Stances sur la vieillesse.*

Si ces deux petits chefs-d'œuvre du goût et des grâces prouvent que la bonne compagnie est partout une et la même, et qu'on s'exprimoit à la cour d'Hipparque comme à celle de Louis XV et de Louis XVI, ils montrent aussi qu'un peuple qui pense avec tant de délicatesse s'éloigne à grands pas de la simplicité primitive, et, par conséquent, approche des temps de révolutions [a].

Auprès d'Anacréon on voyoit briller Simonide, dont le cœur épanchoit sans cesse la plus douce philosophie : il excelloit à chanter les dieux. Mais lorsqu'il venoit à toucher sur sa lyre les notes plaintives de l'élégie, la tristesse et la volupté de ses accents [1] jetoient l'âme en un trouble inexprimable. Sa morale étoit vraie, quoiqu'elle tendît un peu à éteindre l'enthousiasme du grand. Il disoit que la vertu habite des rochers escarpés, où l'homme ne sauroit atteindre sans être entraîné dans l'abime [2] ; qu'il n'y a point de perfection [3], qu'il faut plaindre, et non censurer nos foiblesses ; que nous ne vivons qu'un moment, mourons pour toujours, et que ce moment appartient aux plaisirs [4].

---

[a] C'est voir beaucoup de grandes choses dans deux petits poëmes, que j'ai d'ailleurs raison d'appeler deux chefs-d'œuvre.

(N. Éd.)

[1] QUINTIL., lib. x, cap. 1, pag. 631.

[2] PLAT., in Protag. [3] Id., ibid.

[4] STOB., Serm. XCVI.

J'ai entre les mains quelques poésies de Simonide qui ne valent pas la peine d'être connues, ou n'ont aucun rapport avec mon sujet. J'apprends à l'instant qu'une traduction françoise de ce poëte vient d'arriver en Angleterre. J'ignore ce qu'elle contient, et si le traducteur a trouvé de nouveaux fragments.

Si quelque chose peut nous donner une idée de ce mélange ineffable de religion et de mélancolie, répandu dans les vers du poëte de Céos, ce sont les fragments qu'on va lire. M. de Fontanes peut être appelé, avec justice, le Simonide françois. Tout mon regret est de ne pouvoir insérer le morceau dans son entier. Malheureusement le plan de cet Essai ne le permet pas.

Le poëme est intitulé *Jour des Morts*, et retrace une fête de l'église romaine, qui se célèbre le second jour de novembre de chaque année.

>Déjà du haut des cieux le cruel Sagittaire
>Avoit tendu son arc et ravageoit la terre;
>Les coteaux et les champs, et les prés défleuris,
>N'offroient de toutes parts que de vastes débris;
>Novembre avoit compté sa première journée.
>Seul alors, et témoin du déclin de l'année,
>Heureux de mon repos, je vivois dans les champs.
>Eh! quel poëte épris de leurs tableaux touchants,
>Quel sensible mortel, des scènes de l'automne
>N'a chéri quelquefois la beauté monotone?
>Oh! comme avec plaisir la rêveuse douleur,
>Le soir, foule à pas lents ces vallons sans couleur,
>Cherche les bois jaunis, et se plaît au murmure
>Du vent qui fait tomber la dernière verdure!
>Ce bruit sourd a pour moi je ne sais quel attrait.
>Tout à coup si j'entends s'agiter la forêt,
>D'un ami qui n'est plus la voix long-temps chérie
>Me semble murmurer dans la feuille flétrie.
>Aussi c'est dans ces temps où tout marche au cercueil,
>Que la religion prend un habit de deuil;
>Elle en est plus auguste, et sa grandeur divine
>Croît encore à l'aspect de ce monde en ruine.

Ici se trouve la peinture du prêtre, pasteur vénérable, qui console le vieillard mourant et soulage le pauvre affligé. L'homme juste se rend ensuite au temple. Après un discours analogue à la cérémonie,

> Il dit, et prépara l'auguste sacrifice.
> Tantôt ses bras tendus montroient le ciel propice;
> Tantôt il adoroit, humblement incliné.
> O moment solennel! Ce peuple prosterné,
> Ce temple dont la mousse a couvert les portiques,
> Ses vieux murs, son jour sombre et ses vitraux gothiques,
> Cette lampe d'airain qui, dans l'antiquité,
> Symbole du soleil et de l'éternité,
> Luit devant le Très-Haut, jour et nuit suspendue,
> La majesté d'un Dieu parmi nous descendue,
> Les pleurs, les vœux, l'encens, qui montent vers l'autel,
> Et de jeunes beautés qui, sous l'œil maternel,
> Adoucissent encor, par leur voix innocente,
> De la religion la pompe attendrissante;
> Cet orgue qui se tait, ce silence pieux,
> L'invisible union de la terre et des cieux,
> Tout enflamme, agrandit, émeut l'homme sensible;
> Il croit avoir franchi ce monde inaccessible
> Où sur des harpes d'or l'immortel Séraphin,
> Aux pieds de Jéhovah, chante l'hymne sans fin.
> C'est alors que sans peine un Dieu se fait entendre:
> Il se cache au savant, se révèle au cœur tendre;
> Il doit moins se prouver qu'il ne doit se sentir [1].

La foule, précédée de la croix, et mêlant ses chants sacrés au murmure lointain des tempêtes, marche vers l'asile des morts. Là, la veuve pleure

---

[1] *Journal de Peltier*, n° XXI, vol. III, pag. 273.

un époux, la jeune fille un amant, la mère un fils à la mamelle. Trois fois l'assemblée fait le tour des tombes; trois fois l'eau lustrale est jetée. Alors le peuple saint se sépare, les brouillards de l'automne s'entr'ouvrent, et le soleil reparoît dans les cieux[a].

Simonide eut une destinée à peu près semblable à celle des poëtes françois de nos jours. Il vit les deux régimes à Athènes : la monarchie sous les Pisistratides, et la république après leur expulsion. Témoin des victoires des Grecs sur les Perses, il les célébra dans des hymnes triomphales. Comblé des faveurs d'Hipparque, il l'avoit chanté; et il loua sans mesure les assassins de ce prince[1]. Les monarques tombés doivent s'attendre à plus d'ingratitude que les autres hommes, parce qu'ils ont conféré plus de bienfaits[2].

Cependant Anacréon et Simonide n'étoient pas

---

[a] C'est un grand bonheur pour moi de retrouver jusque dans mon premier ouvrage la mémoire et le nom d'un homme qui devoit me devenir cher.   (N. ÉD.)

[1] ÆLIAN., *Var. Hist.*, lib. VIII, cap. II.

[2] Je déplorois, avec un bien bon ami, homme de toutes sortes de mérite, cette malheureuse flexibilité d'opinion qui a quelquefois obscurci les plus grandes qualités. Il me fit cette réflexion, qui prouve autant sa sensibilité que l'excellence de sa raison. « Ceux qui s'occupent de littérature, me dit-il, sont jugés trop rigoureusement du reste de la société. Nés avec une âme plus tendre, ils doivent être plus vivement affectés. De là le rapide changement de leurs idées, de leurs amours, de leurs haines, si surtout l'objet nouveau a quelque apparence de grandeur. D'ailleurs, la plupart sont pauvres, *et la première loi est de vivre.* » Encore une fois, j'ai professé mon respect pour les gens de lettres. Si j'avois eu l'intention de faire quelque application particulière (ce qui est bien loin de ma pensée), je n'eusse pas choisi l'article de M. de Fontanes, qui, dans les courts instants où j'ai eu le bonheur de le connoître, m'a paru avoir un caractère aussi pur que ses talents:

les seuls poëtes qui eussent acquis l'immortalité. Toute la Grèce répétoit alors les vers de cette Sapho, si célèbre par ses vices et son génie. Il étoit encore donné à notre siècle de nous rappeler l'immoralité des goûts de la dixième muse. Je veux croire que ces mœurs ne se rencontroient pas parmi nous dans les rangs élevés, où la calomnie qui s'attache au malheur s'est plu à les peindre. Sapho eut encore une influence plus directe sur son siècle, en inspirant aux Lesbiennes l'amour des lettres [1]. C'est ce qui fait naître les soupçons, que l'ode suivante n'est pas propre à dissiper.

A SON AMIE.

Heureux qui, près de toi, pour toi seule soupire,
Qui jouit du plaisir de t'entendre parler,
Qui te voit quelquefois doucement lui sourire!
Les dieux, dans son bonheur, peuvent-ils l'égaler?

Je sens de veine en veine une subtile flamme
Courir par tout mon corps, sitôt que je te vois;
Et, dans les doux transports où s'égare mon âme,
Je ne saurois trouver de langue ni de voix.

Un nuage confus se répand sur ma vue,
Je n'entends plus, je tombe en de douces langueurs;
Et pâle, sans haleine, interdite, éperdue,
Un frisson me saisit, je tremble, je me meurs [2].

Opposons à ce fragment de la muse de Mitylène, un passage du seul poëte élégiaque que la France

---

[1] Suid., *in Sappho.*   [2] Despr., *traduct. de Longin.*

ait encore produit [1]. Les mœurs des peuples se peignent souvent aussi bien dans des sonnets d'amour que dans des livres de philosophie.

DÉLIRE.

Il est passé ce moment des plaisirs
Dont la vitesse a trompé mes désirs :
Il est passé ! Ma jeune et tendre amie,
Ta jouissance a doublé mon bonheur.
Ouvre tes yeux noyés dans la langueur,
Et qu'un baiser te rappelle à la vie.
. . . .
Éléonore, amante fortunée,
Reste à jamais dans mes bras enchaînée.
. . . .
Pardonne tout, et ne refuse rien,
Éléonore, Amour est mon complice.
Mon corps frissonne en s'approchant du tien.
Plus près encor, je sens avec délice
Ton sein brûlant palpiter sous le mien.
Ah! laisse-moi, dans mes transports avides,
Boire l'amour sur tes lèvres humides.
Oui, ton haleine a coulé dans mon cœur,
Des voluptés elle y porte la flamme ;
Objet charmant de ma tendre fureur,
Dans ce baiser reçois toute mon âme [2].

Je laisse à décider au lecteur, qui, du Tibulle de la France, ou de l'amante de Phaon, a peint la

---

[1] Je ne parle ni du chevalier de Bertin, ni de M. Lebrun, les élégies de ce dernier poëte n'étant pas encore publiées lorsque je quittai la France [*]. Je ne sais si elles l'ont été depuis.

[2] *Œuvres du chevalier de Parny*, tom. I, *Poésies érot.*, liv. III, pag. 86.

[*] Lebrun est mort, et ses *Élégies* ont été publiées par M. Ginguené. (N. Éd.)

passion avec plus d'ivresse. Les deux poëtes semblent avoir fait couler dans leurs vers la flamme de ces soleils sous lesquels ils prirent naissance [1].

Il eût été curieux de voir comment Alcée, chassé de Mitylène par une révolution, chantoit les malheurs de l'exil et de la tyrannie [2]. Malheureusement il ne nous reste rien de ce poëte.

Le fabuliste Ésope florissoit aussi dans cet âge célèbre. Passant un jour à Athènes et trouvant les citoyens impatients sous le joug de Pisistrate, il leur dit :

« Les grenouilles, s'ennuyant de leur liberté, demandèrent un roi à Jupiter. Celui-ci se moqua de leur folle prière. Elles redoublèrent d'importunité, et le maître de l'Olympe se vit contraint de céder à leurs clameurs. Il leur jeta donc une poutre qui fit trembler tout le marais dans sa chute. Les grenouilles, muettes de terreur, gardèrent d'abord un profond silence; ensuite elles osèrent saluer le nouveau prince et s'approcher de lui toutes tremblantes. Bientôt elles passèrent de la crainte à la plus indécente familiarité. Elles sautèrent sur le monarque, insultant à son peu d'esprit et à sa vertu tranquille. Nouvelles demandes à Jupiter. Cette fois-ci il leur envoya une cicogne, qui, se promenant dans ses domaines, se mit à croquer tous ceux de ses sujets qui se présentèrent. Alors ce furent les plaintes les plus lamentables. Le souverain des dieux refusa de les entendre :... il voulut que les grenouilles gémissent sous un tyran, puisqu'elles n'avoient pu souffrir un bon roi [3]. »

---

[1] M. de Parny est né à l'île Bourbon.
[2] HORAT., lib. II, *Od.* XIII.   [3] ÉSOP., *Fab.* XIX.

Oh! comme toute la vérité de cette fable tombe sur le cœur d'un François! comme c'est là notre histoire!

Outre son immortel fabuliste, la France en compte un autre, qui a vu de près les malheurs de la révolution. M. de Nivernois n'a ni la simplicité d'Ésope, ni la naïveté de La Fontaine; mais son style est plein de raison et d'élégance; on y retrouve le vieillard et l'homme de bonne compagnie.

LE PAPILLON ET L'AMOUR.

FABLE.

Le papillon se plaignoit à l'Amour :
  Voyez, lui disoit-il un jour,
  Voyez quel caprice est le vôtre!
  Si jamais le destin a fait
  Deux êtres vraiment l'un pour l'autre,
C'est vous et moi : le rapport est complet
Entre nous deux; même allure est la nôtre,
  Convenez-en de bonne foi.
  Qui devroit donc, si ce n'est moi,
Guider de votre char la course vagabonde?
  Mais vous prenez pour cet emploi
Le seul oiseau constant qui soit au monde.
  Laissez le pigeon roucouler
Avec l'Hymen, et daignez m'atteler
A votre char; et qu'au gré du caprice,
  On nous voie ensemble voler;
  Car ainsi le veut la justice.
Ami, répond l'Amour, tu raisonnes fort bien;
Je t'aime, et, je le sais, notre humeur se ressemble :
  Mais gardons-nous de nous montrer ensemble;
  Alors nous ne ferions plus rien.

Le vrai bonheur n'est que dans la constance ;
Et mes pigeons l'annoncent aux mortels :
   Je les séduis par l'apparence ;
Si je ne les trompois, je n'aurois plus d'autels [1] [a].

Il est temps de donner au lecteur une relique précieuse de littérature. Comme législateur, Solon [2] est connu du monde entier; comme poëte, il ne l'est que d'un petit nombre de gens de lettres. Il nous reste plusieurs fragments de ses élégies. Je vais les traduire ou les extraire, selon leur mérite ou leur médiocrité.

« Illustres filles de Mnémosyne et de Jupiter Olympien ! Muses habitantes du mont Piérus ! écoutez ma prière. Faites que les dieux immortels m'envoient le bonheur; que je possède l'estime de l'honnête homme. Pour mes amis toujours aimable et enjoué, que pour mes ennemis mon caractère soit triste et sévère : qu'aux uns je paroisse respectable; aux autres, terrible.

« Un peu d'or satisferoit mes désirs; mais je ne voudrois pas qu'il fût le prix de l'injustice : tôt ou tard elle est punie. Les richesses que les dieux dispensent sont durables; celles que les hommes amassent... les

---

[1] *Journal de Peltier*, n° LXXIII.

[a] Ces vers ont une sorte d'élégance, mais ils ne valoient pas la peine d'être rappelés. Et à propos de quoi toutes ces citations de poëtes élégiaques, ce cours de littérature anacréontique? A propos de la révolution françoise.   (N. ÉD.)

[2] J'aurois dû avertir plus tôt que l'ordre des dates n'a pas été strictement suivi dans ce chapitre. La succession naturelle des poëtes étoit: Alcée, Sapho, Ésope, Solon, Anacréon, Simonide. Des convenances de style m'ont obligé à faire ce léger changement qui, au reste, doit être indifférent au lecteur.

suivent, pour ainsi dire, à regret, et se perdent bientôt dans les malheurs... Le triomphe du crime s'évanouit : Dieu est la fin de tout.

« Semblable au vent qui trouble, jusque dans les profondeurs de l'abîme, les vastes ondes de la mer ; au vent qui, après avoir ravagé les campagnes, s'élève tout à coup dans les cieux, séjour des immortels, et y fait renaître une sérénité inattendue : le soleil, dans sa mâle beauté, sourit amoureusement à la terre virginale, et les nuages brisés se dissipent : telle est la vengeance de Jupiter...

« Toi qui caches le crime dans ton cœur, ne crois pas demeurer toujours inconnu. Immédiat ou suspendu, le châtiment marche à ta suite. Si la justice céleste ne peut t'atteindre, un jour viendra que tes enfants innocents porteront la peine des forfaits de leur père coupable. Hélas! tous tant que nous sommes, vertueux ou méchants, notre propre opinion nous semble toujours la meilleure, jusqu'à ce qu'elle nous soit fatale. Alors nous nous plaignons des dieux parce que nous avions nourri de folles espérances! »

. . . .

Le poëte continue à peindre l'imbécillité humaine : le malade incurable croit guérir, le pauvre attend des richesses; les uns s'exposent sur les flots, d'autres déchirent le sein de la terre, etc.

« La destinée dispense et les biens et les maux ; nous ne pouvons nous soustraire à ce qu'elle nous réserve. Il y a du danger dans les meilleures actions. Souvent les projets du sage échouent, et ceux de l'insensé réussissent. »

. . . .

Le passage suivant est extrêmement intéressant, en ce qu'il peint l'état moral d'Athènes au moment de sa révolution.

« La ville de Minerve ne périra jamais par l'ordre des destinées; mais elle sera renversée par ses propres citoyens. Peuple et chefs insensés, qui ne pouvez ni rassasier vos désirs ni jouir en paix de vos richesses, méritez vos malheurs à force de crimes!... Sans respect pour le droit sacré des propriétés, ou pour les trésors publics, chacun s'empresse de spolier le bien de l'État, insouciant des saintes lois de la justice. Celle-ci, cependant, dans le silence, compte les événements passés, observe le présent, et arrive à l'heure marquée pour la punition du crime. Voilà la première cause des maux de l'État : c'est là ce qui le fait tomber dans l'esclavage; ce qui allume le feu de la sédition et réveille la guerre qui dévore la jeunesse. Hélas! la chère patrie est soudain accablée d'ennemis; des batailles, sources de pleurs, se livrent et sont perdues; le peuple indigent est vendu dans la terre de l'étranger, et indignement chargé de fers. »

. . . .

Solon finit par exhorter ses concitoyens à changer de mœurs, et recommande surtout la justice : « Cette mère des bonnes actions, qui tempère les choses violentes, prévient l'exaltation, corrige les lois, réprime l'enthousiasme, et retient le torrent de la sédition dans des bornes [1]. »

Ces élégies politiques (qu'on me passe l'expres-

---

[1] *Poet. Minor. Græc.*, pag. 427.

sion) sont accompagnées de quelques autres pièces de poésie d'une teinte différente. Le morceau sur l'homme, rapproché des stances de Jean-Baptiste Rousseau, offrira une comparaison piquante.

Jupiter donne les dents à l'homme dans les sept premières années de sa vie. Avant qu'il ait parcouru sept autres années il annonce sa virilité. Durant la période suivante, ses membres se développent et un duvet changeant ombrage son menton. La quatrième époque le voit dans toute sa vigueur et fait éclater son courage. La cinquième l'engage à solenniser la pompe nuptiale et à se créer une postérité. Dans la sixième, son génie se plie à tout et ne se refuse qu'aux ouvrages grossiers du manœuvre. Dans la septième, il acquiert le plus haut degré de sagesse et d'éloquence. La huitième y ajoute la pratique des hommes. A la neuvième commence son déclin. Que si quelqu'un parcourt les sept derniers ans de sa carrière, qu'il reçoive la mort sans l'accuser de l'avoir surpris [1].

ODE SUR L'HOMME.

Que l'homme est bien pendant sa vie
Un parfait miroir de douleurs!
Dès qu'il respire, il pleure, il crie,
Et semble prévoir ses malheurs.

Dans l'enfance, toujours des pleurs :
Un pédant, porteur de tristesse,
Des livres de toutes couleurs,
Des châtiments de toute espèce.

---

[1] *Poet. Minor. Græc.*, pag. 431.

L'ardente et fougueuse jeunesse
Le met encore en pire état :
Des créanciers, une maîtresse,
Le tourmentent comme un forçat.

Dans l'âge mûr, autre combat :
L'ambition le sollicite ;
Richesses, honneurs, faux éclat,
Soin de famille, tout l'agite.

Vieux, on le méprise, on l'évite ;
Mauvaise humeur, infirmité,
Toux, gravelle, goutte et pituite,
Assiégent sa caducité.

Pour comble de calamité,
Un directeur s'en rend le maître.
Il meurt enfin peu regretté.
C'étoit bien la peine de naître [1] !

Solon et Jean-Baptiste n'ont pas dû représenter le même homme : ils se servoient de différents modèles. L'un travailloit sur le beau antique ; l'autre, d'après les formes gothiques de son siècle. Leurs pinceaux se sont remplis de leurs souvenirs.

Il me reste une chose pénible à dire. Le sévère auteur des lois contre les mauvaises mœurs, le restaurateur de la vertu dans sa patrie, Solon enfin, avoit pollué la sainteté du législateur, par la licence de sa muse. Le temps a dévoré ces écrits, mais la

---

[1] J.-B. Rousseau, tom. I, *Od.*, liv. I.

Si je cite quelquefois des morceaux qui semblent trop connus, on doit se rappeler qu'il s'agit moins de poésies nouvelles que de saisir ce qui peut mener à la comparaison des temps, et jeter du jour sur la révolution : que, par ailleurs, j'écris dans un pays étranger.

mémoire s'en est conservée avec soin. Quelques lignes, qui, bien qu'innocentes, décèlent le goût des plaisirs, ont été avidement recueillies.

« Pour toi, commande long-temps dans ces lieux.
. . . .
Mais que Vénus, au sein parfumé de violettes, me fasse monter sur un vaisseau léger et me renvoie de cette île célèbre. Qu'en faveur du culte que je lui ai rendu elle m'accorde un prompt retour dans ma patrie.
. . . .
« Les présents de Vénus et de Bacchus me sont chers, de même que ceux des muses qui inspirent d'aimables folies [1][a]. »

C'est ainsi que l'auteur du *Contrat Social* et de l'*Émile* a pu écrire :

« O mourons, ma douce amie ! mourons, la bien-aimée de mon cœur ! Que faire désormais d'une jeunesse insipide dont nous avons épuisé toutes les délices ?
. . . .

---

[1] *Poet. Minor. Græc.*, pag. 431-33.

[a] Ces fragments des poésies de Solon, bien qu'ils soient assurément très étrangers à la matière, ont un certain intérêt. Cette imbécile opinion moderne, née de l'envie pour consoler la médiocrité, que les talents littéraires sont séparés des talents politiques, se trouve encore repoussée par l'exemple de Solon. Le poëte n'a rien ôté au grand législateur, pas plus qu'il n'a ôté à Xénophon la science politique, à Cicéron l'éloquence, à César la vertu guerrière. Qui fut plus homme de lettres que le cardinal de Richelieu ? L'auteur de l'*Esprit des Lois* est aussi l'auteur du *Temple de Gnide* ; le grand Frédéric employoit plus de temps à faire des vers qu'à gagner des batailles, et le principal ministre d'Angleterre, aujourd'hui M. Canning, est un poëte. (N. Éd.)

Non, ce ne sont point ces transports que je regrette le plus. . . . .
Rends-moi cette étroite union des âmes que tu m'avois annoncée, et que tu m'as si bien fait goûter ; rends-moi cet abattement si doux, rempli par les effusions de nos cœurs ; rends-moi ce sommeil enchanteur trouvé sur ton sein ; rends-moi ce réveil plus délicieux encore, et ces soupirs entrecoupés, et ces douces larmes, et ces baisers qu'une voluptueuse langueur nous faisoit lentement savourer, et ces gémissements si tendres durant lesquels tu pressois sur ton cœur ce cœur fait pour s'unir à lui[1] ! »

Bon jeune homme, qui lis ceci, et dont les yeux brillent de larmes à cet exemple de la fragilité humaine, cultive cette précieuse sensibilité, la marque la plus certaine du génie. Pour toi, homme parfait, que je vois dédaigneusement sourire, descends dans ton intérieur, applaudis-toi seul, si tu peux, de ta supériorité : je ne veux de toi, ni pour ami, ni pour lecteur [2].

---

[1] *Nouv. Hél.*, tom. II, 1re partie, pag. 117.

[2] Ne croiroit-on pas lire une de ces apostrophes grotesques que Diderot introduisoit dans l'*Histoire des deux Indes*, sous le nom de l'abbé Raynal? « O rivage d'Adjinga, tu n'es rien! mais tu as donné naissance à Élisa, etc. »

CHAPITRE XXIII.

Poésie à Sparte. Premier chant de Tyrtée; Lebrun. Second chant de Tyrtée; Hymne des Marseillois. Chœur spartiate; Strophe des Enfants. Chanson en l'honneur d'Harmodius; Épitaphe de Marat.

Tandis que Pisistrate et ses fils cherchoient, par les beaux-arts, à corrompre les Athéniens, pour les asservir, les mêmes talents servoient à maintenir les mœurs à Lacédémone. C'est ainsi que le vice et la vertu savent faire un différent usage des présents du ciel.

Les vers de Tyrtée, qui commandoient autrefois la victoire, étoient encore redits par les Spartiates. Ils méritent toute la réputation dont ils jouissent. Rien de plus beau, de plus noble, que les fragments qui nous en restent. Je m'empresse de les donner au lecteur.

PREMIER CHANT GUERRIER.

. . . .

« Celui-là est peu propre à la guerre qui ne peut d'un œil serein voir le sang couler, et ne brûle d'approcher l'ennemi. La vertu guerrière reçoit la couronne la plus éclatante; c'est celle qui illustre un héros. Vraiment utile à son pays est le jeune homme qui s'avance fièrement au premier rang, y reste sans s'étonner, bannit toute idée d'une fuite honteuse, se précipite au-devant du danger, et, prêt à mourir, fait face à l'ennemi le plus proche de lui : vraiment excellent, vraiment utile est ce jeune homme. Les phalanges redoutables s'évanouissent devant lui : il détermine par sa valeur le torrent de la victoire. Mais si, le bouclier percé de mille traits, si, la poitrine couverte de mille blessures, il tombe sur le champ de bataille, quel honneur pour sa patrie! ses concitoyens! son père! Jeunes et vieux, tous le pleurent. Il emporte avec lui l'amour d'un peuple entier. Sa tombe, ses enfants, sa postérité même la plus reculée, attirent le respect des hommes. Non, il ne meurt point, le héros sacrifié à la patrie : il est immortel [1] ! . . . . »

Ce morceau est sublime. Il n'y a là ni fausse chaleur, ni torture de mots, ni toute cette enflure moderne dont Voltaire commençoit déjà à se plaindre [2], et que les La Harpe, et après lui plusieurs littérateurs distingués [3], cherchèrent en vain à contenir. Les François ont aussi célébré leurs combats. Voici comment M. Lebrun a chanté les victoires de la république.

CHANT DU BANQUET RÉPUBLICAIN.

POUR LA FÊTE DE LA VICTOIRE.

O jour d'éternelle mémoire,
Embellis-toi de nos lauriers!
Siècles! vous aurez peine à croire
Les prodiges de nos guerriers,
L'ennemi disparu fuit ou boit l'onde noire.

---

[1] *Poet. Minor. Græc.*, pag. 434.
[2] VOLTAIRE, *Lettres à l'abbé d'Olivet, sur sa Prosodie.*
[3] MM. Flins et Fontanes, dans *le Modérateur;* M. Ginguené, dans le *Moniteur*, et maintenant les rédacteurs de plusieurs feuilles périodiques qui paroissent rédigées avec élégance et pureté.

Sous des lauriers que Bacchus a d'attraits!
Enivrons, mes amis, la coupe de la gloire
D'un nectar pétillant et frais :
Buvons, buvons à la Victoire,
Fidèle amante des François.
Buvons, buvons à la Victoire.

Liberté, préside à nos fêtes ;
Jouis de nos brillants exploits.
Les Alpes ont courbé leurs têtes,
Et n'ont pu défendre les rois :
L'Éridan conte aux mers nos rapides conquêtes.
Sous des lauriers que Bacchus a d'attraits! etc.

L'Adda, sur ses gouffres avides,
Offre un pont de foudres armé :
Mars s'étonne! mais nos Alcides
Dévorent l'obstacle enflammé.
La Victoire a pâli pour ces cœurs intrépides.
Sous des lauriers que Bacchus a d'attraits! etc.

Tout cède au bras d'un peuple libre,
Les rochers, les torrents, le sort :
De ces coups dont gémit le Tibre,
Le Sud épouvante le Nord :
Des balances de Pitt nous rompons l'équilibre.
Sous des lauriers que Bacchus a d'attraits! etc.

Sa gaîté, fille du courage,
Par un sourire belliqueux,
Déconcerte la sombre rage
De l'Anglois morne et ténébreux ;
Le François chante encore en volant au carnage.
Sous des lauriers que Bacchus a d'attraits! etc.

Rival de la flamme et d'Éole,
Le François triomphe en courant :

Pareil à la foudre qui vole,
Il renverse l'aigle expirant;
Le despote sacré tombe du Capitole.
Sous des lauriers que Bacchus a d'attraits! etc.

. . . .

Sous la main de nos Praxitèles,
Respirez, marbres de Paros!
Muses, vos lyres immortelles
Nous doivent l'hymne des héros :
Il faut de nouveaux chants pour des palmes nouvelles.
Sous des lauriers que Bacchus a d'attraits! etc.[1][a]

Dans le second chant de Tyrtée qu'on va lire, ce poëte a déployé toutes les ressources de son génie. A la fois pathétique et élevé, son vers gémit avec la patrie, ou brûle de tous les feux de la guerre. Pour exciter le jeune héros à la défense de son pays, il appelle toutes les passions, touche toutes les cordes du cœur. Ce fut sans doute un pareil chant qui ramena une troisième fois à la charge les Lacédémoniens vaincus, et leur fit conquérir la victoire, en dépit de la destinée.

SECOND CHANT GUERRIER.

« Qu'il est beau de tomber au premier rang en combattant pour la patrie! Il n'est point de calamité pareille à celle du citoyen forcé d'abandonner son pays. Loin

---

[1] PELT., *Journ.*, n° LX, pag. 484.

[a] Ce chant est véritablement un lieu commun. Sa médiocrité est d'autant plus frappante, qu'il est placé entre deux admirables chants de Tyrtée.   (N. ÉD.)

des doux lieux qui l'ont vu naître, avec une mère chérie, un père accablé sous le poids des ans, une jeune épouse et de petits enfants entre ses bras, il erre en mendiant un pain amer dans la terre de l'étranger. Objet du mépris des hommes, une odieuse pauvreté le ronge. Son nom s'avilit; ses formes, jadis si belles, s'altèrent; une anxiété intolérable, un mal intérieur s'attache à sa poitrine. Bientôt il perd toute pudeur, et son front ne sait plus rougir. Ah! mourons s'il le faut pour notre terre natale, pour notre famille, pour la liberté! Héros de Sparte, combattons étroitement serrés. Qu'aucun de vous ne se livre à la crainte ou à la fuite. Prodigues de vos jours, dans une fureur généreuse précipitez-vous sur l'ennemi. Gardez-vous d'abandonner ces vieillards, ces vétérans, dont l'âge a roidi les genoux. Quelle honte si le père périssoit plus avant que le fils dans la mêlée, de le voir, avec sa tête chenue, sa barbe blanche, se débattant dans la poussière, et lorsque l'ennemi le dépouille, couvrir encore de ses foibles mains sa nudité sanglante! Ce vieillard est en tout semblable aux jeunes guerriers; il brille des fleurs de l'adolescence. Vivant, il est adoré des femmes et des hommes; mort, on lui décerne une couronne. O Spartiates! marchons donc à l'ennemi. Marchons le pas assuré, chaque héros ferme à son poste et se mordant les lèvres [1]. »

L'hymne des Marseillois [2] n'est pas vide de tout mérite. Le lyrique a eu le grand talent d'y mettre

---

[1] *Poet. Minor. Græc.*, pag. 441.

[2] Je crois que l'auteur de cet hymne s'appelle M. de Lisle. Ce n'est pas le traducteur des *Géorgiques* [*].

[*] On voit par cette note combien les choses les plus connues en

de l'enthousiasme sans paroître ampoulé. D'ailleurs cette ode républicaine vivra, parce qu'elle fait époque dans notre révolution. Enfin elle mena tant de fois les François à la victoire, qu'on ne sauroit mieux la placer qu'auprès des chants du poëte qui fit triompher Lacédémone. Nous en tirerons cette leçon affligeante : que, dans tous les âges, les hommes ont été des machines qu'on a fait s'égorger avec des mots.

HYMNE DES MARSEILLOIS.

Allons, enfants de la patrie,
Le jour de gloire est arrivé.
Contre nous de la tyrannie
L'étendard sanglant est levé.
Entendez-vous dans les campagnes
Mugir ces féroces soldats?
Ils viennent jusque dans nos bras
Égorger nos fils, nos compagnes.

Aux armes, citoyens! formez vos bataillons.
Marchez, qu'un sang impur abreuve nos sillons!

CHOEUR.

Marchons, qu'un sang impur abreuve nos sillons!

Que veut cette horde d'esclaves,
De traîtres, de rois conjurés?
Pour qui ces ignobles entraves,
Ces fers dès long-temps préparés?

France étoient ignorées en Angleterre pendant les guerres de la révolution. Ce n'est pas la poésie, c'est la musique qui fera vivre l'hymne révolutionnaire. Pour couronner tant de parallèles extravagants, il ne restoit plus qu'à comparer le chant en l'honneur des libérateurs de la Grèce à l'épitaphe de Marat. (N. Éd.)

François, pour nous, ah, quel outrage !
Quels transports il doit exciter !
C'est nous qu'on ose méditer
De rendre à l'antique esclavage !

Aux armes, citoyens ! etc.

Quoi ! des cohortes étrangères
Feroient la loi dans nos foyers !
Quoi ! ces phalanges mercenaires
Terrasseroient nos fiers guerriers !
Grand Dieu ! par des mains enchaînées
Nos fronts sous le joug se ploieroient !
De vils despotes deviendroient
Les maîtres de nos destinées !

Aux armes, citoyens ! etc.

Tremblez, tyrans, et vous, perfides,
L'opprobre de tous les partis !
Tremblez ! vos projets parricides
Vont enfin recevoir leur prix.
Tout est soldat pour vous combattre.
S'ils tombent nos jeunes héros,
La terre en produit de nouveaux,
Contre vous tout prêts à se battre.

Aux armes, citoyens ! etc.

. . . .

Amour sacré de la patrie,
Conduis, soutiens nos bras vengeurs.
Liberté ! Liberté chérie !
Combats avec tes défenseurs !
Sous nos drapeaux que la victoire
Accoure à tes mâles accents ;

Que tes ennemis expirants
Voient ton triomphe et notre gloire.

Aux armes, citoyens! formez vos bataillons.
Marchez, qu'un sang impur abreuve nos sillons!

CHOEUR.

Marchons, qu'un sang impur abreuve nos sillons!

Aux fêtes de Lacédémone, les citoyens chantoient en chœur :

LES VIEILLARDS.

Nous avons été jadis
Jeunes, vaillants et hardis.

LES HOMMES FAITS.

Nous le sommes, maintenant,
A l'épreuve à tout venant.

LES ENFANTS.

Et nous un jour le serons,
Qui bien vous surpasserons [1].

C'est de là que les François ont pu emprunter l'idée de la strophe des enfants, ajoutée à l'hymne des Marseillois.

Nous entrerons dans la carrière
Quand nos aînés ne seront plus.
Nous y trouverons leur poussière,
Et la trace de leurs vertus.

[1] Plut., *in Lyc.*, traduct. d'Amyot.

Bien moins jaloux de leur survivre
Que de partager leur cercueil
Nous aurons le sublime orgueil
De les venger ou de les suivre [1].

Si les François paroissent l'emporter ici, à Sparte on voit les citoyens; à Paris, le poëte.

Nous finirons cet article par les vers qu'on chantoit en l'honneur des assassins d'Hipparque, en Grèce; et par l'épitaphe que les François ont écrite à la louange de Marat. La misère et la méchanceté des hommes se plaisent à répéter les noms qui rappellent les malheurs des princes : la première y trouve une espèce de consolation; la seconde se repaît des calamités étrangères : il n'y a qu'un petit nombre d'êtres obscurs qui pleurent et se taisent.

CHANSON

EN L'HONNEUR D'HARMODIUS ET D'ARISTOGITON.

Je porterai mon épée couverte de feuilles de myrte, comme firent Harmodius et Aristogiton quand ils tuèrent le tyran, et qu'ils établirent dans Athènes l'égalité des lois.

Cher Harmodius, vous n'êtes point encore mort : on dit que vous êtes dans les îles des bienheureux, où sont Achille aux pieds légers, et Diomède, ce vaillant fils de Tydée.

---

[1] Dr Moore's *Journ.*
A la fête de l'Être-Suprême on ajouta encore plusieurs autres strophes pour les vieillards, les femmes, etc. On peut voir le *Moniteur* du 20 prairial (8 juin) 1793.

Je porterai mon épée couverte de feuilles de myrte, comme firent Harmodius et Aristogiton quand ils tuèrent le tyran Hipparque dans le temps des Panathénées.

Que votre gloire soit immortelle, cher Harmodius, cher Aristogiton, parce que vous avez tué le tyran, et établi dans Athènes l'égalité des lois [1].

ÉPITAPHE DE MARAT.

Marat, l'ami du peuple et de l'égalité,
Échappant aux fureurs de l'aristocratie,
Du fond d'un souterrain, par son mâle génie,
Foudroya l'ennemi de notre liberté.
Une main parricide osa trancher la vie
De ce républicain toujours persécuté.
   Pour prix de sa vertu constante,
   La nation reconnoissante
   Transmit sa renommée à la postérité [2].

Je demande pardon au lecteur de lui rappeler l'idée d'un pareil monstre, par des vers aussi misérables; mais il faut connoître l'esprit des temps.

---

[1] *Voyage d'Anacharsis*, tom. I, pag. 362, note IV.
[2] *Moniteur* du 18 novembre 1793.

CHAPITRE XXIV.

Philosophie et politique. Les Sages ; les Encyclopédistes [a]. Opinions sur le meilleur gouvernement : Thalès, Solon, Périandre, etc. ; J. J. Rousseau, Montesquieu. Morale : Solon, Thalès ; La Rochefoucauld, Chamfort. Parallèle de J. J. Rousseau et d'Héraclite. Lettre à Darius ; Lettre au roi de Prusse.

Tandis que les beaux-arts commençoient à briller de toutes parts dans la Grèce, la politique et la morale marchoient de concert avec eux. Il s'étoit formé une espèce de compagnie connue sous le nom *des Sages*, de même que de nos jours, en France, nous avons vu l'association des Encyclopédistes. Mais les Sages de l'antiquité méritoient cette appellation ; ils s'occupoient sérieusement du bonheur des peuples, non de vains systèmes : bien différents des sophistes qui les suivirent, et qui ressemblèrent si parfaitement à nos philosophes.

A la tête des Sages paroissoit Thalès, de Milet, astronome et fondateur de la secte ionique [1]. Il enseignoit que l'eau est le principe matériel de l'univers, sur lequel Dieu a agi [2]. Ce fut lui qui jeta en Grèce les premières semences de cet esprit métaphysique, si inutile aux hommes, qui fit tant

---

[a] Les Sages de la Grèce et les Encyclopédistes ! Ah ! bon Dieu !
(N. Éd.)

[1] Diog. Laert., *in Thal.*
[2] Cicer., lib. I, *de Nat. Deor.*, n° xxv.

de mal à son pays dans la suite, et qui a, depuis, perdu notre siècle.

Chilon, Bias, Cléobule, sont à peine connus. Pittacus et Périandre, malgré leurs vertus, consentirent à devenir les tyrans de leur patrie : le premier régna à Mitylène, le second à Corinthe. Peut-être pensoient-ils, comme Cicéron, que la souveraineté préexiste non dans le peuple, mais dans les grands génies.

Voici les opinions de ces philosophes sur le meilleur des gouvernements.

Selon Solon, c'est celui où la masse collective des citoyens prend part à l'injure offerte à l'individu.

Selon Bias, celui où la loi est le tyran.

Selon Thalès, celui où règne l'égalité des fortunes.

Selon Pittacus, celui où l'honnête homme gouverne, et jamais le méchant.

Selon Cléobule, celui où la crainte du reproche est plus forte que la loi.

Selon Chilon, celui où la loi parle au lieu de l'orateur.

Selon Périandre, celui où le pouvoir est entre les mains du petit nombre [1].

Montesquieu laisse cette grande question indécise. Il assigne les divers principes des gouvernements, et se contente de faire entendre qu'il donne la préférence à la monarchie limitée. « Comment

---

[1] PLAT., *in Conv. sept. Sap.*

prononcerois-je, dit-il quelque part, sur l'excellence des institutions, moi qui crois que l'excès de la raison est nuisible, et que les hommes s'accommodent mieux des parties moyennes que des extrémités [1] ? »

« Quand on demande, dit J. J. Rousseau, quel est le meilleur gouvernement, on fait une question insoluble, comme indéterminée; ou si l'on veut, elle a autant de bonnes solutions qu'il y a de combinaisons possibles dans les positions absolues ou relatives des peuples [2]. »

Posons la morale des Sages :

« Qu'en tout la raison soit votre guide. Contemplez le beau. Dans ce que vous entreprenez, considérez la fin [3]. Il y a trois choses difficiles : garder un secret, souffrir une injure, employer son loisir. Visite ton ami dans l'infortune plutôt que dans la prospérité. N'insulte jamais le malheureux. L'or est connu par la pierre de touche; et la pierre de touche de l'homme est l'or. Connois-toi [4]. Ne faites pas aux autres ce que vous ne voudriez pas qu'on vous fît. Sachez saisir l'occasion [5]. Le plus grand des malheurs est de ne pouvoir supporter patiemment l'infortune. Rapporte aux dieux tout le bien que tu fais. N'oublie pas le misérable [6]. Lorsque tu quittes ta maison, considère ce que tu as à faire;

---

[1] *Esprit des Lois.*
[2] *Contrat Soc.*, liv. III, chap. IX.
[3] PLUT., *in Solon.;* LAERT., lib. I, § XLVI; DEMOSTH., *de Fals. Leg.*
[4] LAERT., lib. II, § LXVIII-LXXV; HEROD., lib. I, pag. 44.
[5] PLUT., *Conviv. Sap.;* STRABO., lib. XIII, pag. 599.
[6] LAERT., lib. I, § LXXXII; VAL. MAX., lib. III, cap. III.

quand tu y rentres, ce que tu as fait [1]. Le plaisir est de courte durée; la vertu est immortelle. Cachez vos chagrins [2]. »

Montrons notre philosophie :

« Il n'est pas si dangereux de faire du mal à la plupart des hommes que de leur faire du bien [3]. Les rois font des hommes comme des pièces de monnoie, ils les font valoir ce qu'ils veulent; et l'on est forcé de les recevoir selon leur cours et non pas selon leur véritable prix [4]. On aime mieux dire du mal de soi que de n'en point parler [5]. Il y a à parier que toute idée publique, toute convention reçue, est une sottise, car elle a convenu au plus grand nombre [6]. Les gens foibles sont les troupes légères des méchants; ils font plus de mal que l'armée même, ils infestent, ils ravagent [7]. Il faut convenir que, pour être homme en vivant dans le monde, il y a des côtés de son âme qu'il faut entièrement *paralyser* [8]. C'est une belle allégorie dans la *Bible* que cet arbre de la science du bien et du mal qui produit la mort. Cet emblème ne veut-il pas dire que, lorsqu'on a pénétré le fond des choses, la perte des illusions amène la mort de l'âme, c'est-à-dire un désintéressement complet sur tout ce qui touche les autres hommes [9] ? »

---

[1] LAERT., lib. I, § LXXXII.
[2] *Id. ibid.*, § LXXXIX; PLUT., *Conviv.*; HEROD., lib. I, pag. 3.
[3] LA ROCHEFOUCAULD, *Max.*
[4] *Id., Max.* CLXV. [5] *Id., Max.* CXL.
[6] CHAMFORT, *Maximes*, etc., pag. 37.   [7] *Id., ibid.*
[8] *Id.*, pag. 56.   [9] *Id.*, pag. 13.
J'invite le lecteur à lire le volume des *Maximes* de Chamfort (formant le quatrième volume des OEuvres complètes), publié à Paris par M. Ginguené, homme de lettres lui-même, et ami du malheureux académicien. La sensibi-

Solon, prévoyant le danger des spectacles pour les mœurs, disoit à Thespis : « Si nous souffrons vos mensonges, nous les retrouverons bientôt dans les plus saints engagements. »

Jean-Jacques écrivoit à d'Alembert :

. . . .

« Je crois qu'on peut conclure de ces considérations que l'effet moral des théâtres et des spectacles ne sauroit jamais être bon ni salutaire en lui-même, puisqu'à ne compter que leurs avantages, on n'y trouve aucune

---

lité, le tour original, la profondeur des pensées, en font un des plus intéressants, comme un des meilleurs ouvrages de notre siècle. Ceux qui ont approché M. Chamfort savent qu'il avoit dans la conversation tout le mérite qu'on retrouve dans ses écrits. Je l'ai souvent vu chez M. Ginguené, et plus d'une fois il m'a fait passer d'heureux moments, lorsqu'il consentoit, avec une petite société choisie, à accepter un souper dans ma famille. Nous l'écoutions avec ce plaisir respectueux qu'on sent à entendre un homme de lettres supérieur. Sa tête étoit remplie d'anecdotes les plus curieuses, qu'il aimoit peut-être un peu trop à raconter. Comme je n'en retrouve aucune de celles que je lui ai entendu citer, dans la dernière publication de ses ouvrages, il est à croire qu'elles ont été perdues par l'accident dont parle M. Ginguené. Une entre autres, qui peint les mœurs du siècle, avant la révolution, m'a laissé un long souvenir : « Un homme de la cour (heureusement j'ai oublié son nom) s'amusoit sur les boulevarts à nommer à sa belle-fille, jeune et pleine d'innocence; les courtisans qui passoient dans leurs voitures, en l'invitant à en prendre un pour amant; lui racontant leurs intrigues avec telle, telle ou telle femme de la société. Et vous croyez, ajouta Chamfort, qu'un pareil ordre moral pouvoit long-temps exister ? »
Chamfort étoit d'une taille au-dessus de la médiocre, un peu courbé, d'une figure pâle, d'un teint maladif. Son œil bleu, souvent froid et couvert dans le repos, lançoit l'éclair quand il venoit à s'animer. Des narines un peu ouvertes donnoient à sa physionomie l'expression de la sensibilité et de l'énergie. Sa voix étoit flexible, ses modulations suivoient les mouvements de son âme; mais, dans les derniers temps de mon séjour à Paris, elle avoit pris de l'aspérité, et on y démêloit l'accent agité et impérieux des factions. Je me suis toujours étonné qu'un homme qui avoit tant de connoissance des hommes eût pu épouser si chaudement une cause quelconque. Ignoroit-il que tous les gouvernements se ressemblent ; que RÉPUBLICAIN ET ROYALISTE ne sont

sorte d'utilité réelle sans inconvénients qui ne la surpassent. Or, par une suite de son inutilité même, le théâtre, qui ne peut rien pour corriger les mœurs, peut beaucoup pour les altérer. En favorisant tous nos penchants, il donne un nouvel ascendant à ceux qui nous dominent. Les continuelles émotions qu'on y ressent nous énervent, nous affoiblissent, nous rendent plus incapables de résister à nos passions ; et le stérile intérêt qu'on prend à la vertu ne sert qu'à contenter notre amour-propre sans nous contraindre à la pratiquer [1]. »

Après ces premiers Sages nous trouvons Héraclite d'Ephèse, qui semble avoir été la forme origi-

que deux mots pour la même chose ? Hélas ! l'infortuné philosophe ne l'a que trop appris.

J'ai cru qu'un mot sur un homme aussi célèbre dans la révolution ne déplairoit pas au lecteur. La Notice que M. Ginguené a préfixée à l'édition des œuvres de son ami doit d'ailleurs satisfaire tous ceux qui aiment le correct, l'élégant, le chaste. Mais pour ceux qui, comme moi, connurent la liaison intime qui exista entre M. Ginguené et M. Chamfort, qu'ils logeoient dans la même maison et vivoient pour ainsi dire ensemble, cette Notice a plus que de la pureté. En n'écrivant qu'à la troisième personne M. Ginguené a été au cœur, et la douleur de l'ami, luttant contre le calme du narrateur, n'échappe pas aux âmes sensibles. Au reste, je dois dire qu'en parlant de plusieurs gens de lettres que je fréquentai autrefois, je remplis pour eux ma tâche d'historien, sans avoir l'orgueil de chercher à m'appuyer sur leur renommée. Lorsque j'ai vécu parmi eux, je n'ai pu m'asseoir à leur gloire : je n'ai partagé que leur indulgence *.

* Outre l'impertinence de la comparaison de quelques maximes spirituelles de Chamfort avec les maximes des Sages de la Grèce, il y a complète erreur dans le jugement que je porte ici de Chamfort lui-même. Je rétracte, dans toute la maturité de mon âge, ce que j'ai dit de cet homme dans ma jeunesse. Il me seroit même impossible aujourd'hui de concevoir mon premier jugement, si je ne me souvenois de l'espèce d'empire qu'exerçoit sur moi toute renommée littéraire. (N. Éd.)

[1] *Œuv. compl. de Rousseau*, *Lettre à d'Alemb.*, tom. XII.

nale sur laquelle la nature moula, parmi nous, le grand Rousseau. De même que l'illustre citoyen de Genève, le philosophe grec fut élevé sans maître [1], et dut tout à la vigueur de son génie. Comme lui il connut la méchanceté de nos institutions, et pleura sur ses semblables [2]; comme lui il crut les lumières inutiles au bonheur de la société [3]; comme lui encore, invité à donner des lois à un peuple, il jugea que ses contemporains étoient trop corrompus [4] pour en admettre de bonnes; comme lui enfin, accusé d'orgueil et de misanthropie, il fut obligé de se cacher dans les déserts [5], pour éviter la haine des hommes.

Il sera utile de rapprocher les lettres que ces génies extraordinaires écrivoient aux princes de leur temps.

Darius, fils d'Hystaspe, avoit invité Héraclite à sa cour. Le philosophe lui répondit :

HÉRACLITE, AU ROI DARIUS, FILS D'HYSTASPE, SALUT.

Les hommes foulent aux pieds la vérité et la justice. Un désir insatiable de richesses et de gloire les poursuit sans cesse. Pour moi, qui fuis l'ambition, l'envie, la vaine émulation attachée à la grandeur, je n'irai point à la cour de Suze, sachant me contenter de peu, et dépensant ce peu selon mon cœur [6].

---

[1] *Heracl. ap.* Diog. Laert., lib. ix.
[2] *Id., ibid.* [3] *Id., ibid.* [4] *Id., ibid.* [5] *Id., ibid.* [6] *Id., ibid.*

AU ROI DE PRUSSE.

A Motiers-Travers, ce 30 octobre 1762.

Sire, — Vous êtes mon protecteur, mon bienfaiteur, et je porte un cœur fait pour la reconnoissance; je veux m'acquitter avec vous si je puis.

Vous voulez me donner du pain : n'y a-t-il aucun de vos sujets qui en manque ?

Otez de devant mes yeux cette épée qui m'éblouit et me blesse; elle n'a que trop bien fait son service, et le sceptre est abandonné. La carrière des rois de votre étoffe est grande, et vous êtes encore loin du terme. Cependant le temps presse, et il ne vous reste pas un moment à perdre pour y arriver. Sondez bien votre cœur, ô Frédéric! Pourrez-vous vous résoudre à mourir sans avoir été le plus grand des hommes?

Puissé-je voir Frédéric, le juste et le redouté, couvrir enfin ses États d'un peuple heureux dont il soit le père! et J. J. Rousseau, l'ennemi des rois, ira mourir au pied de son trône.

Que Votre Majesté daigne agréer mon profond respect [1].

La noble franchise de ces deux lettres est digne des philosophes qui les ont écrites. Mais l'humeur perce dans celle d'Héraclite; celle de Jean-Jacques au contraire, est pleine de mesure [a].

---

[1] *Œuv. compl. de Rousseau*, tom. xxvii, pag. 206.

[a] Non, la lettre de Rousseau n'est point pleine de mesure ; elle cache autant d'orgueil que celle d'Héraclite. Dire à un roi : « Faites du bien aux hommes, et à ce prix vous me verrez, » c'est s'estimer un peu trop. Frédéric, en donnant de la gloire à ses peuples,

On se sent attendrir par la conformité des destinées de ces deux grands hommes, tous deux nés à peu près dans les mêmes circonstances, et à la veille d'une révolution, et tous deux persécutés pour leurs opinions. Tel est l'esprit qui nous gouverne : nous ne pouvons souffrir ce qui s'écarte de nos vues étroites, de nos petites habitudes. De la mesure de nos idées, nous faisons la borne de celles des autres. Tout ce qui va au-delà nous blesse. « Ceci est bien, ceci est mal, » sont les mots qui sortent sans cesse de notre bouche. De quel droit osons-nous prononcer ainsi ? avons-nous compris le motif secret de telle ou telle action ? Misérables que nous sommes, savons-nous ce qui est bien, ce qui est mal ? Tendres et sublimes génies d'Héraclite et de Jean-Jacques ! que sert-il que la postérité vous ait payé un tribut de stériles honneurs ?... Lorsque, sur cette terre ingrate, vous pleuriez les malheurs de vos semblables vous n'aviez pas un ami [a].

Cherchons le résultat de ce tableau comparé des lumières. Voyons d'abord quelle différence se fait

---

pouvoit trouver en lui-même une récompense pour le moins aussi belle que celle que lui offroit le citoyen de Genève. Que le talent ait la conscience de sa dignité, de son mérite, rien de plus juste ; mais il s'expose à se faire méconnoître quand il se croit le droit de morigéner les peuples, ou de traiter avec familiarité les rois.

(N. Éd.)

[a] J'ai relu les ouvrages de Rousseau, afin de voir s'ils justifieroient, au tribunal de ma raison mûrie et de mon goût formé, l'enthousiasme qu'ils m'inspiroient dans ma jeunesse.

Je n'ai point retrouvé le sublime dans l'*Émile*, ouvrage d'ailleurs supérieurement écrit quant aux formes du style, non quant à la langue proprement dite ; ouvrage où l'on rencontre quelques pages

remarquer entre les définitions du meilleur gouvernement.

Les Sages de la Grèce aperçurent les hommes sous les rapports moraux; nos philosophes, d'après les relations politiques. Les premiers vouloient

d'une rare éloquence, mais ouvrage de pure théorie, et de tout point inapplicable.

On sent plus dans l'*Émile* l'humeur du misanthrope que la sévérité du sage : la société y est jugée par l'amour-propre blessé ; les systèmes du temps se reproduisent dans les pages mêmes dirigées contre ces systèmes, et l'auteur déclame contre les mœurs de son siècle, tout en participant à ces mœurs. L'ouvrage n'est ni grave par la pensée, ni calme par le style ; il est sophistique sans être nouveau ; les idées visent à l'extraordinaire, et sont pourtant d'une nature assez commune. En un mot, la vérité manque à ce traité d'éducation, ce qui fait qu'il est inutile et qu'il n'en reste presque rien dans la mémoire.

La *Profession de foi du vicaire savoyard*, qui fit tant de bruit, a perdu l'intérêt des circonstances : ce n'est aujourd'hui qu'un sermon socinien assez ennuyeux, qui n'a d'admirable que l'exposition de la scène. Les preuves de la spiritualité de l'âme sont bonnes, mais elles sont au-dessous de celles produites par Clarke.

Dans ses ouvrages politiques, Rousseau est clair, concis, ferme, logique, pressant en enchaînant les corollaires, qu'il déduit souvent d'une proposition erronée. Mais, tout attaché qu'il est au droit social de l'ancienne école, il le trouble par le mélange du droit de nature. D'ailleurs, les gouvernements ont marché, et la politique de Rousseau a vieilli.

Rousseau n'est définitivement au-dessus des autres écrivains que dans une soixantaine de lettres de la *Nouvelle Héloïse* (qu'il faut relire, comme je le fais à présent même, à la vue des rochers de Meillerie), dans ses *Rêveries* et dans ses *Confessions*. Là, placé dans la véritable nature de son talent, il arrive à une éloquence de passion inconnue avant lui. Voltaire et Montesquieu ont trouvé des modèles de style chez les écrivains du siècle de Louis XIV; Rousseau, et même un peu Buffon, dans un autre genre, ont créé une langue qui fut ignorée du grand siècle.

Il faut dire toutefois que Rousseau n'est pas aussi noble qu'il est brûlant, aussi délicat qu'il est passionné : le travail se fait sen-

que le gouvernement découlât des mœurs; les seconds que les mœurs fluassent du gouvernement. Les légistes athéniens, subséquents au temps des Lycurgue et des Solon, s'énoncèrent dans le sens des modernes : la raison s'en trouve dans le siècle.

tir partout, et l'auteur s'aperçoit jusque dans l'amant. Rousseau est plus poétique dans les images que dans les affections ; son inspiration vient plus des sens que de l'âme; il a peu de la flamme divine de Fénelon ; il exprime les sentiments profonds, rarement les sentiments élevés : son génie est d'une grande beauté, mais il tient plus de la terre que du ciel.

Il y a aussi une espèce de monde qui échappe au peintre de Julie et de Saint-Preux : il est douteux qu'il eût pu composer un roman de chevalerie. Eût-il été capable de concevoir *Tancrède* et *Zaïre ?* c'est ce que je n'oserois assurer, comme, à en juger par l'*Émile*, je ne saurois dire si Rousseau eût pu élever le monument imité de l'antique que nous a laissé l'archevêque de Cambray.

Rousseau ne peut écrire de suite quelques pages sans que son éducation négligée et les habitudes de la société inférieure où il passa la première et la plus grande partie de sa vie ne se décèlent. Il prend souvent aussi la familiarité pour la simplicité : si Voltaire nous avoit parlé de ses déjeuners, il l'auroit fait d'une tout autre façon que le mari de Thérèse.

Je ne me reproche point mon enthousiasme pour les ouvrages de Rousseau ; je conserve en partie ma première admiration, et je sais à présent sur quoi elle est fondée. Mais si j'ai dû admirer l'*écrivain,* comment ai-je pu excuser l'*homme ?* comment n'étois-je pas révolté des *Confessions* sous le rapport des faits? Eh quoi ! Rousseau a cru pouvoir disposer de la réputation de sa bienfaitrice ! Rousseau n'a pas craint de rendre immortel le déshonneur de madame de Warens ! Que dans l'exaltation de sa vanité le citoyen de Genève se soit considéré comme assez élevé au-dessus du vulgaire pour publier ses propres fautes (je modère mes expressions), libre à lui de préférer le bruit à l'estime. Mais révéler les foiblesses de la femme qui l'avoit nourri dans sa misère, de la femme qui s'étoit donnée à lui ! mais croire qu'il couvrira cette odieuse ingratitude par quelques pages d'un talent inimitable, croire qu'en se prosternant aux pieds de l'idole qu'il venoit de mutiler, il lui rendra ses droits aux hommages des hommes,

Platon, Aristote, Montesquieu, Jean-Jacques, vécurent dans un âge corrompu; il falloit alors refaire les hommes par les lois : sous Thalès, il falloit refaire les lois par les hommes. J'ai peur de n'être pas entendu. Je m'explique : les mœurs, prises absolument, sont l'obéissance ou la désobéissance à ce sens intérieur qui nous montre l'honnête et le déshonnête, pour faire celui-là et éviter celui-ci. La politique est cet art prodigieux par lequel on parvient à faire vivre en corps les mœurs antipathiques de plusieurs individus. Il faudroit savoir à présent ce que ce sens intérieur commande ou défend rigoureusement. Qui sait jusqu'à quel point la société l'a altéré? Qui sait si des préjugés, si inhérents à notre constitution que nous les prenons souvent pour la nature même, ne nous montrent pas des vices et des vertus, là où il n'en existe pas? Quel nom, par exemple, donnerons-nous à la pudeur, la lâcheté, le courage, le vol? si cette voix de la

c'est joindre le délire de l'orgueil à une dureté, à une stérilité de cœur dont il y a peu d'exemples. J'aime mieux supposer, afin de l'excuser, que Rousseau n'étoit pas toujours maître de sa tête : mais alors ce maniaque ne me touche point ; je ne saurois m'attendrir sur les maux imaginaires d'un homme qui se regarde comme persécuté, lorsque toute la terre est à ses pieds, d'un homme à qui l'on rend peut-être plus qu'il ne mérite. Pour que la perte de la raison puisse inspirer une vive pitié, il faut qu'elle ait été produite par un grand malheur, ou qu'elle soit le résultat d'une idée fixe, généreuse dans son principe. Qu'un auteur devienne insensé par les vertiges de l'amour-propre ; que toujours en présence de lui-même, ne se perdant jamais de vue, sa vanité finisse par faire une plaie incurable à son cerveau, c'est de toutes les causes de folie celle que je comprends le moins, et à laquelle je puis le moins compatir. (N. Éd.)

conscience n'étoit elle-même[a]...? Mais, gardons-nous de creuser plus avant dans cet épouvantable abîme. J'en ai dit assez pour montrer en quoi les publicistes des temps d'innocence de la Grèce, et les publicistes de nos jours diffèrent; il est inutile d'en dire trop.

En morale nous trouvons les mêmes dissonances. Les Sages considérèrent l'homme sous les relations qu'il a avec lui-même; ils voulurent qu'il tirât son bonheur du fond de son âme. Nos philosophes l'ont vu sous les connexions civiles, et ont prétendu lui faire prélever ses plaisirs, comme une taxe, sur le reste de la communauté. De là ces résultats de leurs sortes de maximes : « Respectez les dieux, connois-« sez-vous; achetez au minimum de la société, et « vendez-lui au plus haut prix. »

Voici, en quelques mots, la somme totale des deux philosophies : celle des beaux jours de la Grèce s'appuyoit tout entière sur l'existence du grand Être : la nôtre sur l'athéisme. Celle-là considéroit les mœurs, celle-ci la politique. La première disoit aux peuples : « Soyez vertueux, vous serez libres. »

---

[a] Qu'est-ce que j'ai voulu dire? En vérité, je n'en sais rien; je me croyois sans doute profond, en faisant entendre, d'après les bouffonneries de Voltaire, que, les peuples n'ayant pas les mêmes idées de la pudeur, du vol, etc., on ne savoit pas trop dans ce bas monde ce qui étoit vice et vertu; ensuite je renfermois ce grand secret dans mon sein, tout fier de m'élever jusqu'à la philosophie *holbachique*. Il est bien juste que je me donne une part des sifflets qui ont fait justice de cette philosophie. Pourtant, chose assez étrange, moi-même, dans ce chapitre, j'attaque les philosophes du dix-huitième siècle, et je ne vois pas qu'en les attaquant je suis tout empoisonné de leurs maximes! (N. Éd.)

La seconde leur crie : « Soyez libres, vous serez vertueux. » La Grèce, avec de tels principes, parvint à la république et au bonheur : qu'obtiendrons-nous avec une philosophie opposée ? Deux angles de différents degrés ne peuvent donner deux arcs de la même mesure [a].

Nous examinerons l'état des lumières chez les nations contemporaines, lorsque nous parlerons de l'influence de la révolution républicaine de la Grèce sur les autres peuples. Nous allons considérer maintenant cette influence sur la Grèce elle-même.

CHAPITRE XXV.

Influence de la révolution républicaine sur les Grecs. Les biens.

Les Grecs et les François, dans une tranquillité profonde, vivoient soumis à des rois qu'une longue suite d'années leur avoit appris à respecter. Soudain

---

[a] On voit partout dans l'*Essai* que ma raison, ma conscience et mes penchants démentoient mon philosophisme, et que je retombe avec autant de joie que d'amour dans les vérités religieuses. On voit aussi que l'esprit de liberté ne m'abandonne pas davantage que l'esprit monarchique. La singulière comparaison tirée de la géométrie, que l'on trouve ici, me rappelle que, destiné d'abord à la marine (comme je le fus ensuite à l'église, et enfin au service de terre), mes premières études furent consacrées aux mathématiques, où j'avois fait des progrès rapides. J'étois servi dans ces études, comme dans celle des langues, par une de ces mémoires dont on partage souvent les avantages avec les hommes les plus communs.   (N. Éd.)

un vertige de liberté les saisit. Ces monarques, hier encore l'objet de leur amour, ils les précipitent à coups de poignard de leurs trônes. La fièvre se communique. On dénonce guerre éternelle contre les tyrans. Quel que soit le peuple qui veuille se défaire de ses maîtres, il peut compter sur les régicides. La propagande se répand de proche en proche. Bientôt il ne reste pas un seul prince dans la Grèce [1], et les François de notre âge jurent de briser tous les sceptres [a].

L'Asie prend les armes en faveur d'un tyran banni [2] : l'Europe entière se lève pour replacer un roi légitime sur le trône : des provinces de la Grèce [3], de la France [4] se joignent aux armes étrangères : et l'Asie, et l'Europe, et les provinces soulevées viennent se briser contre une masse d'enthousiastes, qu'elles sembloient devoir écraser. A l'hymne de Castor [5], à celui des Marseillois, les républicains s'avancent à la mort. Des prodiges s'achèvent au cri de *vive la liberté!* et la Grèce et la France comptent Marathon, Salamine, Platée, Fleurus, Weissembourg, Lodi [6].

---

[1] Excepté chez les Macédoniens, que le reste des Grecs regardoit comme barbares. Alexandre (non le Grand) fut obligé de prouver qu'il étoit originaire d'Argos, pour être admis aux jeux olympiques.

[a] Voilà encore un de ces passages qui prouvent combien ceux qui prétendoient m'opposer cet ouvrage avoient raison de ne pas vouloir qu'on l'imprimât tout entier.   (N. Éd.)

[2] Herodot., lib. v, cap. xcvi.
[3] *Id.*, lib. vi, cap. cxii.
[4] Turreau, *Guerre de la Vendée.*
[5] Plut., *in Lyc.*
[6] On verra tout ceci en détail dans la guerre Médique.

Alors ce fut le siècle des merveilles. Également ingrats et capricieux, les Athéniens jettent dans les fers, bannissent ou empoisonnent leurs généraux[1] : les François forcent les leurs à l'émigration ou les massacrent[2]. Et ne croyez pas que les succès s'en affoiblissent : le premier homme, pris au hasard, se trouve un génie. Les talents sortent de la terre. Les Thémistocle succèdent aux Miltiade, les Aristide aux Thémistocle, les Cimon aux Aristide[3] : les Dumouriez remplacent les Luckner, les Custine les Dumouriez, les Jourdan les Custine, les Pichegru les Jourdan, etc.

Ainsi, l'effet immédiat de la révolution sur les Grecs et sur les François fut : haine implacable à la royauté, valeur indomptable dans les combats, constance à toute épreuve dans l'adversité. Mais ceux-là, encore pleins de morale, n'ayant passé de la monarchie à la république que par de longues années d'épreuves, durent recevoir de leur révolution des avantages que ceux-ci ne peuvent espérer de la leur[a]. Les âmes des premiers s'ouvrirent délicieusement aux attraits de la vertu. Là, l'esprit de

---

[1] HÉROD., lib. vi, cap. cxxxvi ; PLUT., *in Thémist.*

[2] Dumouriez, Custine.

[3] Plusieurs auteurs donnent le nombre aux noms propres ; je préfère de les laisser indéclinables.

[a] Ce ton est trop affirmatif ; j'étois trop près des événements pour les bien juger : toutes les plaies de la révolution étoient saignantes ; on n'apercevoit pas encore dans un amas de ruines ce qui étoit détruit pour toujours, et ce qui pouvoit se réédifier. Je ne faisois pas assez d'attention à la révolution complète qui s'étoit opérée dans les esprits ; et, ne voyant toujours que l'espèce de liberté républicaine des anciens, je trouvois dans les mœurs

liberté épura l'âge qui lui donna naissance et éleva les générations suivantes à des hauteurs que les autres peuples n'ont pu atteindre. Là, on combattoit pour une couronne de laurier [1] ; là, on mouroit pour obéir aux saintes lois de la patrie [2] ; là, l'illustre candidat rejeté se réjouissoit que son pays eût trois cents citoyens meilleurs que lui [3] ; là, le grand homme injustement condamné écrivoit son nom sur la coquille [4], ou buvoit la ciguë [5] ; là enfin, la vertu étoit adorée ; mais malheureusement les mystères de son culte furent dérobés avec soin au reste des hommes.

de mon temps un obstacle insurmontable à cette liberté. Trente années d'observation et d'expérience m'ont fait découvrir et énoncer cette autre vérité, qui, j'ose le dire, deviendra fondamentale en politique, savoir : qu'il y a une liberté, fille des lumières. C'est aux rois à décider s'ils veulent que cette liberté soit monarchique ou républicaine : cela dépend de la sagesse ou de l'imprudence de leurs conseils.   (N. É.)

[1] Plut., in Cim., pag. 483.
[2]   Ὦ ζεῖν ἄγγειλον Λακεδαιμονίοις, ὅτι τῇδε
       Κείμεθα, τοῖς κείνων πειθόμενοι νομίμοις.
[3] Plut., in Lyc.   [4] Plut., in Aristid.
[5] Plat., in Phæd.

CHAPITRE XXVI.

Suite.

Les Maux.

Si telle fut l'influence de la révolution républicaine sur la Grèce considérée du côté du bonheur, sous le rapport de l'adversité elle n'est pas moins remarquable. L'ambition, qui forme le caractère des gouvernements populaires, s'empara bientôt des républiques, comme il en arrive à présent à la France. Les Athéniens, non contents d'avoir délivré leur patrie, se laissèrent bientôt emporter à la fureur des conquêtes. Les armées des Grecs se multiplièrent sur tous les rivages. Nul pays ne fut en sûreté contre leurs soldats. On les vit courir comme un feu dévorant dans les îles de la mer Égée [1], en Égypte [2], en Asie [3]. Les peuples, d'abord éblouis de leurs succès gigantesques, revinrent peu à peu de leur étonnement, lorsqu'ils virent que de si grands exploits ne tendoient pas tant à l'indépendance qu'aux conquêtes [4], et que les Grecs, en devenant libres, prétendoient enchaîner le reste du monde [5]. Par degrés il se fit contre eux une masse collective de haine [6],

---

[1] PLUT., *in Them.*; pag. 122; *Id., in Cim.*
[2] THUCYD., lib. I, cap. CX.
[3] DIOD. SIC., lib. II, pag. 47.
[4] PLUT., *in Cim.*, pag. 489. [5] *Id., ibid.*
[6] THUCYD., lib. I, cap. CI.

comme ces balles de neige qui, d'abord échappées à la main d'un enfant, parviennent, en se roulant sur elles-mêmes, à une grosseur monstrueuse. D'un autre côté, les Athéniens, enrichis de la dépouille des autres nations [1], commencèrent à perdre le principe du gouvernement populaire : la vertu [2]. Bientôt les places publiques ne retentirent plus que des cris des démagogues et des factieux [3]. Les dissensions les plus funestes éclatèrent. Ces petites républiques, d'abord unies par le malheur, se divisèrent dans la prospérité : chacune voulut dominer la Grèce. Des guerres cruelles, entretenues par l'or de la Perse, plus puissant que ses armes, s'allumèrent de toutes parts [4]. Pour mettre le comble aux désordres, l'esprit humain, libre de toute loi par l'influence de la révolution, enfanta à la fois tous les chefs-d'œuvre des arts et tous les systèmes destructeurs de la morale et de la société. Une foule de beaux esprits arrachèrent Dieu de son trône et se mirent à prouver l'athéisme [5]. Des

---

[1] Thucyd., lib. i, cap. ci.

[2] Plat., *de Leg.*, lib. iv, pag. 706.

[3] Aristot., *de Rep.*, lib. v, cap. iii.

[4] Il est impossible de multiplier les citations à l'infini. J'engage le lecteur à lire quelque histoire générale de la Grèce. Il y verra, à l'époque dont je parle dans ce chapitre, une ressemblance avec la France qui l'étonnera. Des villes prises et pillées sans pitié; des peuples forcés à des contributions; la neutralité des puissances violée; d'autres obligées par les Athéniens à se joindre à eux contre des États avec lesquels elles n'avoient aucun sujet de guerre. Enfin, l'insolence et l'injustice portées à leur comble : les Athéniens traitant avec le dernier mépris les ambassadeurs des nations, et disant ouvertement qu'ils ne connoissoient d'autre droit que la force. (Voy. Thucyd., lib. v, etc., etc.)

[5] Cic., *de Nat. Deor.*; Laert., *in Vit. Philosoph.*

multitudes de légistes publièrent de nouveaux plans de république; tout étoit inondé d'écrits sur les vrais principes de la liberté[1] : Philippe et Alexandre parurent.

CHAPITRE XXVII.

État politique et moral des nations contemporaines au moment de la révolution républicaine en Grèce. Cette révolution considérée dans ses rapports avec les autres peuples. Causes qui en ralentirent ou en accélérèrent l'influence.

Il est difficile de tracer un tableau des nations connues au moment de la révolution républicaine en Grèce, l'histoire à cette époque n'étant pleine que d'obscurités et de fables. J'essaierai cependant d'en donner une idée générale au lecteur.

D'abord, nous considérerons ces peuples séparément; ensuite, nous les verrons agir en masse, à l'article de la Perse, au temps de la guerre Médique. Prenant notre point de départ en Égypte, de là tournant au midi, et décrivant un cercle par l'ouest et le nord, nous reviendrons à la Perse, finir en Orient où nous aurons commencé. Placés à Athènes comme au centre, nous suivrons les rayons de la révolution qui en partent, ou qui vont aboutir aux nations placées sur les différents degrés de cette vaste circonférence.

[1] PLAT., *de Rep.*; ARIST., *de Rep.*, etc.

9.

CHAPITRE XXVIII.

L'Égypte.

Au moment du renversement de la tyrannie à Athènes, l'Égypte n'étoit plus qu'une province de la Perse. Ainsi elle fut exposée, comme le reste de l'État dont elle formoit un des membres, à toute l'influence de la révolution grecque. Elle se trouvera donc comprise en général dans ce que je dirai de l'empire de Cyrus. Nous examinerons seulement ici quelques circonstances qui lui sont particulières.

De temps immémorial les Égyptiens avoient été soumis à un gouvernement théocratique [1]. Ainsi que les nations de l'Inde, dont ils tiroient vraisemblablement leur origine [a], ils étoient divisés en trois classes inférieures, de laboureurs, de pasteurs et d'artisans [2]. Chaque homme étoit obligé de suivre, dans l'ordre où le sort l'avoit jeté, la profession de ses pères, sans pouvoir changer d'études selon son génie ou les temps. Que dis-je ! ce n'eût pas été assez. Dans ce pays d'esclavage, l'esprit humain devoit gémir sous des chaînes encore plus pesantes : l'artiste ne pouvoit suivre qu'une ligne de ses études, et le médecin qu'une branche de son art [3].

---

[1] Diod., lib. i, pag. 63.

[a] Cela n'est pas clair.   (N. Éd.)

[2] Diod., lib. i, pag. 67.

[3] Hérod., lib. ii, cap. lxxxiv.

Mais, en redoublant les liens de l'ignorance autour du peuple, ses chefs avoient aussi multiplié ceux de la morale. Ils savoient qu'il est inutile de donner des entraves au génie pour éviter les révolutions, si on ne gourmande en même temps les vices qui conduisent au même but par un autre chemin. Le respect des rois et de la religion [1], l'amour de la justice [2], la vertu de la reconnoissance [3], formoient le code de la société chez les Égyptiens; et s'ils étoient les plus superstitieux des hommes, ils en étoient aussi les plus innocents.

L'Égypte, de tous les temps, avoit fait un commerce considérable avec les Indes. Ses vaisseaux alloient, par les mers de l'Arabie et de la Perse, chercher les épices, l'ivoire et les soies de ces régions lointaines. Ils s'avançoient jusqu'à la Taprobane, la Ceylan des modernes. Sur cette côte les Chinois et les nations situées au-delà du cap Comaria [4] apportoient leurs marchandises, à l'époque du retour périodique des flottes égyptiennes, et recevoient en échange l'or de l'Occident [5].

Mais tandis que le peuple étoit livré, par système, aux plus affreuses ténèbres, les lumières se trouvoient réunies dans la classe des prêtres. Ils

---

[1] Hérod., lib. II, cap. XXXVII. [2] Diod., lib. I, pag. 70.

On connoît la coutume des Égyptiens du jugement après la mort, qui s'étendoit jusque sur les rois. Un autre usage non moins extraordinaire étoit celui par lequel le débiteur engageoit le corps de son père à son créancier. Ces lois sublimes sont trop fortes pour nos petites nations modernes : elles nous étonnent, elles nous confondent; nous les admirons, mais nous ne les entendons plus, parce qu'il nous manque la vertu qui en faisoit le secret.

[3] Hérod., lib. II. [4] Comorin.

[5] Robertson's *Disquisition*, etc., concern. *Ancient India*, sect. I.

reconnoissoient les deux principes de l'univers ᵃ : la matière¹ et l'esprit². Ils appeloient la première *Athor*, et le second *Cneph* ³. Celui-ci, par l'énergie de sa volonté, avoit séparé les élémens confondus, produit tous les corps, tous les effets, en agissant sur la masse inerte ⁴. Le mouvement, la chaleur, la vie répandue sur la nature leur fit imaginer une infinité de moyens, où ils voyoient une multitude d'actions. Ils crurent que des émanations du grand Être flottoient dans les espaces, et animoient les diverses parties de l'univers ⁵. Ils tenoient l'âme immortelle; et Hérodote prétend que ce furent eux qui enseignèrent les premiers ce dogme fondamental de toute moralité ⁶ ᵇ. Ils adressoient cette prière au ciel dans leurs pompes funèbres : « Soleil, et vous, puissances qui dispensez la vie aux hommes, recevez-moi, et accordez-moi une demeure parmi les dieux immortels ⁷. » D'autres sectes des prêtres enseignoient la doctrine de la transmigration des âmes⁸.

La physique, considérée dans tous les rapports

ᵃ Il n'y a point deux principes dans l'univers, ou il faudroit admettre l'éternité de la matière, ce qui détruiroit toute véritable idée de Dieu.   (N. Éd.)

¹ Jablonsk., *Panth. Ægypt.*, lib. i, cap. i.
² Plut., *Isis, Osiris.*
³ Jablonsk., *Panth. Ægypt.*, lib. i, cap. i; Euseb., lib. iii, cap. xi.
⁴ Plut., *Isis, Osiris.*
⁵ Jablonsk., lib. ii, cap. i, ii.
⁶ Lib. ii, cap. cxxiii.

ᵇ Me voilà bien éloigné du matérialisme.   (N. Éd.)

⁷ Porphyr., *de Abstinent.*, lib. iv.
⁸ Herod., lib. ii, cap. cxxiii.

de l'astronomie, la géométrie, la médecine, la chimie, etc., étoient cultivées par les prêtres égyptiens[1], avec un succès inconnu aux autres peuples, et surtout aux Grecs au moment de leur révolution. La science sublime des gouvernements leur étoit aussi révélée. Pythagore, Thalès, Lycurgue, Solon, sortis de leur école, prouvent également cette vérité.

Les Égyptiens comptèrent des auteurs célèbres : les deux Hermès, le premier, inventeur[2], le second, restaurateur des arts[3]; Sérapis, qui enseigna à guérir les maux de ses semblables[4]. Leurs livres ont péri dans les révolutions des empires, mais leurs noms sont conservés parmi ceux des bienfaiteurs des hommes. Si l'on en croit les alchimistes, la transmutation des métaux fut connue des savants d'Égypte[5].

Au reste, c'est dans ce pays, dont tout amant des lettres ne doit prononcer le nom qu'avec respect, que nous trouvons les premières bibliothèques. Comme si la nature eût destiné cette contrée à devenir la source des lumières, elle y avoit fait croître exprès le papyrus[6] pour y fixer les découvertes fugitives du génie. Malheureusement les signes mystérieux dans lesquels les prêtres

---

[1] Hérod., lib. II, cap. CXXIII; Diod., lib. I; Strab., lib. XVII; Jablonsk., *Panth. Ægyptiorum*.
[2] Aelian., *Hist.*, lib. XIV, cap. XXXIV.
[3] Hérod., lib. II, cap. LXXXII.
[4] Plin., lib. II, cap. XIII.
[5] *L'Égypte dévoilée*.
[6] Plin., lib. XIII, cap. XI.

enveloppoient leurs études ont privé l'univers d'une foule de connoissances précieuses. J'ai un doute à proposer aux savants. Les Égyptiens étoient vraisemblablement Indiens d'origine : la langue philosophique du premier peuple n'étoit-elle point la même que la langue hanscrite des derniers [1] ? Celle-ci est maintenant entendue, ne seroit-il point possible d'expliquer l'autre par son moyen [a] ?

En rangeant sous sa puissance les diverses nations disséminées sur les bords du Nil, Cambyse favorisa la propagation des arts. Jusqu'alors les Égyptiens, jaloux des étrangers [2], ne les admettoient qu'avec la plus grande répugnance à leurs mystères [3]. Lorsqu'ils furent devenus sujets de la Perse, l'entrée de leur pays s'ouvrit alors aux amants de la philosophie. C'est de ce coin du monde que l'aurore des sciences commença à poindre sur notre horizon ; et l'on vit bientôt les lumières s'avancer de l'Égypte vers l'Occident, comme l'astre radieux qui nous vient des mêmes rivages.

---

[1] On devroit écrire *sanscrit*, qui est la vraie prononciation.

[a] J'adoptois trop absolument l'opinion des savants, qui font les Égyptiens originaires de l'Inde. Les progrès étonnants que M. Champollion a faits dans l'explication des hiéroglyphes n'ont point jusqu'à présent établi qu'il existât de rapport entre le sanscrit et la langue savante des Égyptiens.   (N. Éd.)

[2] Diod., lib. I, pag. 78; Strab., Geog., lib. xvii, pag. 1142.
[3] Jamblich., in Vit. Pyth.

CHAPITRE XXIX.

Obstacles qui s'opposèrent à l'effet de la révolution grecque sur l'Égypte. Ressemblance de ce dernier pays avec l'Italie moderne.

En considérant attentivement ce tableau, on aperçoit deux grandes causes qui durent amortir l'action de la révolution grecque sur l'Égypte. La première se tire de la subdivision régulière des classes de la société. Cette institution donne un tel empire à l'habitude chez les peuples où elle règne, que leurs mœurs semblent éternelles comme leurs États. En vain de telles nations sont subjuguées; elles changent de maître, sans changer de caractère [1]. Elles ne sont pas, il est vrai, totalement à l'abri des mouvements internes : le génie des hommes, tout affaissé qu'il soit du poids des chaînes, les secoue par intervalles avec violence, comme ces Titans de la fable qui, bien qu'ensevelis dans les abîmes de l'Etna, se retournent encore quelquefois sous la masse énorme, et ébranlent les fondements de la terre

Auprès de ce premier obstacle s'en élevoit un second, d'autant plus insurmontable à l'esprit de liberté, qu'il tient à un ressort puissant de notre âme : la superstition. Les prêtres avoient trop d'intérêt à dérober la vérité au peuple [2], pour ne pas

---

[1] Comme à la Chine et aux Indes.
[2] Outre la grande influence qu'ils avoient dans le gouvernement, leurs terres étoient exemptes d'impôts.

opposer toutes les ressources de leur art à l'influence d'une révolution qui eût démasqué leur artifice. L'homme n'a qu'un mal réel : la crainte de la mort. Délivrez-le de cette crainte, et vous le rendez libre. Aussi, toutes les religions d'esclaves sont-elles calculées pour augmenter cette frayeur. La caste sacerdotale égyptienne avoit eu soin de s'entourer de mystères redoutables, et de jeter la terreur dans les esprits crédules de la multitude, par les images les plus monstrueuses[1]. C'est ainsi, encore, qu'ils appuyoient le trône de toute la force de leur magie, afin de gouverner et le prince, dont ils commandoient le respect au peuple, et le peuple, qu'ils faisoient obéir au prince. Si l'Égypte eût été une puissance indépendante au moment de la révolution grecque, elle auroit peut-être échappé à son influence; mais elle ne formoit plus qu'une province de la Perse, et elle se trouva enveloppée dans les malheurs de l'empire auquel le sort l'avoit asservie.

L'antique royaume de Sésostris offroit alors des rapports frappants avec l'Italie moderne : gouverné en apparence par des monarques, en réalité par un pontife maître de l'opinion, il se composoit de magnificence et de foiblesse[2]; on y voyoit de même de superbes ruines[3] et un peuple esclave, les

---

[1] Jablonsk., *Panth. Ægypt.*

[2] L'Égypte fut presque toujours conquise par ceux qui voulurent l'attaquer.

[3] Dans sa plus haute prospérité, elle étoit couverte des monuments en ruine d'un peuple ancien qui florissoit avant l'invasion des Pasteurs.

sciences parmi quelques-uns, l'ignorance chez tous.
C'est sur les bords du Nil que les philosophes de
l'antiquité alloient puiser les lumières; c'est sous
le beau ciel de Florence que l'Europe barbare a
rallumé le flambeau des lettres [1]; dans les deux
pays elles s'étoient conservées sous le voile mystérieux d'une langue savante, inconnue au vulgaire [2].
Ce fut encore le lot de ces contrées, d'être, dans leur
âge respectif, les seuls canaux d'où les richesses
des Indes coulassent pour le reste des peuples [3].
Avec tant de conformité de mœurs, de circonstances, l'Égypte et l'Italie durent éprouver à peu
près le même sort, l'une au temps des troubles de
la Grèce, l'autre dans la révolution présente. En-
traînées, malgré elles, dans une guerre désastreuse,
par l'impulsion coercitive d'une autre puissance,
la première, province du grand empire des Perses,
la seconde, soumise en partie à celui d'Allemagne,
il leur fallut livrer des batailles pour la cause d'une
nation étrangère, et s'épuiser dans des querelles
qui n'étoient pas les leurs [4]. Bientôt les ennemis
victorieux tournèrent leurs armes et leurs intrigues, encore plus dangereuses, contre elles [5]. Ils
soulevèrent l'ambition de quelques particuliers [6]; et

---

[1] Les Lycurgue, les Pythagore. — Sous les Médicis.

[2] La langue hiéroglyphique. — Le latin.

[3] Tyr avoit quelques ports sur le golfe Arabique, mais elle les perdit bientôt. — Commerce de Florence, de Venise, de Livourne avec l'Égypte, avant la découverte du passage par le cap de Bonne-Espérance.

[4] Dans la guerre Médique, que nous verrons incessamment.

[5] Thucyd., lib. I, cap. CII.

[6] Inarus, qui insurgea l'Égypte contre Artaxerxès, roi des Perses. Les

l'on vit la terre sacrée des talents ravagée par des Barbares. Les Perses cependant parvinrent à arracher l'Égypte[1] des mains des Athéniens et de leurs alliés, mais ce ne fût qu'après six ans de calamités. Elle finit par passer sous le joug de ces mêmes Grecs, au temps des conquêtes d'Alexandre, conquêtes qu'on peut regarder elles-mêmes comme l'action éloignée de la révolution républicaine de Sparte et d'Athènes.

CHAPITRE XXX.

Carthage.

Nous trouvons sur la côte d'Afrique les célèbres Carthaginois, qui, de tous les peuples de l'antiquité, présentent les plus grands rapports avec les nations modernes. Aristote a fait un magnifique éloge de leurs institutions politiques[2]. Le corps du gouvernement étoit composé : de deux suffètes ou consuls annuels; d'un sénat; d'un tribunal des cent, qui servoit de contre-poids aux deux premières branches de la constitution; d'un conseil des cinq, dont les pouvoirs s'étendoient à une espèce de censure

---

François n'ont envahi l'Italie qu'en semant la corruption autour d'eux, et en fomentant des insurrections à Gênes, à Rome, à Turin, etc.

[1] Les Grecs y furent presque anéantis, étant obligés de se rendre à discrétion. Trop loin de leur pays, ils ne pouvoient en recevoir les secours nécessaires : la même position attirera, tôt ou tard, les mêmes désastres aux François en Italie, si la paix ne prévient l'effusion du sang.

[2] Arist., de Rep., lib. ii, cap. xi.

générale sur toute la législature; enfin, de l'assemblée du peuple, sans laquelle il n'y a point de république [1][a].

Carthage adopta en morale les principes de Lacédémone. Elle bannit les sciences et défendit même qu'on enseignât le grec aux enfants [2]. Elle se mit ainsi à l'abri des sophismes et de la faconde de l'Attique. Il seroit inutile de rechercher l'état des lumières chez un pareil peuple. Je parlerai incessamment de la partie des arts, dans laquelle il avoit fait des progrès considérables.

Atroces dans leur religion, les Carthaginois jetoient, en l'honneur de leurs dieux, des enfants dans des fours embrasés [3]; soit qu'ils crussent que la candeur de la victime étoit plus agréable à la divinité, soit qu'ils pensassent faire un acte d'humanité en délivrant ces êtres innocents de la vie avant qu'ils en connussent l'amertume.

Leurs principes militaires différoient aussi de ceux du reste de leur siècle. Ces marchands africains, renfermés dans leurs comptoirs, laissoient à des mercenaires, de même que les peuples modernes, le soin de défendre la patrie [4]. Ils ache-

---

[1] ARIST., de Rep.; POLYB., lib. IV, pag. 493; JUST., lib. XIX, cap. II; CORN. NEP., in Annib., cap. VII.

[a] Le jeune auteur se plaît évidemment au détail de ces combinaisons politiques, qui rentrent dans son système favori. Il est vrai qu'il n'y avoit point de république sans assemblée du peuple, avant que la république représentative eût été trouvée. (N. ÉD.)

[2] JUSTIN., lib. II, cap. V.
[3] PLUT., de Superst., pag. 171.
[4] CORN. NEP., in Annib.

toient le sang des hommes au prix de l'or acquis à la sueur du front de leurs esclaves, et tournoient ainsi au profit de leur bonheur la fureur et l'imbécillité de la race humaine.

Mais les habitants des terres puniques se distinguoient surtout par leur génie commerçant. Déjà ils avoient jeté des colonies en Espagne, en Sardaigne, en Sicile, le long des côtes du continent de l'Afrique, dont ils osèrent mesurer la vaste circonférence; déjà ils s'étoient aventurés jusqu'au fond des mers dangereuses des Gaules et des îles Cassitérides [1]. Malgré l'état imparfait de la navigation, l'avarice, plus puissante que les inventions humaines, leur avoit servi de boussole sur les déserts de l'Océan [a].

CHAPITRE XXXI.

Parallèle de Carthage et de l'Angleterre. Leurs constitutions.

J'ai souvent considéré avec étonnement les similitudes de mœurs et de génie qui se trouvent entre les anciens souverains des mers et les maîtres de l'Océan d'aujourd'hui. Ils se ressemblent et par leurs

---

[1] Strab., lib. v; Diod., *ibid.*; Just., lib. xliv, cap. v; Polyb., lib. ii, Han., *Peripl.*; Herod., lib. iii, cap. cxxv.
Probablement les îles Britanniques.

[a] Je ne renie point ces derniers chapitres; à quelques anglicismes près, je les écrirois aujourd'hui tels qu'ils sont. (N. Éd.)

constitutions politiques, et par leur esprit à la fois commerçant et guerrier[1]. Examinons le premier de ces deux rapports.

Que leurs gouvernements étoient les mêmes, c'est ce qui se prouve évidemment par les principes. La chose publique se composoit à Carthage, ainsi qu'en Angleterre, d'un roi[2] et de deux chambres : la première appelée *le sénat*, et représentant les communes; la seconde connue sous le nom du *conseil des cent*. Cette puissance, en s'ajoutant ou se retranchant, selon les temps, aux deux autres membres de la législature, devenoit, de même que les pairs de la Grande-Bretagne, le poids régulateur de la balance de l'État. Mais comment arrivoit-il que la constitution punique fût républicaine, et la constitution angloise monarchique? Par une de ces opérations merveilleuses de politique que je vais tâcher d'expliquer.

Supposons une proportion politique, dont les moyens soient P, S, R. Si vous intervertissez l'ordre de ces lettres, vous aurez des rapports différents, mais les termes resteront les mêmes. Le gouverne-

---

[1] Là finit la ressemblance. On ne peut comparer l'humanité et les lumières des Anglois avec l'ignorance et la cruauté des Carthaginois.

[2] Les Grecs ont quelquefois appelé du nom de *roi* ce que nous connoissons sous celui de *suffète* : ceux-ci, comme nous l'avons vu, étoient au nombre de deux et changeoient tous les ans. Carthage eût-elle été gouvernée par un seul, conservant sa place à vie, sa constitution n'en auroit pas moins été républicaine, parce que tout découle du principe de l'assemblée ou de la non assemblée générale du peuple. Je m'étonne que les publicistes, n'aient pas établi solidement ce grand axiome, qui simplifie la politique et donne l'explication d'une multitude de problèmes, sans cela insolubles. (Voy. les auteurs cités à la note 1 de la page 142, sur la forme du gouvernement.).

ment de Carthage étoit composé de trois parties : le peuple, le sénat et les rois, P, S, R. Elle étoit une république, parce que le peuple en corps étoit législateur et formoit le premier terme de la proportion. Pour rendre cette constitution monarchique, sans en altérer les principes, c'est-à-dire sans la rendre despotique, qu'auroit-il fallu faire ? Changer notre proportion, P, S, R, en cette autre, R, S, P, c'est-à-dire transposant les moyens extrêmes, P et R : le pouvoir législatif se trouvant alors dévolu aux rois et au sénat, en même temps que le peuple en retient encore une troisième partie. Mais si le peuple, n'étant plus qu'un tiers du législateur, continue d'exercer en corps ses fonctions, la proportion est illusoire, car là où la nation s'assemble en masse, là existe une république. Le peuple, dans ce cas, ne peut donc qu'être représenté[1]. De là, la constitution angloise. Et l'un et l'autre gouvernement seront excellents : le premier à Carthage, chez un petit peuple simple et pauvre[2]; le second en Angleterre, chez une grande nation, cultivée et riche.

A présent, si dans notre proportion politique, après avoir changé les deux termes extrêmes, toujours en conservant les trois moyens primitifs P, S, R, nous voulions trouver la pire des combi-

[1] Cet important sujet sur la représentation du peuple sera traité à fond dans la seconde partie de cet ouvrage. J'y montrerai en quoi J.-J. Rousseau s'est mépris, et en quoi il a approché de la vérité sur cette matière, la base de la politique. Je ne demande que du temps. Il m'est impossible de tout mettre hors de sa place, de mêler tout.

[2] L'État étoit opulent; mais le citoyen, quoique riche d'argent, étoit pauvre de costumes et de goûts.

naisons, que ferions-nous ? Ce seroit de n'admettre ni de roi ni de peuple, mais d'avoir je ne sais quoi qui en tiendroit lieu; et c'est précisément ce que nous avons vu faire en France. En laissant dehors les deux termes P et R, la Convention a rejeté les deux principes sans lesquels il n'y a point de gouvernement. Les François ne sont point sujets, puisqu'ils n'ont point de roi; ni républicains, parce que le peuple est représenté. Qu'est-ce donc que leur constitution ? Je n'en sais rien : un chaos qui a toutes les formes sans en avoir aucune, une masse indigeste où les principes sont tous confondus. Ou plutôt c'est le terme moyen de notre proportion S, multiplié par les deux extrêmes P et R; c'est le sénat enflé de tout le pouvoir du roi et du peuple. Que sortira-t-il de ce corps gros de puissance et de passions ? Une foule de sales tyrans qui, nés et nourris dans ses entrailles, en sortiront tout à coup pour dévorer le peuple et le monstre politique qui les aura enfantés [a].

Quant aux autres colonnes de la législation punique, simples appendices à l'édifice, elles ne ser-

---

[a] N'est-il pas assez singulier de trouver cette algèbre politique dans la tête d'un auteur qui avoit déjà ébauché dans ses manuscrits les premiers tableaux de *René* et d'*Atala ?* Puisque l'on aime le *positif* dans ce siècle, j'espère que ce chapitre en renferme assez, et que cette précision mathématique, transportée dans la science des gouvernements, plaira aux esprits les plus sérieux. Ma politique, comme on le voit, n'est pas une politique de circonstance; elle date de loin, elle est l'étude et le penchant de toute ma vie, et l'on pourroit croire que ce chapitre est extrait de *la Monarchie selon la Charte* ou du *Conservateur*. (N. Éd.)

voient qu'à en obstruer la beauté, sans ajouter à la solidité de l'architecture.

Au reste, les gouvernements de Carthage et d'Angleterre, qui ont joui des mêmes applaudissements, ont aussi partagé les mêmes censures. Les peuples contemporains leur reprochèrent la vénalité et la corruption dans les places de sénateurs[1]. Polybe[2] remarque que ce peuple africain, si jaloux de ses droits, ne regardoit pas un pareil usage comme un crime. Peut-être avoit-il senti que de toutes les aristocraties, celle des richesses, lorsqu'elle n'est pas portée à un trop grand excès, est la moins dangereuse en elle-même, le propriétaire ayant un intérêt personnel au maintien des lois, tandis que l'homme sans propriétés tend sans cesse, par sa nature, à bouleverser et à détruire[a].

---

[1] Polyb., lib. vi, pag. 494. [2] *Id., ibid.*

Pour pouvoir être élu membre du sénat, il falloit à Carthage, comme en Angleterre, posséder un certain revenu. Aristote blâme cette loi, en quoi il a certainement très tort. Si la France avoit été protégée par un pareil statut, elle n'auroit pas souffert la moitié des maux qu'elle a éprouvés. On dit : Un J.-J. Rousseau n'auroit pu être député ? C'est un malheur, mais infiniment moindre que l'admission des non propriétaires dans un corps législatif. Heureusement les François reviennent à ce principe.

[a] J'aime à me voir défendre ainsi les principes conservateurs de la société, je me suis assez franchement critiqué pour avoir le droit de remarquer le bien quand je le rencontre dans cet ouvrage. Je dirai donc que je n'aperçois pas dans l'*Essai* une seule erreur politique un peu grave, un seul principe qui dévie de ceux que je professe aujourd'hui ; partout c'est la liberté, l'égalité devant la loi, la propriété, la monarchie, le roi légitime que je réclame, tandis que les erreurs religieuses et morales sont malheureusement trop nombreuses. Mais dans ces erreurs mêmes il n'y a rien qui ne soit racheté par quelque sentiment de charité, de bienveillance, d'humanité. J'en appelle au lecteur de bonne foi : qu'il dise si je porte de l'*Essai*, sous ce rapport, un jugement trop favorable. (N. Éd.)

CHAPITRE XXXII.

Les deux partis dans le sénat de Carthage. Hannon. Barca.

Mêmes institutions, mêmes choses, mêmes hommes, comme de moules pareils il ne peut sortir que des formes égales. Le sénat de Carthage, tel que le parlement d'Angleterre, se trouvoit divisé en deux partis, sans cesse opposés d'opinions et de principes [1]. Dirigées par les plus grands génies et par les premières familles de l'État, ces factions éclatoient surtout en temps de guerres et de calamités nationales [2]. Il en résultoit pour la nation cet avantage, que les rivaux, se surveillant afin de se surprendre, avoient un intérêt personnel à aimer la vertu, en tant qu'elle leur étoit personnellement utile, et à haïr le vice dans les autres.

L'histoire de ces dissensions politiques, au moment de la révolution républicaine en Grèce, ne nous étant pas parvenue, nous la considérerons dans un âge postérieur à ce siècle, en en concluant, par induction, l'état passé de la métropole africaine.

C'est à l'époque de la seconde guerre punique que nous trouvons la flamme de la discorde brûlant de toutes parts dans le sénat de Carthage. Hannon, distingué par sa modération, son amour du bien public et de la justice, brilloit à la tête du

---

[1] Liv., lib. xxi.
[2] Comme au temps de la guerre d'Agathocle et de celle des Mercenaires.

parti qui, avant la déclaration de la guerre, opinoit aux mesures pacifiques[1]. Il représentoit les avantages d'une paix durable sur les hasards d'une entreprise dont les succès incertains coûteroient des sommes immenses, et finiroient peut-être par la ruine de la patrie[2].

Amilcar, surnommé *Barca*, père d'Annibal, d'une famille chère au peuple, soutenu de beaucoup de crédit et d'un grand génie, entraînoit après lui la majorité du sénat. Après sa mort la faction Barcine continua de se prononcer en faveur des armes. Sans doute elle faisoit valoir l'injustice des Romains, qui, sans respecter la foi des traités, s'étoient emparés de la Sardaigne[3]. Ainsi la Hollande a amené de nos jours la rupture entre la France et l'Angleterre.

Durant le cours des hostilités, la minorité ne cessa de combattre les résolutions adoptées : tantôt elle s'efforçoit de diminuer les victoires d'Annibal, tantôt d'exagérer ses revers. Elle jetoit mille entraves dans la marche du gouvernement; et, sans le génie du général carthaginois, son armée, faute de secours, périssoit totalement en Italie[4]. Vers la

---

[1] Liv., lib. xxi. [2] *Id., ibid.*
[3] Liv., lib. xxi; Polyb., lib. iii, pag. 162.
[4] Liv., lib. xxiii, nos 11, 14, 23.

Lorsqu'au récit de la bataille de Cannes, un membre de la faction Barcine demandoit à Hannon s'il étoit encore mécontent de la guerre, celui-ci répondit « qu'il étoit toujours dans les mêmes sentiments, et que (supposé que CES VICTOIRES FUSSENT VRAIES) il ne s'en réjouissoit qu'autant qu'elles mèneroient à une paix avantageuse. » Ne croit-on pas entendre parler un membre de l'opposition? n'est-il pas étonnant qu'on doutât à Carthage, comme en Angleterre, des succès mêmes des armées? Ou plutôt cela n'est pas étonnant.

fin de la guerre, les partis changèrent d'opinions. Annibal, bien que de la majorité, après la bataille de Zama, parla avec chaleur en faveur de la paix[1]. Un seul sénateur eut le courage de s'y opposer; Gisgon représenta que ses concitoyens devoient plutôt périr généreusement les armes à la main, que se soumettre à des conditions honteuses[2]. L'homme illustre répliqua qu'on devoit remercier les dieux, qu'en des circonstances si alarmantes, les Romains se montrassent encore disposés à des négociations[3]. Son avis prévalut. L'on dépêcha en Italie des ambassadeurs du parti d'Hannon, qui, amusant leurs vainqueurs du récit de leurs querelles domestiques, se vantoient que, si l'on eût d'abord suivi leurs conseils, ils n'auroient pas été obligés de venir mendier la paix à Rome[4][a].

CHAPITRE XXXIII.

Suite.

Minorité et majorité dans le Parlement d'Angleterre.

Les troubles qui commencèrent à agiter l'Angleterre vers la fin du règne de Jacques Ier donnèrent naissance aux deux divisions qui sont, depuis cette

---

[1] POLYB., lib. xv.
[2] POLYB., ib.; LIV., lib. xxx.   [3] Id., ibid.
[4] LIV., ibid.

[a] Quoiqu'il y ait toujours quelque chose de forcé dans ce parallèle de l'Angleterre et de Carthage, il me semble moins étrange que les autres, et les faits historiques sont curieux.   (N. ÉD.

époque, restées distinctes dans le parlement de la Grande-Bretagne. L'opposition, d'abord connue sous le nom du *Parti de la campagne* [1] (*country Party*), traîna peu après le malheureux Charles Ier à l'échafaud. Sous le règne de son successeur, la minorité prit la célèbre appellation de *whig* [2]; et, sous un homme dévoré de l'esprit de faction, lord Shaftesbury, fut sur le point de replonger l'État dans les malheurs d'une révolution nouvelle [3]. Jacques II, par son imprudence, fit triompher le parti des whigs, et Guillaume III s'empara d'une des plus belles couronnes de l'Europe [4]. La reine Anne, long-temps gouvernée par les whigs, retourna ensuite aux torys. Le rappel du duc de Marlborough sauva la France d'une ruine presque inévitable [5]. Georges Ier, électeur de Hanovre, soutenu de toute la puissance des premiers qui le portoient au trône, se livra à leurs conseils [6]. Ce fut sous le règne de Georges II que la minorité commença à se faire connoître sous le nom de *parti de l'opposition*, qu'elle retient encore de nos jours. Elle obtint alors plusieurs victoires célèbres. Elle renversa sir Robert Walpole, ministre qui, par son système pacifique, s'étoit rendu cher au commerce [7][a]. Bientôt elle par-

---

[1] Hume's *Hist. of Engl.*, vol. VII.
[2] *Id.*, vol. VIII, cap. LXVIII, pag. 126.
[3] Hume's *Hist. of Engl.*, cap. LXIX, pag. 166.
[4] *Id.*, cap. LXXI, pag. 294.
[5] Smoll., *Contin. to Hume's Hist. of Engl.*; Volt., *Siècle de Louis XIV*.
[6] *Id.*, Smoll., *Contin.*, etc.
[7] *Id.*, *Hist. of the House of Brunswick-Lunenb.*

[a] Il falloit ajouter, « et odieux à la nation par son système de corruption. » (N. Éd.)

vint à mettre à la tête du cabinet le grand lord Chatham, qui éleva la gloire de sa patrie à son comble, dans la guerre de 1754, si malheureuse à la France [1]. Lord Bute ayant succédé à lord Chatham, peu après l'avénement de sa majesté régnante au trône d'Angleterre, l'opposition perdit son crédit. Elle tâcha de le recouvrer dans l'affaire de M. Wilkes, membre du parlement, décrété pour avoir écrit un pamphlet contre l'administration [2]. Mais le fatal impôt du timbre, qui rappelle à la fois la révolution américaine et celle de la France, lui donna bientôt une nouvelle vigueur [3]. Telle est la chaîne des destinées : personne ne se doutoit alors qu'un bill de finance, passé dans le parlement d'Angleterre en 1765, élèveroit un nouvel empire sur la terre, en 1782, et feroit disparoître du monde un des plus antiques royaumes de l'Europe, en 1789 [4].

---

[1] SMOLL', *Cont.*, etc. *Hist. of the House of Bruns.-Lun.*

[2] GUTH., *Geogr. Gram.*, pag. 342.

[3] *Id.*, pag. 343; RAMSAY's *Hist. of the Am. Revol.*

[4] Une étincelle de l'incendie allumé sous Charles Ier tombe en Amérique en 1636 (émigration des puritains), l'embrase en 1765, repasse l'Océan en 1789 pour ravager de nouveau l'Europe. Il y a quelque chose d'incompréhensible dans ces générations de malheurs.

En songeant à l'empire américain d'aujourd'hui, on ne peut s'empêcher de jeter les yeux en arrière sur son origine. C'est une chose désolante et amusante à la fois, que de contempler les pauvres humains jouets de leurs propres faits, et conduits aux mêmes résultats par les préjugés les plus opposés. Les puritains avoient demandé à Dieu, avec prières, qu'il les dirigeât dans leur pieuse émigration, et Dieu les conduisit au cap Cod, où ils périrent presque tous de faim et de misère. Bientôt après leurs ennemis mortels, les catholiques, viennent débarquer auprès d'eux sur les mêmes rivages. Une cargaison de graves fous, avec de grands chapeaux et des habits sans boutons, descendent ensuite sur les bords de la Delaware, etc.

L'opposition crut avoir remporté un avantage signalé sur le ministre lorsqu'elle eut obtenu le

Que devoit penser un Indien regardant tour à tour les étranges histrions de cette grande farce tragi-comique que joue sans cesse la société? En voyant des hommes brûler leurs frères dans la Nouvelle-Angleterre, pour l'amour du ciel; une autre race, en Pensylvanie, faisant profession de se laisser couper la gorge sans se défendre; une troisième, dans le Maryland, accompagnée de prêtres bigarrés, couverts de croix, de grimoires, et professant tolérance universelle; une quatrième, en Virginie, avec des esclaves noirs et des docteurs persécuteurs en grandes robes : cet Indien, sans doute, ne pouvoit s'imaginer que ces gens-là venoient d'un même pays? Cependant, tous sortoient de la petite île d'Angleterre, tous ne formoient qu'une seule et même nation. Quand on songe à la variété et à la complication des maladies qui fermentent dans un corps politique, on comprend à peine son existence.

Sur la foi des livres et des intéressés, au seul nom des Américains, nous nous enthousiasmons de ce côté-ci de l'Atlantique. Nos gazettes ne nous parlent que des Romains de Boston et des tyrans de Londres. Moi-même, épris de la même ardeur lorsque j'arrivai à Philadelphie, plein de mon Raynal, je demandai en grâce qu'on me montrât un de ces fameux quakers, vertueux descendants de Guillaume Penn. Quelle fut ma surprise quand on me dit que, si je voulois me faire duper, je n'avois qu'à entrer dans la boutique d'un frère; et que si j'étois curieux d'apprendre jusqu'où peut aller l'esprit d'intérêt et d'immoralité mercantile, on me donneroit le spectacle de deux quakers, désirant acheter quelque chose l'un de l'autre, et cherchant à se leurrer mutuellement. Je vis que cette société si vantée n'étoit, pour la plupart, qu'une compagnie de marchands avides, sans chaleur et sans sensibilité, qui se sont fait une réputation d'honnêteté parce qu'ils portent des habits différents de ceux des autres, ne répondent jamais ni oui, ni non, n'ont jamais deux prix, parce que le monopole de certaines marchandises vous force d'acheter avec eux au prix qu'ils veulent; en un mot, de froids comédiens qui jouent sans cesse une farce de probité, calculée à un immense intérêt, et chez qui la vertu est une affaire d'agiotage [*].

Chaque jour voyoit ainsi, l'une après l'autre, se dissiper mes chimères; et cela me faisoit grand mal. Lorsque par la suite je connus davantage les Américains, j'ai parfois dit à quelques-uns d'entre eux, devant qui je pouvois ouvrir mon âme : « J'aime votre pays et votre gouvernement, mais je ne vous aime point, » et ils m'ont entendu.

[*] Cette note a paru dans le temps assez piquante, mais le ton en est peu convenable : c'est de la philosophie impie et de l'histoire à la manière de Voltaire. Les États-Unis et les Américains ont pris entre les gouvernements et les nations un rang qui ne permet plus de parler d'eux avec cette légèreté.   (N. Éd.)

rappel de ce trop fameux impôt; et il n'est pas moins certain que ce fut ce rappel même, encore plus que le bill, qui a causé la révolution des colonies [1].

Trois ministres se succédèrent rapidement, après cette première irruption du volcan américain. Les rênes du gouvernement s'arrêtèrent enfin entre les mains de lord North, qui, de même que ses prédécesseurs, avoit adopté le système des taxes d'outre mer [2]. L'insurrection des Bostoniens, lors de l'envoi du thé de la compagnie des Indes, ne fut pas plus tôt connue en Angleterre, que l'opposition redoubla de zèle et d'activité. Lord Chatham reparut dans la Chambre des pairs, et parla avec chaleur contre les mesures du cabinet. Sa motion étant rejetée par une majorité de cinquante-huit voix, les moyens coercitifs restèrent adoptés dans toute leur étendue.

Bientôt après le sang coula en Amérique. J'ai vu les champs de Lexington; je m'y suis arrêté en silence, comme le voyageur aux Thermopyles, à contempler la tombe de ces guerriers des deux mondes qui moururent les premiers, pour obéir aux lois de la patrie. En foulant cette terre philosophique, qui me disoit, dans sa muette éloquence, comment les

---

[1] Les lords qui protestèrent contre ce rappel peuvent se vanter d'en avoir prédit les conséquences : « Because, the appearance of weakness and timidity in the government..... has a manifest tendency to draw on further insults, and, by lessening the respect of all his Majesty's subjects to the dignity of his crown... throw the whole British empire into a miserable state of confusion, etc. » (*Copies of the two protests against the bill to repeal the Am. St-p. Act.* 8, pag. 10. Printed at Paris, 1766.)

[2] Rams., *ib.*

empires se perdent et s'élèvent, j'ai confessé mon néant devant les voies de la Providence, et baissé mon front dans la poussière.

Grand exemple des malheurs qui suivent tôt ou tard une action immorale en elle-même, quels que soient d'ailleurs les brillants prétextes dont nous cherchions à nous fasciner les yeux, et la politique fallacieuse qui nous éblouit! La France, séduite par le jargon philosophique, par l'intérêt qu'elle crut en retirer, par l'étroite passion d'humilier son ancienne rivale, sans provocation de l'Angleterre, viola, au nom du genre humain, le droit sacré des nations. Elle fournit d'abord des armes aux Américains, contre leur souverain légitime, et bientôt se déclara ouvertement en leur faveur. Je sais qu'en subtile logique, on peut argumenter de l'intérêt général des hommes dans la cause de la liberté; mais je sais que, toutes les fois qu'on appliquera la loi du tout à la partie, il n'y a point de vice qu'on ne parvienne à justifier. La révolution américaine est la cause immédiate de la révolution françoise. La France déserte, noyée de sang, couverte de ruines, son roi conduit à l'échafaud, ses ministres proscrits ou assassinés, prouvent que la justice éternelle, sans laquelle tout périroit en dépit des sophismes de nos passions, a des vengeances formidables.

C'est une tâche pénible et douloureuse pour un François, dans l'état actuel de l'Europe, que la lecture de cette période de l'histoire américaine. Souvent ai-je été obligé de fermer le volume, oppressé par les comparaisons les plus déchirantes, par un profond et muet étonnement, à la vue de l'enchaînement des choses humaines. Chaque syllabe de Ramsay retentit amèrement dans votre cœur, lorsqu'on voit l'honnête citoyen vanter, contre sa propre conviction, la duplicité de la conduite de la France envers l'Angleterre. Mais, lorsque avec un cœur brûlant de reconnoissance il vient à verser les bénédictions sur la tête de l'excellent Louis XVI; lorsqu'il arrive à cet endroit où M. de La Fayette, recevant la première nouvelle du traité d'alliance, se jette avec des larmes de joie dans les bras de Washington; qu'au même instant, la nouvelle volant dans l'armée au milieu des transports, le cri de « longue vie au roi de France ! » s'échappe involontairement à la fois de mille bouches et de mille cœurs; le livre tombe des mains, le coup de poignard pénètre jusqu'au fond des entrailles. Américains ! La Fayette, votre idole, n'est qu'un scélérat ! Ces gentilshommes françois, jadis le sujet de vos éloges, qui ont versé leur sang dans vos batailles, ne sont que des misérables couverts de votre mépris, et à qui peut-être vous refuserez un asile ! et le père auguste de votre liberté.... un de vous ne l'a-t-il pas jugé[1] ? N'avez-vous pas juré amour et alliance à ses assassins sur sa tombe[2] !

---

[1] Un étranger, non ! un Américain, séant juge dans le procès de mort de Louis XVI ! O hommes ! ô Providence !

[2] Je ne sais que dire des pages qui commencent à cette phrase, *j'ai vu les champs de Lexington*, et finissent à celle-ci, *n'avez-vous as juré amour et alliance à ses assassins sur sa tombe ?* Mais, quelles que soient maintenant les hautes destinées de l'Amérique, je ne

Durant tout le reste de la guerre, l'opposition ne cessa de harceler les ministres, et devint de plus en plus puissante, en proportion des calamités nationales. C'étoit alors que M. Burke lançoit, comme la foudre, son éloquence sur la tête des ministres. Ce grand orateur, qui possède un des plus beaux talents dont l'homme ait été jamais dignifié, se surpassa lui-même dans ces circonstances. Il remonta jusqu'à la source des troubles des colonies, en traça fièrement les progrès, et, avec ce génie inspiré qui lui a fait tant de fois prévoir l'avenir, plaida la cause de la liberté américaine dans le langage sublime et pathétique de Démosthènes.

Enfin, le 27 de mars 1782, l'opposition remporta une victoire complète : le cabinet fut changé, et le marquis de Rockingham placé à la tête du gouvernement.

La paix étant rétablie entre les puissances belligérantes, l'opposition se joignit au parti du ministre disgracié. M. Fox et lord North formèrent ce qu'on appela la *coalition des chefs*, qui entraînoit après elle la majorité du parlement. Lord Shelburne, successeur du marquis de Rockingham, mort le

---

changerois pas un mot à ces pages, si je pouvois retrouver, pour les écrire, la chaleur d'âme qui n'appartient qu'à la jeunesse. Ainsi dans aucun temps mes systèmes politiques n'ont étouffé le cri de ma conscience : les succès, la gloire, l'admiration même, lorsque je l'éprouve, ne m'empêchent point de sentir ce qu'il y a d'injuste ou d'ingrat dans la conduite des hommes.

A l'époque où M. La Fayette étoit *émigré*, les Américains, partisans de notre révolution, blâmoient sa conduite : ils ont depuis récompensé magnifiquement ses services.   (N. Éd.)

1ᵉʳ juillet 1782, fut obligé de se retirer, et M. Fox, lord North et le duc de Portland, se saisirent du timon de l'État.

M. Fox n'occupa que quelques instants le ministère. Son fameux bill de la compagnie des Indes ayant été rejeté dans la Chambre des pairs, il remit peu après[1] les sceaux de son emploi, et M. Pitt remplaça le duc de Portland, comme premier lord de la trésorerie.

Les principales opérations du gouvernement depuis l'ascension de M. Pitt aux affaires ont été : 1° le bill de ce ministre concernant la compagnie des Indes, du 5 juillet 1784 ; 2° celui du 18 avril 1785, en faveur d'une réforme parlementaire, rejeté par une majorité de soixante-quatorze voix ; 3° le plan de liquidation de la dette nationale, par l'établissement d'un fonds d'amortissement, 1786[2a] ; 4° l'acte de la traite des Nègres et de l'amélioration du sort de ces esclaves, 21 mai 1788. La nation étoit au faîte de la prospérité, et M. Pitt, qui n'avoit pas encore atteint sa trentième année, avoit montré ce que peut un seul homme pour la prospérité d'un État.

La maladie du roi, qui suivit peu de temps après,

[1] Dans la nuit du 19 décembre 1783.
[2] Un million annuel.

[a] Je n'ai pas attendu à être membre de la Chambre des pairs pour m'occuper de l'économie politique : on voit que je savois ce que c'étoit que la liquidation d'une dette, et un fonds d'amortissement, quelque trentaine d'années avant que ceux qui parlent aujourd'hui de finances sussent peut-être faire correctement les quatre premières règles de l'arithmétique. (N. Éᴅ.)

arracha la faveur du public à l'opposition, et couvrit le ministre de gloire. Sa Majesté, rendue aux vœux de tout un peuple, qui lui témoigna par des marques de joie (d'autant plus touchantes qu'elles couloient naturellement du cœur) à quel point elle étoit adorée, reprit bientôt les rênes de son empire, et elle continue à faire le bonheur de ceux qu'une fortune amie a rangés au nombre des sujets britanniques.

À la fin de cette courte histoire de l'opposition, nous placerons les portraits des deux hommes célèbres, depuis si long-temps l'objet des regards de l'Europe, et qui ont eu une si grande influence sur la révolution françoise.

CHAPITRE XXXIV.

M. Fox. M. Pitt.

Tels que nous avons vu paroître à la tête de la minorité et de la majorité, dans le sénat de Carthage, les plus beaux talents et les premiers hommes de leur siècle; tels, différents de mœurs, d'opinions et d'éloquence, brillent, dans le parlement d'Angleterre, les deux grands orateurs dont nous essayons d'ébaucher une foible peinture.

M. Fox, plein de sensibilité et de génie, écoute son cœur lorsqu'il discourt et se fait entendre ainsi aux cœurs sympathiques. Savant dans les lois de son pays, modéré dans ses sentiments politiques, connoissant la fragilité humaine, et réclamant pour les autres la même indulgence dont il peut avoir besoin pour lui, on le trouve rarement dans les extrêmes, ou, s'il s'y laisse entraîner quelquefois, ce n'est que par cette chaleur des temps, dont il est presque impossible de se défendre. Mais quand il vient à élever une voix touchante en faveur de l'infortuné, il règne, il triomphe. Toujours du parti de celui qui souffre, son éloquence est une richesse gratuite, qu'il prête sans intérêt au misérable; alors il remue les entrailles; alors il pénètre les âmes; alors une altération sensible dans les accents de l'orateur décèle tout l'homme; alors l'étranger dans la tribune résiste en vain, il se détourne et pleure. Haine d'un parti, idole de l'autre, ceux-là reprochent à M. Fox des erreurs, ceux-ci exaltent ses vertus; il ne nous appartient pas de prononcer. Lorsque le fracas des opinions et les fatigues d'une vie publique auront cessé pour cet homme célèbre, le moment de la justice sera venu; mais, quel que soit le jugement de la postérité, les malheureux des temps à venir, qui forment la majorité dans tous les siècles, diront : « Il aima nos frères d'autrefois, il parla pour eux. »

Lorsque M Pitt prend la parole dans la Chambre des communes, on se rappelle la comparaison qu'Homère fait de l'éloquence d'Ulysse à des flocons de neige, descendant silencieusement du ciel. Émue, échauffée à la voix du représentant opposé, l'assemblée, pleine d'agitation, flotte dans l'incertitude et le doute : le chancelier de l'échiquier se lève, et sa logique, qui tombe avec grâce et abondance, vient éteindre une chaleur inutile, toujours dangereuse aux législateurs ; chacun, étonné, sent ses passions se refroidir; le prestige du sentiment se dissipe; il ne reste que la vérité.

Placé à la tête d'une grande nation, M. Pitt doit avoir pour ennemis et les hommes dont son rang élevé attire l'envie, et ceux dont il combat les opinions. Le texte des déclamations contre le ministre britannique est la guerre funeste dans laquelle l'Europe se trouve maintenant enveloppée. Les principes en ont été souvent discutés ; quant à la manière dont elle a été conduite, l'injustice des reproches qu'on a faits là-dessus au chancelier de l'échiquier doit frapper les esprits les plus prévenus. Veut-on prendre pour exemple des hostilités présentes les combats réguliers d'autrefois ? Où sont ces petits esprits qui calculent pertinemment ce qu'on auroit dû faire, par ce qu'on a fait jadis, qui ne voient dans la lutte actuelle que des batailles perdues ou gagnées, et non le Génie de la France dans les convulsions d'une crise amenée par la force des choses, déchirant, comme l'Hercule d'Œta, ceux qui osent l'approcher, lançant leurs membres ensanglantés sur les plaines cadavéreuses de l'Italie et de la Flandre, et s'apprêtant à tourner sur lui-même des mains forcenées ? On pourroit soupçonner qu'il existe des époques inconnues, mais régulières, auxquelles la face du monde se renouvelle. Nous avons le malheur d'être nés au moment d'une de ces grandes révolutions : quel qu'en soit le résultat, heureux ou malheureux pour les hommes à naître, la génération présente est perdue : ainsi le furent celles du cinquième et du sixième siècle, lorsque tous les peuples de l'Europe, comme des fleuves, sortirent soudainement de leur cours. Qui seroit assez absurde pour exiger que M. Pitt pût vaincre, par des mesures ordinaires, la fatalité des événements ? Il y a des circonstances où les talents sont entièrement inutiles : qu'on me donne le plus grand ministre, un Ximenès, un Richelieu, un J. de Witt, un Chatham, un Kaunitz, et vous le verrez se rapetisser, et pour ainsi dire disparoître sous la pondération des choses et des temps actuels. Il ne s'agit plus des cabales obscures ou coupables de quelques cabinets intrigants, d'un champ disputé dans les déserts de l'Amérique : ce sont maintenant les masses irrésistibles des nations qui se heurtent et se choquent au gré du sort. Guerres au dehors, factions au dedans, mésintelligence de toutes parts; des ennemis dont les opinions ne font pas moins de ravages que leurs armes, des peuples corrompus, des cours vicieuses, des finances épuisées, des gouvernements chancelants; pour moi, je l'avouerai, ce n'est pas sans étonnement que je vois M. Pitt portant seul, comme Atlas, la voûte d'un monde en ruine [1][a].

---

[1] Ce langage m'oblige à déclarer que je ne suis ni l'apologiste de la guerre, ni celui de M. Pitt. Je ne connois ni ne connoîtrai vraisemblablement ce dernier; je n'attends ni ne demande rien de lui. Je n'aime point les grands, non que les petits vaillent mieux, mais parce que je ne sais point honorer

l'habit d'un homme, et que mon opinion surtout n'en dépendra jamais. Né avec un cœur indépendant, j'exprimerai toujours hardiment ma pensée, en dépit de la fortune et des factions. J'ai donc parlé du chancelier de l'échiquier avec la même franchise que je l'aurois fait d'un autre homme. Est-ce d'après les déclamations des gazettes que je dois le juger? d'après les grossièretés que les François vomissent contre lui? Qu'on prouve, et je croirai; mais, en attendant, qu'il me soit permis de penser pour moi. Parce que les Jacobins ont commis des crimes, cela ne m'empêche pas de croire qu'une république est le meilleur de tous les gouvernements, lorsque le peuple a des mœurs; le pire de tous, lorsque le peuple est corrompu. Parce que tel démagogue insulte un homme, une nation, cela ne m'empêche pas d'estimer cet homme, cette nation, tandis que l'un et l'autre me paroissent estimables. Si j'avois eu de M. Pitt une opinion différente de celle que j'ai énoncée, je l'eusse exprimée avec le même courage; je n'aurois pas mis un moment en balance ma sûreté personnelle, et ce qui m'eût semblé la vérité. Que si ce langage paroît extraordinaire, je le crois fait pour honorer, et moi, et l'homme d'État dont je parle; que s'il s'offensoit de ce passage, je me suis trompé.

* Les éloges sont fort exagérés dans ce chapitre; mais c'est un tribut très naturel de reconnoissance que je payois à l'hospitalité. Il y a d'ailleurs des choses vraies sur la différence qui existoit entre la guerre de la révolution et les guerres qui l'avoient précédée. Je me reconnois à peu près tel que je suis aujourd'hui dans la note qui termine ce chapitre : je n'aime point les grands, souvent je n'estime point les petits, et mon opinion ne dépendra jamais de personne. Ma franchise avec M. Pitt est sincère, mais elle est risible. Étoit-il probable que le premier ministre d'Angleterre liroit jamais l'ouvrage obscur d'un obscur émigré? (N. Éd.)

CHAPITRE XXXV.

Suite du parallèle entre Carthage et l'Angleterre. La guerre et le Commerce. Annibal, Marlborough. Hannon, Cook; Traduction du Voyage du premier, Extrait de celui du second.

Il ne nous reste plus qu'à considérer Carthage et l'Angleterre dans leur esprit guerrier et commerçant.

J'ai déjà touché quelque chose de cet intéressant sujet. Ajoutons que, par un jeu singulier de la fortune, la rivale de Rome et celle de la France ne comptèrent chacune qu'un grand général : la première, Annibal; la seconde, Marlborough[1]. Un parallèle suivi entre ces hommes illustres nous écarteroit trop de notre sujet; il suffira de remarquer que, tous les deux employés contre l'antique ennemi de leur patrie, ils le réduisirent également à la dernière extrémité[2], et furent sur le point d'entrer en triomphe dans la capitale de son empire; qu'on leur reprocha le même défaut, l'ava-

---

[1] Il y eut sans doute quelques grands généraux à Carthage et en Angleterre, mais aucun aussi célèbre qu'Annibal et Marlborough.

[2] A présent le siècle impartial convient qu'on ne doit pas juger Marlborough avec autant d'enthousiasme que nos pères; il auroit fallu le voir aux prises avec les Condé et les Turenne pour bien juger de ses talents. Il n'eut jamais en tête que de mauvais généraux, et il agit presque toujours en conjonction avec le prince Eugène. La seule fois qu'il combattit contre un grand capitaine, je crois, à Malplaquet, il perdit vingt-deux mille hommes, encore Villars n'avoit-il que des recrues qui n'avoient jamais vu le feu, et manquoient de tout, même de pain. A la prise de Lille, Vendôme étoit subordonné au duc de Bourgogne. Annibal combattit les Fabius, les Scipion, etc.

rice; enfin, que, tous deux rappelés dans leur pays, ils n'y trouvèrent que l'ingratitude.

Quant au commerce, en ayant déjà décrit l'étendue, je me contenterai de citer un fait peu connu. Carthage est la seule puissance maritime de l'antiquité qui, de même que l'Angleterre, ait imaginé les lois prohibitives pour ses colonies. Celles-ci étoient obligées d'acheter aux marchés de la mère-patrie les divers objets dont elles se faisoient besoin, et ne pouvoient s'adonner à la culture de telle ou telle denrée [1]. On juge par ce trait jusqu'à quel degré la vraie nature du commerce et les calculs du fisc étoient entendus de ce peuple africain; peut-être aussi y trouveroit-on la cause des troubles qui ne cessoient d'agiter les colonies puniques.

Que si encore deux gouvernements se livrent aux mêmes entreprises suggérées par des motifs semblables, on doit en conclure que ces gouvernements sont animés d'une portion considérable du même génie; or, nous voyons que ceux de Carthage et d'Angleterre furent souvent mus d'après de semblables principes, vers des objets de prospérité nationale. Nous allons rapporter les deux voyages entrepris pour l'agrandissement du commerce dans l'ancien monde et dans le monde moderne : le premier, fait par ordre du sénat de Carthage, à une époque qui n'est pas exactement connue [2]; le second, exécuté de nos jours par la munificence du

---

[1] Arist., *de Mirab. auscult.*, tom. I, pag. 1159.
[2] Il est reconnu que ce voyage n'est pas de l'Hannon auquel on l'attribue; et qui devoit vivre vers le temps de l'expédition d'Agathocles en Afrique.

roi de la Grande-Bretagne. Hannon, qui commandoit l'expédition carthaginoise, devoit, en entrant dans l'Océan par le détroit de Gades ou de Gadir [1], découvrir les terres inconnues en faisant le tour de l'Afrique, et jetant çà et là des colonies sur ses rivages. Sans l'usage de la boussole, avec une imparfaite connoissance du ciel et de frêles barques souvent conduites à la rame, lorsqu'on se représente qu'il auroit fallu affronter les tempêtes du cap de Bonne-Espérance, si long-temps la borne redoutable des navigateurs modernes, on ne peut que s'étonner du génie hardi qui poussoit les Carthaginois à ces entreprises périlleuses. Le dessein échoua en partie : de retour dans sa patrie, Hannon publia une relation de son voyage, et son journal, étant traduit en grec par la suite, nous a, par ce moyen, été conservé. La brièveté et l'intérêt de l'unique monument de littérature punique qui soit échappé aux ravages du temps [2], m'engagent à le donner ici dans son entier; nous placerons, selon notre méthode, un des morceaux les plus piquants du voyage de Cook auprès de celui de l'amiral carthaginois : on sait que le premier de ces deux navigateurs fut employé à la découverte d'un passage de la mer du

---

Les uns font l'auteur de ce journal contemporain d'Annibal; d'autres le rejettent à un siècle qui approcheroit de la révolution de la Grèce dont nous parlons : peu importe au lecteur.

[1] Cadix.

[2] Il nous reste une scène en punique dans Plaute, et des fragments d'un ouvrage sur l'agriculture, traduits en latin; où l'on apprend le secret d'engraisser des rats.

Sud dans l'Atlantique, par les mers septentrionales de l'Amérique et de l'Asie[a]..

Voyage par mer et par terre, au-delà des Colonnes d'Hercule, fait par Hannon, roi des Carthaginois, qui, à son retour, voua dans le temple de Saturne la relation suivante :

Le peuple de Carthage m'ayant ordonné de faire un voyage au-delà des *Colonnes d'Hercule*, pour y fonder des villes liby-phéniciennes, je mis en mer avec une flotte de 60 vaisseaux à 50 rames, ayant à bord une grande quantité de vivres, d'habits, et environ trente mille personnes, tant hommes que femmes.

Deux jours après que nous eûmes fait voile, nous passâmes le détroit de *Gades*, et jetâmes le lendemain sur la côte d'Afrique, dans un lieu où s'étend une plaine considérable, une colonie que nous appelâmes *Thymiaterium*. De là, cinglant à l'ouest, nous fîmes le cap Soloent sur la côte de Libye, promontoire couvert d'arbres, où nous élevâmes un temple à Neptune.

Dirigeant notre course à l'orient, après un demi-jour de navigation nous atteignîmes, à peu de distance de la mer, la hauteur d'un lac [1] plein de grands roseaux,

---

[a] Je demande bien pardon de ce chapitre à la mémoire d'Annibal; les citations servent du moins ici à couvrir le vice du sujet. Je ne sais trop pourquoi le Périple d'Hannon et les Voyages de Cook se trouvent compromis dans la révolution françoise, mais enfin ils sont amusants; il faut les prendre pour ce qu'ils sont, et oublier l'*Essai historique*.   (N. Éd.)

[1] Il se trouve ici une difficulté dans le grec. On croiroit d'abord qu'Hannon a remonté une rivière, ensuite on le trouve fondant des villes maritimes. J'ai suivi le sens qui m'a paru le plus probable.

où nous vîmes des éléphants et plusieurs autres animaux sauvages paissant çà et là. A un jour de navigation de ce lac nous fondâmes plusieurs villes maritimes : Cytte, Acra, Mélisse, etc.

Durant notre relâche nous avançâmes jusqu'au grand fleuve Lixa, qui sort de la Libye, non loin des Nomades; nous y trouvâmes les Lixiens qui s'occupent de l'éducation des troupeaux. Je demeurai quelque temps parmi eux et conclus un traité d'alliance.

Au-dessus de ces peuples habitent les Æthiopiens, nation inhospitalière, dont le pays est rempli de bêtes féroces et entrecoupé de hautes montagnes, où l'on dit que le Lixa prend sa source. Les Lixiens nous racontoient que ces montagnes sont fréquentées par les Troglodytes, hommes d'une forme étrange, et plus légers que les chevaux à la course. Je fis ensuite, avec des interprètes, deux journées au midi dans le désert.

A mon retour j'ordonnai qu'on levât l'ancre [1], et nous courûmes pendant vingt-quatre heures à l'est. Au fond d'une baie nous trouvâmes une petite île de cinq stades de tour, à laquelle nous donnâmes le nom de *Cernes*, et y laissâmes quelques habitants. J'examinai mon journal, et je trouvai que Cernes devoit être située sur la côte opposée à Carthage : la distance de cette île aux Colonnes d'Hercule étant la même que celle de ces mêmes colonnes à Carthage.

Nous reprîmes notre navigation, et, après avoir traversé une rivière appelée *Chrèles*, nous entrâmes dans un lac où se formoient trois îles plus considérables que Cernes. Nous mîmes un jour à parvenir de ces îles jusqu'au fond du lac. De hautes montagnes en bordoient l'enceinte; nous y rencontrâmes des hommes couverts

---

[1] Cette phrase n'est pas du texte, mais elle y est impliquée.

de peaux et habitants des bois, qui nous assaillirent à coups de pierres. Longeant les rives de ce lac, nous touchâmes à un autre fleuve large, couvert de crocodiles et de chevaux-marins. De là nous revirâmes et gagnâmes l'île de Cernes.

De Cernes, portant le cap au sud, nous rangeâmes pendant douze jours une côte habitée par des Æthiopiens qui paroissoient extrêmement effrayés, et se servoient d'un langage inconnu même à nos interprètes.

Le douzième jour nous découvrîmes de hautes montagnes chargées de forêts, dont les arbres de différentes espèces sont parfumés. Après avoir doublé ces montagnes, en deux jours de navigation, nous entrâmes dans une mer immense. Dans les parages avoisinant au continent s'élevoit une espèce de champ d'où nous voyions, durant la nuit, sortir, par intervalles, des flammes, les unes plus petites, les autres plus grandes. Les équipages ayant fait de l'eau, nous serrâmes le rivage pendant quatre jours, et le cinquième nous louvoyâmes dans un grand golfe que nos interprètes appeloient *Hesperum Ceras* (la Corne du soir). Nous nous trouvâmes par le gisement d'une île d'une latitude considérable. Un lac salin, dans lequel se formoit un îlot, occupoit l'intérieur de cette grande île. Nous mouillâmes par le travers de la terre et nous n'aperçûmes qu'une forêt. Mais pendant la nuit nous voyions des feux, et nous entendions le son des fifres, le bruit des timbales, et les clameurs d'un peuple innombrable.

Saisis de frayeur, et recevant de nos devins l'ordre d'abandonner cette île, nous appareillâmes sur-le-champ, et côtoyâmes la terre de feu de Thymiaterium, dont les torrents enflammés se déchargent dans la mer. Le sol étoit si brûlant qu'on ne pouvoit y arrêter le pied. Nous tournâmes promptement le cap au large, et dans quatre jours nous fûmes portés de nuit à la hauteur d'un pays couvert de flammes, du milieu desquelles s'élevoit un cône de feu qui sembloit se perdre dans les nues. Au jour nous reconnûmes que c'étoit une haute montagne nommée *Theon Ochema*.

Ayant doublé les régions ignées, nous ouvrîmes, trois jours après, le golfe *Notu Ceras* (la Corne de l'Orient) au fond duquel gisoit[1] une île, avec un lac, un îlot, semblable à celle que nous avions déjà découverte. Ayant touché à cette île, nous la trouvâmes habitée par des Sauvages. Le nombre des femmes dominoit infiniment celui des hommes. Celles-ci étoient toutes velues, et nos interprètes les appeloient *Gorilles*. Nous les poursuivîmes, mais sans pouvoir les atteindre. Ils fuyoient par des précipices avec une étonnante agilité, en nous jetant des pierres. Nous réussîmes cependant à prendre trois femmes. Nous fûmes obligés de les tuer pour éviter d'en être déchirés; nous en avons conservé les peaux. — Ici nous tournâmes nos voiles vers Carthage, les vivres commençant à nous manquer[2].

Cook n'est plus. Ce grand navigateur a péri aux îles Sandwich, qu'il venoit de découvrir. Ses vaisseaux, maintenant commandés par les capitaines Clerke et Gore, prêts à appareiller, attendent en rade un vent favorable, tandis que le lieutenant de *la Résolution* fait, à la vue de la terre, la description suivante :

Les habitants des îles *Sandwich* sont certainement de la même race que ceux de la *Nouvelle-Zélande*, des

---

[1] On croit que cette île, le terme de la navigation d'Hannon, est Sainte-Anne. [2] *Geogr. Vet. Script. Græc. Minor.*, vol. 1, pag. 1-6.

îles de la *Société* et des *Amis*, de l'île de *Pâques* et des *Marquises*, race qui occupe, sans aucun mélange, toutes les terres qu'on connoît entre le quarante-septième degré de latitude nord, et le vingtième degré de latitude sud; et le cent quatre-vingt-quatrième degré, et le deux cent soixantième degré de longitude orientale. Ce fait, quelque extraordinaire qu'il paroisse, est assez prouvé par l'analogie frappante qu'on remarque dans les mœurs, les usages des diverses peuplades, et la ressemblance générale de leurs traits, et il est démontré d'une manière incontestable par l'identité absolue des idiomes.

. . . .

La taille des naturels des îles *Sandwich* est, en général, au-dessous de la moyenne, et ils sont bien faits; leur démarche est gracieuse; ils courent avec agilité, et ils peuvent supporter de grandes fatigues. Les hommes cependant sont un peu inférieurs du côté de la force et de l'activité aux habitants des îles des *Amis*, et les femmes ont les membres moins délicats que celles d'*O-Tahiti*. Leur teint est un peu plus brun que celui des O-Tahitiens; leur figure n'est pas si belle. Un grand nombre d'individus des deux sexes ont cependant la physionomie agréable et ouverte: les femmes surtout ont de beaux yeux, de belles dents, et une douceur et une sensibilité dans le regard qui préviennent beaucoup en leur faveur. Leur chevelure est d'un noir brunâtre; elle n'est pas universellement lisse comme celle des Sauvages de l'*Amérique*, ni universellement bouclée comme celle des nègres de l'*Afrique* : elle varie à cet égard ainsi que celle des Européens.

. . . .

On a parlé souvent dans ce Journal de l'hospitalité et de l'amitié avec lesquelles nous fûmes reçus des insulaires : ils nous accueillirent presque toujours de la manière la plus aimable. Lorsque nous descendions à terre ils se disputoient le bonheur de nous offrir les premiers présents, de nous apprêter des vivres et de nous donner d'autres marques de respect. Les vieillards ne manquoient jamais de verser des larmes de joie ; ils paroissoient très satisfaits quand ils obtenoient la permission de nous toucher, et ils ne cessoient de faire entre eux et nous des comparaisons qui annonçoient bien de l'humilité et de la modestie. Les jeunes femmes ne furent pas moins caressantes, et elles s'attachèrent à nous sans aucune réserve, jusqu'au moment où elles s'aperçurent qu'elles avoient lieu de se repentir de notre intimité.

. . . .

Les habitants des îles *Sandwich* diffèrent de ceux des îles des *Amis* en ce qu'ils laissent presque tous croître leur barbe ; nous en remarquâmes un très petit nombre il est vrai, notamment le roi, qui l'avoient coupée, et d'autres qui ne la portoient que sur la lèvre supérieure. Ils arrangent leur chevelure d'une manière aussi variée que les autres insulaires de la mer du Sud ; mais ils suivent d'ailleurs une mode qui, autant que nous avons pu en juger, leur est particulière. Ils se rasent chaque côté de la tête jusqu'aux oreilles, en laissant une ligne de la largeur de la moitié de la main, qui se prolonge du haut du front jusqu'au cou : lorsque les cheveux sont épais et bouclés, cette ligne ressemble à la crête de nos anciens casques. Quelques-uns se parent d'une quantité considérable de cheveux faux qui flottent sur leurs épaules en longues boucles, tels qu'on en voit aux habitants de l'île de *Horn*, dont on trouve la figure dans la collection de M. Dalrymple : d'autres en font une seule touffe arrondie qu'ils noüent au sommet de la tête, et qui est à peu près de la largeur de la tête elle-même : plusieurs en font cinq à six touffes séparées. Ils les barbouillent avec une argile grise mêlée de coquilles réduites en poudre, qu'ils conservent en boules, et qu'ils mâchent jusqu'à ce qu'elle devienne une pâte molle quand ils veulent s'en servir. Cette composition entretient le lustre de leur chevelure, et la rend quelquefois d'un jaune pâle.

. . . .

Une seule pièce d'une étoffe épaisse, d'environ dix à douze pouces de largeur, qu'ils passent entre les cuisses, qu'ils nouent autour des reins, et qu'ils appellent *Maro*, forme en général l'habit des hommes. C'est le vêtement ordinaire des insulaires de tous les rangs. La grandeur de leurs nattes, dont quelques-unes sont très belles, varie ; elles ont communément cinq pieds de long et quatre de large. Ils les jettent sur leurs épaules et ils les ramènent en avant, mais ils s'en servent peu, à moins qu'ils ne se trouvent en état de guerre : comme elles sont épaisses et lourdes et capables d'amortir le coup d'une pierre et d'une arme émoussée, elles semblent surtout propres à l'usage que je viens d'indiquer. En général ils ont les pieds nus, excepté lorsqu'ils doivent marcher sur des pierres brûlées ; ils portent alors une espèce de sandales de fibres de noix de cocos tressées.

. . . .

Le vêtement commun des femmes ressemble beaucoup à celui des hommes. Elles enveloppent leurs reins d'une pièce d'étoffe qui tombe jusqu'au milieu des cuisses, et quelquefois, durant la fraîcheur des soirées, elles se montrèrent avec de belles étoffes qui flottoient sur leurs épaules, selon l'usage des O-Tahitiennes. Le *Pau* est un autre habit qu'on voit souvent aux jeunes filles; c'est une pièce d'étoffe la plus légère et la plus fine, qui fait plusieurs tours sur les reins, et qui tombe jusqu'à la jambe, de manière qu'elle ressemble exactement à un jupon court. Leurs cheveux sont coupés par-derrière et ébouriffés sur le devant de la tête comme ceux des O-Tahitiens et des habitants de la *Nouvelle-Zélande;* elles diffèrent à cet égard des femmes des îles des *Amis,* qui laissent croître leur chevelure dans toute sa longueur. Nous vimes à la baie de *Karakakooa,* une femme dont les cheveux se trouvoient arrangés d'une manière singulière : ils étoient relevés par-derrière et ramenés sur le front, et ensuite repliés sur eux-mêmes, de façon qu'ils formoient une espèce de petit bonnet.

....

Il y a lieu de croire qu'ils passent leur temps d'une manière très simple et peu variée. Ils se lèvent avec le soleil, et après avoir joui de la fraîcheur du matin, ils vont se reposer quelques heures. La construction des pirogues et des nattes occupe les *Erees;* les femmes fabriquent les étoffes, les *Towtows* sont chargés surtout du soin des plantations et de la pêche. Divers amusements remplissent leurs heures de loisir. Les jeunes garçons et les femmes aiment passionnément la danse; et les jours d'appareil ils ont des combats de lutte et de pugilat bien inférieurs à ceux des îles des *Amis,* comme on l'a observé plus haut.

....

Il est évident que les naturels de ces îles sont divisés en trois classes. Les *Erees,* ou les chefs de chaque district, forment la première : l'un d'eux est supérieur aux autres, et on l'appelle à *Owhyhee, Eree-Taboo* et *Eree-Moee :* le premier de ces noms annonce son autorité absolue et le second indique que tout le monde

est obligé de se prosterner devant lui, ou selon la signification de ce terme, de se coucher pour dormir en sa présence. La seconde classe est composée de ceux qui paroissent avoir des propriétés sans aucun pouvoir. Les *Towtows*, ou les domestiques, qui n'ont ni rang ni propriété, forment la troisième . . . .
Il paroît incontestable que le gouvernement (*monarchique*) est héréditaire.

. . . .
Le pouvoir des *Erees* sur les classes inférieures nous a paru très absolu. Des faits que j'ai déjà racontés nous montrèrent cette vérité presque tous les jours de notre relâche. Le peuple, d'un autre côté, a pour eux la soumission la plus entière, et cet état d'esclavage contribue d'une manière sensible à dégrader l'esprit et le corps des sujets. Il faut remarquer néanmoins que les chefs ne se rendirent jamais devant nous coupables de cruauté, d'injustice ou même d'insolence à l'égard de leurs vassaux; mais qu'ils exercent leur autorité les uns sur les autres de la manière la plus arrogante et la plus oppressive. J'en citerai deux exemples :

Un chef subalterne avoit accueilli avec beaucoup de politesse le *Master* de notre vaisseau, qui étoit allé examiner la baie de *Karakakooa*, la veille de l'arrivée de *la Résolution;* voulant lui témoigner de la reconnoissance, je le conduisis à bord quelque temps après, et je le présentai au capitaine Cook, qui l'invita à dîner avec nous. Pareea entra tandis que nous étions à table : sa physionomie annonça combien il étoit indigné de le voir dans une position si honorable ; il le prit à l'instant même par les cheveux, et il alloit le traîner hors de la chambre : notre commandant interposa son autorité, et après beaucoup d'altercations, tout ce que nous pûmes obtenir, sans en venir à une véritable querelle avec Pareea, fut que notre convive demeureroit dans la chambre, qu'il s'y assiéroit par terre, et que Pereea le remplaceroit à table. Pareea ne tarda pas à être traité aussi durement : lorsque Terreeoboo arriva pour la première fois à bord de *la Résolution*, Maiha-Maiha qui l'accompagnoit, trouvant Pareea sur le tillac, le chassa de la façon la plus ignominieuse : nous étions sûrs néanmoins que Pareea étoit un personnage d'importance.

. . . .

La religion des îles *Sandwich* ressemble beaucoup à celle des îles de la *Société*, et des îles des *Amis*. Les *Moraïs*, les *Wattas*, les idoles, les sacrifices et les hymnes sacrés, sont les mêmes dans les trois groupes, et il paroît clair que les trois tribus ont tiré leurs notions religieuses de la même source. Les cérémonies des îles *Sandwich* sont, il est vrai, plus longues et plus multipliées; et quoiqu'il se trouve dans chacune des terres de la mer du Sud une certaine classe d'hommes chargée des rites religieux, nous n'avions jamais rencontré de sociétés réunies de prêtres, lorsque nous découvrîmes les cloîtres de *Kakooa* dans la baie de *Karakakooa*. Le chef de cet ordre s'appeloit *Orano*, dénomination qui nous parut signifier quelque chose de très sacré, et qui entraînoit pour la personne d'Omeeah des hommages qui alloient presque jusqu'à l'adoration. Il est vraisemblable que certaines familles jouissent seules du privilége d'entrer dans le sacerdoce, ou du moins de celui d'en exercer les principales fonctions. Omeeah étoit fils de Kaoo et oncle de Kaireekeea; ce dernier présidoit, en l'absence de son grand-père, à toutes les cérémonies religieuses du *Moraï*. Nous remarquâmes aussi qu'on ne laissoit jamais paroître le fils unique d'Omeeah, enfant d'environ cinq ans, sans l'environner d'une suite nombreuse, et sans lui prodiguer des soins tels que nous n'en avions jamais vu de pareils. Il nous sembla qu'on mettoit un prix extrême à la conservation de ses jours, et qu'il devoit succéder à la dignité de son père.[1]

J'aurois en vain multiplié les mots pour faire sentir la disparité des siècles, aussi bien qu'on l'aperçoit par le rapprochement de ces deux voyages. Rien ne montre mieux l'esprit, les lumières de l'âge, le caractère des anciens, et surtout celui des Carthaginois, que le journal du suffète Hannon. L'ignorance de la nature et de la géographie, la superstition, la crédulité, s'y décèlent à chaque ligne. On ne sauroit encore s'empêcher de remarquer la barbarie des marins puniques. Bien que les femmes velues dont ils parlent ne fussent vraisemblablement qu'une espèce de singes, il suffisoit que l'amiral africain les crût de nature humaine pour rendre son action atroce. Quelle différence entre ce mélange grossier de cruautés et de fables et le bon Cook cherchant des terres inconnues, non pour tromper les hommes, mais pour les éclairer, portant à de pauvres Sauvages les besoins de la vie, jurant tranquillité et bonheur sur leurs rives charmantes à ces enfants de la nature, semant parmi les glaces australes les fruits d'un plus doux climat, soigneux du misérable que la tempête peut jeter sur ces bords désolés, et imitant ainsi, par ordre de son souverain, la Providence, qui prévoit et soulage les

---

[1] *Troisième Voyage de Cook*, tom. IV, cap. VII-VIII, pag. 61-112.

maux des hommes[1]; enfin, cet illustre navigateur resserré de toutes parts par les rivages de ce globe, qui n'offre plus de mers à ses vaisseaux, et connoissant désormais la mesure de notre planète, comme le Dieu qui l'a arrondie entre ses mains.

Cependant, il faut l'avouer, ce que nous gagnons du côté des sciences, nous le perdons en sentiment. L'âme des anciens aimoit à se plonger dans le vague infini; la nôtre est circonscrite par nos connoissances. Quel est l'homme sensible qui ne s'est trouvé souvent à l'étroit dans une petite circonférence de quelques millions de lieues? Lorsque, dans l'intérieur du Canada, je gravissois une montagne, mes regards se portoient toujours à l'ouest, sur les déserts infréquentés qui s'étendent dans cette longitude. A l'orient, mon imagination rencontroit aussitôt l'Atlantique, des pays parcourus, et je perdois mes plaisirs. Mais, à l'aspect opposé, il m'en prenoit presque aussi mal. J'arrivois incessamment à la mer du Sud, de là en Asie, de là en Europe, de là...

---

[1] Si la philosophie a jamais rien présenté de grand, c'est sans doute lorsqu'elle nous montre les Anglois semant de graines nutritives les îles inhabitées de la mer du Sud. On se plaît à se figurer ces colonies de végétaux européens, avec leur port, leur costume étranger, leurs mœurs policées, contrastant au milieu des plantes natives et sauvages des terres australes. On aime à se les peindre émigrant le long des côtes, grimpant les collines, ou se répandant à travers les bois, selon les habitudes et les amours qu'elles ont apportées de leur sol natal : comme des familles exilées qui choisissent de préférence, dans le désert, les sites qui leur rappellent la patrie. Qu'un malheureux François, Anglois, Espagnol, se sauve seul sur un rivage peuplé de ces herbes co-citoyennes de son village; que, prêt à mourir de faim, il trouve soudain tout au fond d'un désert, à quatre mille lieues de l'Europe, le légume familier de son potager, le compagnon de son enfance, qui semble se réjouir de son arrivée, ce pauvre marin ne croira-t-il pas qu'un dieu est descendu du ciel?

J'eusse voulu pouvoir dire, comme les Grecs : « Et là-bas ! là-bas ! la terre inconnue, la terre immense[a] ! » Tout se balance dans la nature : s'il falloit choisir entre les lumières de Cook et l'ignorance d'Hannon, j'aurois, je crois, la foiblesse de me décider pour la dernière.

CHAPITRE XXXVI.

Influence de la Révolution grecque sur Carthage.

Carthage, au moment de la fondation des républiques en Grèce, se trouvoit, par rapport à celle-ci, dans la même position que l'Angleterre vis-à-vis de la France actuelle. Possédant à peu près la même constitution, les mêmes richesses, le même esprit guerrier et commerçant que la Grande-Bretagne ; séparée comme elle du pays en révolution par des mers ; aussi libre, ou plus libre, que ce pays même ; elle étoit garantie de l'influence militaire de Sparte et d'Athènes par la supériorité de ses vaisseaux, et du danger de leurs opinions politiques par l'excellence de son propre gouvernement. Les peuples maritimes ont cet avantage inestimable, d'être moins exposés que les nations agricoles à l'action des mou-

---

[a] Je serois moins naïf aujourd'hui, et peut-être aurois-je tort. Quelque chose de la note sur les végétaux européens semés dans les îles étrangères se retrouve dans les *Mélanges littéraires*, article MACKENZIE. (N. Éd.)

vements étrangers. Outre la barrière naturelle qui les protége contre une force invasive, s'ils sont insulaires, ou placés sur un continent éloigné, la superfluité de leur population trouve sans cesse un écoulement au dehors, sans demeurer en un état croupissant de stagnation dans l'intérieur. Le reste des citoyens, occupé du commerce de la patrie, a peu le temps de s'embarrasser de rêveries politiques. Là où les bras travaillent, l'esprit est en repos.

Carthage encore, lors de la chute des Pisistratides, élevée à l'empire des mers et à la traite du monde entier sur les débris du commerce de Tyr[1], comme l'Angleterre de nos jours sur les ruines de celui de la Hollande, approchoit du faîte de la prospérité. Par une autre ressemblance de fortune, non moins singulière, elle crut devoir prendre une part active contre la révolution républicaine d'Athènes, en faveur de la monarchie. Xerxès, qui, en prétendant rétablir Hippias sur le trône, méditoit la conquête de l'Attique et du Péloponèse, engagea les Carthaginois à attaquer en même temps les colonies grecques en Sicile[2]. Amilcar, à la tête de plus de trois cent mille hommes et d'une flotte nombreuse, aborde à Panorme, et met le siége devant Himère[3]. Gélon accourt de Syracuse avec cinquante mille citoyens au secours de la place, tombe sur le général africain, détruit son armée, et le force de se jeter lui-même dans un bûcher allumé pour un sacrifice[4].

---

[1] L'explication de ceci se trouve à l'article de Tyr.
[2] Diod., lib. xi, pag. 1.
[3] Diod., lib. xi, pag. 16 et 22.   [4] Herod., lib. vii, pag. 167.

C'est ainsi qu'une fortune ennemie voulut nommer ensemble Himère et Dunkerque.

L'enthousiasme dans la victoire, le découragement dans la défaite, est un trait de caractère que les souverains des mers d'autrefois [1] ont possédé avec les maîtres de l'Océan de nos jours [2] : que de fois durant le cours des hostilités présentes, sans la mâle fermeté des ministres, l'Angleterre ne se seroit-elle pas jetée aux pieds de sa rivale!

La nouvelle de la destruction de l'armée n'arriva pas plus tôt en Afrique, que le peuple tomba dans le désespoir. Il voulut la paix à quelque prix que ce fût. On députa humblement vers Gélon, qui mérita sa victoire par la modération dont il en usa envers ses ennemis : il exigea seulement qu'ils payassent les frais de la campagne, qui ne s'élevoient pas au-dessus de deux mille talents [3].

Ainsi se termina pour les Carthaginois cette guerre si funeste à tous les alliés, qui eut encore cela de remarquable, qu'elle cessa peu à peu, telle que la guerre actuelle a déjà fini en partie, par les paix forcées et partielles des différents [4] coalisés. Depuis le traité entre l'Afrique et la Grèce, les deux pays

---

[1] Plut., *de Ger. Rep.*, pag. 799.

[2] Ramsay's *Revol. of Amer.*; d'Orléans, *Rév. d'Angl.*; Hume's *Hist. of Engl.*, etc., etc.

[3] Hérod., lib. vii; Diod., lib. xi.

10,800,000 liv. de notre monnoie, en les supposant talents attiques; et 12,600,000 liv., en les comptant sur la valeur du talent d'Orient, ce qui est plus probable. Si nous avions le déchet exact des talents carthaginois, que l'on fit refondre à Rome à la fin de la seconde guerre Punique, nous saurions au juste la vérité. (Voy. Liv., lib. xxxii, n° 2.)

[4] On verra ceci au tableau général de la guerre Médique.

vécurent long-temps en intelligence, et l'influence de la révolution républicaine du dernier, se trouvant arrêtée par les causes que j'ai ci-dessus assignées, se borna, quant à Carthage, au malheur passager que je viens de décrire [a].

[a] Le vice radical de tous ces parallèles, sans parler des bizarreries qu'ils produisent, est de supposer que la société, à l'époque de la révolution républicaine de la Grèce, étoit semblable à la société telle qu'elle existe aujourd'hui ; or, rien n'étoit plus différent.

Les hommes avoient peu ou point de relations entre eux ; les chemins manquoient, la mer étoit inconnue ; on voyageoit rarement et difficilement ; la presse, ce moyen extraordinaire d'échange et de communication d'idées, n'étoit point inventée ; chaque peuple, vivant isolé, ignoroit ce qui se passoit chez le peuple voisin. Comparer la chute des Pisistratides à Athènes (qui d'ailleurs n'étoient que des usurpateurs de l'autorité populaire) à la chute des Bourbons en France ; rechercher laborieusement quelle fut l'influence républicaine de la Grèce sur l'Égypte, sur Carthage, sur l'Ibérie, sur la Scythie, sur la Grande-Grèce, trouver des rapports entre cette influence et l'influence de notre révolution sur les divers gouvernements de l'Europe, c'est un complet oubli, ou plutôt une falsification manifeste de l'histoire. Il est très douteux que la Scythie, l'Égypte, et même Carthage, aient jamais entendu parler d'Hippias ; et si Carthage attaqua les colonies grecques à l'instigation du roi de Perse, on ne peut voir là qu'un de ces faits isolés, qu'un résultat de cette ambition particulière qui, dans tous les temps, a excité un peuple à profiter des divisions d'un autre peuple.

L'état de la société n'étoit point assez avancé chez les anciens pour que les idées politiques devinssent la cause d'un mouvement général. On vit quelques guerres religieuses, mais encore furent-elles rares et renfermées dans d'étroites limites. L'antiquité ne fit de grandes révolutions que par la conquête ; les Perses, les Grecs, les Romains n'étendirent leur empire que par les armes : c'étoit la force physique et non la force morale qui régnoit. Quand cette force fut passée, il resta des dominateurs, quelques monuments des arts, quelques lois civiles, quelques ordonnances municipales, quelques règles d'administration, mais pas une idée politique.

CHAPITRE XXXVII.

L'Ibérie.

Sur le bord opposé du détroit de Gades, qui séparoit les possessions africaines de Carthage de ses colonies européennes, on trouvoit l'Ibérie, pays sauvage et à peine connu des anciens, à l'époque dont nous retraçons l'histoire. Il étoit habité par plusieurs peuples, Celtes d'origine, dont les uns se distinguoient par leur courage et leur mépris de la mort [1] ; les autres, pleins d'innocence, passoient

> Rome étoit déjà formidable, elle étoit prête à étendre sa main sur l'Orient, que les Grecs connoissoient à peine son existence, qu'ils ignoroient et les révolutions et les lois du peuple qui alloit envahir leur patrie; et je prétendrois qu'une petite révolution domestique, advenúe dans la petite ville de bois de Thémistocle, lorsque l'antiquité tout entière étoit encore à demi barbare, je prétendrois que cette petite révolution communiqua son mouvement à l'univers connu !
>
> Dans les temps modernes même, le contre-coup des révolutions a été plus ou moins fort, selon le degré de civilisation à l'époque où ces révolutions ont éclaté. La catastrophe de Charles 1er ne put avoir sur l'Europe, par mille raisons faciles à déduire, l'influence qu'a dû exercer l'assassinat juridique de Louis XVI. En remontant plus haut, le pape qui, au milieu de la France barbare, vint mettre la couronne sur la tête d'un roi de la seconde race, ne fit pas un acte aussi décisif pour certains principes, que celui du pontife qui couronna Buonaparte au commencement du dix-neuvième siècle.
>
> Tout est donc faux dans les parallèles que j'ai prétendu établir. Il ne reste de ces rapprochements que quelques vérités de détails, indépendantes du fond et de la forme.   (N. Éd.)

[1] Strad., lib. III, p. 158; Liv., lib. XXVIII; Marian., Sil. Ital., lib. I.

pour les plus justes des hommes [1]. Malheureusement leurs fleuves rouloient un métal qui les décela à l'avarice. Les Tyriens, pour l'obtenir, trompèrent d'abord leur simplicité [2]. Les Carthaginois bientôt les asservirent, et les forçant à ouvrir les mines, les y plongèrent tout vivants [3]. Si ce livre traversoit les mers, s'il parvenoit jusqu'à l'Indien enseveli sous les montagnes du Potose, il apprendroit que ses cruels maîtres ont autrefois, comme lui, péri esclaves sous leur terre natale, qu'ils y ont fouillé ce même or pour une nation étrangère apportée chez eux par les flots. Cet Indien adoreroit en secret la Providence et reprendroit son hoyau moins pesant.

Au reste, il est probable que les troubles de la Grèce réagirent sur les malheureux habitants de l'Ibérie. Carthage, pour payer les frais de la guerre contre la Sicile, multiplia sans doute les sueurs de ses esclaves [4]. A chaque écu dépensé par le vice en Europe, les larmes de sang coulent dans les abîmes de la terre en Amérique. C'est ainsi que tout se lie, et qu'une révolution, comme le coup électrique, se fait sentir au même instant à toute la chaîne des peuples.

---

[1] La Bétique, dont Fénelon fait une peinture si touchante. Le tableau n'est pas entièrement d'imagination ; il est fondé sur la vérité de l'histoire. Je ne sais où j'ai lu que Mariana a omis quelque chose sur l'origine des nations ibériennes, dans sa traduction en langue vulgaire de son *Histoire latine* originale. Malheureusement je ne possède que l'édition espagnole de cet excellent ouvrage.

[2] Diod., lib. v, pag. 312.

[3] *Id.*, lib. iv, cap. cccxii; Polyb., lib. iii.

[4] L'Ibérie fournit aussi des soldats, ainsi que les Gaules et l'Italie, à Carthage, pour l'expédition contre Syracuse.

CHAPITRE XXXVIII.

Les Celtes.

Par-delà les Pyrénées habitoit un peuple nombreux, connu sous le nom de Celte, dont la puissance s'étendoit sur la Bretagne, les Gaules et la Germanie. Uni de mœurs et de langage, il ne lui manquoit que de se gouverner en unité, pour enchaîner le reste du monde.

Le tableau des nations barbares offre je ne sais quoi de romantique qui nous attire. Nous aimons qu'on nous retrace des usages différents des nôtres, surtout si les siècles y ont imprimé cette grandeur qui règne dans les choses antiques, comme ces colonnes qui paroissent plus belles lorsque la mousse des temps s'y est attachée. Plein d'une horreur religieuse, avec le Gaulois à la chevelure bouclée, aux larges bracca, à la tunique courte et serrée par la ceinture de cuir, on se plaît à assister dans un bois de vieux chênes, autour d'une grande pierre, aux mystères redoutables de Teutatès. La jeune fille, à l'air sauvage et aux yeux bleus, est auprès : ses pieds sont nus, une longue robe la dessine; le manteau de canevas se suspend à ses épaules; sa tête s'enveloppe du kerchef, dont les extrémités, ramenées autour de son sein et passant sous ses bras, flottent au loin derrière elle. Le Druide, sur le Cromleach, se tient au milieu, en blanc sagum, un couteau d'or à la main, portant au cou une chaîne et aux bras des bracelets de même métal : il brûle avec des mots magiques quelques feuilles du gui sacré, cueilli le sixième jour du mois, tandis que les Eubages préparent dans la claie d'osier la victime humaine, et que les Bardes, touchant foiblement leurs harpes, chantent à demi-voix dans l'éloignement Odin, Thor, Tuisco et Hela [1][a].

Le grand corps des Celtes se divisoit en une multitude de petits États, gouvernés par des Iarles, ou chefs militaires. La partie politique et civile étoit abandonnée aux Druides [2].

Cet ordre célèbre semble avoir existé de toute antiquité, et quelques auteurs même en ont fait la source d'où découlèrent les sectes sacerdotales de l'Orient [3]. Il se partageoit en trois branches : les Druides, dépositaires de la sagesse et de l'autorité; les Bardes, rémunérateurs des actions des héros, les Eubages, veillant à l'ordre des sacrifices [4]. Ces prêtres enseignoient l'immortalité de l'âme [5], la récompense des vertus, le châtiment des vices [6],

---

[1] Vid. Cæs., *de Bell. Gall.*; Tacit., *de Mor. Germ.*; Lucan.; Strab.; Henry's *Hist. of Engl.*; *View of the dress of the People of Engl.*; Puffend., *de Druid.*; Pelloutier, *Lettre sur les Celtes*; Ossian's *Poem*; les deux *Edda*.

[a] Voyez le livre des Gaules; et Velléda, dans les *Martyrs*; mais à quoi bon tout cela dans l'*Essai*? (N. Éd.)

[2] Cæs., *de Bell. Gall.*, lib. vi, cap. xiii; Tacit., *de Mor. Germ.*, cap. vii.
[3] Laert., lib. i.
[4] Diod. Sic., lib. v, pag. 308; Strab., lib. iv.
[5] Cæs., *de Bell. Gall.*, cap. xiv; Val. Max., lib. ii, cap. vi.
[6] Les deux *Edda*; Sæmundus, *Snorro*, trad. lat.

et un terme de la nature fixé pour un général bonheur[1]. Plusieurs nations ont cru dans ce dernier dogme, qui tire sa source de nos misères. L'espérance peut nous faire oublier nos maux, mais comme une liqueur enivrante qui nous tue.

Ce n'est pas ici le lieu de nous étendre sur les mœurs, les lumières, les coutumes des nations barbares, elles fourniront ailleurs un chapitre intéressant. A présent notre description formeroit un anachronisme, ce que nous savons d'elles étant postérieur au règne de Xerxès. Nous devons seulement montrer que les révolutions de la Grèce étendirent leur influence jusque sur ces peuples sauvages.

Une colonie phocéenne, pleine de l'amour de la liberté qu'elle ne pouvoit conserver sur les rivages de l'Asie, chercha l'indépendance sous un ciel plus propice, et fonda dans les Gaules[2] l'antique Marseille. Bientôt les lumières et le langage de ces étrangers se répandirent parmi les Druides[3]. Il seroit impossible de suivre dans l'obscurité de l'histoire les conséquences de ces innovations, mais elles durent être considérables; nous savons que souvent la moindre altération dans le costume d'un peuple suffit seule pour le dénaturer.

Sans recourir aux conjectures, l'établissement

---

[1] SÆMUNDUS, *Snorro*, trad. lat.; STRAB., lib. IV, pag. 302.
[2] L'an de Rome 165.
[3] STRAB., lib. IV, pag. 181.
L'auteur cité prétend que les Gaulois furent instruits dans les lettres par les Marseillois. Du temps de Jules César, les premiers se servoient des caractères grecs dans leurs écrits. (*Bell. Gall.*, lib. VI, cap. XIII.)

des Phocéens dans les Gaules devint une des causes secondaires de l'esclavage de ces derniers. Fidèles alliés des Romains, les Marseillois ouvroient une porte aux armées des Césars, et une retraite assurée en cas de revers [1]. Leur connoissance du pays, leur courage, leurs lumières, tout tournoit au désavantage des peuples Galliques [2]. C'est ainsi que les hommes sont ordonnés les uns aux autres. Les fils de leurs destinées viennent aboutir dans la main de Dieu; l'un ne sauroit être tiré sans que tous les autres soient mus. Je finirai cet article par une remarque.

Les Marseillois, différents d'origine des autres peuples de la France, ont aussi un caractère à eux. Ils semblent avoir conservé le génie factieux de leurs fondateurs, leur courage bouillant et éphémère, leur enthousiasme de liberté. On nie maintenant le pouvoir du sang, parce que les principes du jour s'y opposent; mais il est certain que les races d'hommes se perpétuent comme les races d'animaux [a]. C'est pourquoi les anciens législateurs vouloient qu'on n'élevât que les enfants forts et robustes, comme on prend soin de ne nourrir que des coursiers belliqueux.

---

[1] Liv., lib. xxi.

[2] Comme au passage d'Annibal dans les Gaules. (Voyez TITE-LIVE, à l'endroit cité.) L'attachement de la république de Marseille pour les Romains, les différents services qu'elle leur rendit, tout cela est trop connu pour exiger plus de détails. (Voy. LIV., CÆS., POLYB., etc.)

[a] Cela est vrai; mais aussi ces races s'appauvrissent, s'usent, et dégénèrent comme les races d'animaux. (N. ÉD.)

CHAPITRE XXXIX.

L'Italie.

L'Italie, à l'époque de la révolution républicaine en Grèce, étoit ainsi que de nos jours divisée en plusieurs petits États à peu près semblables de mœurs et de langage. Nous les considérerons à la fois, pour éviter les détails inutiles.

La constitution monarchique régnoit généralement chez tous ces peuples [1].

Leur religion ressembloit à celle des Grecs; ils y ajoutèrent l'art des augures [2].

Leurs costumes n'étoient pas sans luxe, leurs usages sans corruption [3]; l'un et l'autre y avoient été introduits par les cités de la Grande-Grèce.

Déjà ces nations comptoient quelques philosophes :

Tagès, le plus ancien d'entre eux, fut un imposteur, ou un insensé, qui inventa la science des présages [4].

Un autre auteur inconnu écrivit sur le système de la nature. Il disoit que le monde visible mit

---

[1] Liv., lib. I, n° 15; Vellei, lib. v, n° 1; Paterc., lib. I, c. IX; Macch., *Istor. Fior.*, lib. II; Denina, *Istor. del. Ital.*

[2] Ovid., *Metam.*; lib. xv, v. 558.

[3] Au siècle le plus vertueux de Rome, le fils du grand Cincinnatus fut accusé de fréquenter le quartier des courtisanes. On connoît le luxe du dernier Tarquin. (Voy. Tite-Live.)

[4] Ovid., *loc. cit.*

soixante siècles à éclore avant d'être habité, qu'il en dureroit encore soixante avant de se dissoudre, fixant à douze mille ans la période complète de son existence [1].

En politique, Romulus et Numa avoient brillé. Plutarque a comparé celui-là à Thésée, et celui-ci à Lycurgue [2]. Le premier parallèle est aussi heureux que le second semble intolérable. Qu'avoient de commun les lois théocratiques du roi de Rome avec les institutions sublimes du législateur de Sparte [3,a]? Plusieurs philosophes se sont enthousiasmés de Numa sur la seule idée qu'il étudia sous Pythagore. La chronologie a prouvé un intervalle de plus d'un siècle entre l'existence de ces deux sages. Que devient le mérite du premier? Il y a beaucoup d'hommes qu'on cesseroit d'estimer, si on pouvoit ainsi relever toutes les erreurs de compte.

---

[1] SUID.; *verb. Tyrrhen.*, pag. 519.
A la longueur des périodes près, ce système rappelle celui de Buffon. (Voy. *Théor. de la Terre.*)

[2] *In Vit. Romul., Thes.*, etc.

[3] La preuve du vice de ces lois c'est qu'elles furent renversées cent années après, et que le sénat, dans la suite, fit brûler les livres de Numa retrouvés dans son tombeau.

[a] J'ai considérablement rabattu de mon admiration pour les lois de Lycurgue : tout ce qui blesse les lois naturelles a quelque chose de faux. Quant à Numa, mon philosophisme ne me permettoit pas alors de le traiter mieux. (N. ÉD.)

CHAPITRE XL.

Influence de la Révolution grecque sur Rome.

A l'époque de l'établissement des républiques en Grèce, une grande révolution s'étoit pareillement opérée en Italie. L'année qui vit bannir le tyran de l'Attique vit aussi tomber celui du Latium[1]. Que si l'on considère les conséquences de ces deux événements, cette année passera pour la plus fameuse de l'histoire.

La réaction du renversement de la monarchie à Athènes fut vivement sentie à Rome. Brutus avoit été envoyé par Tarquin vers l'oracle de Delphes à l'époque de la chute d'Hippias[2]. Je ne puis croire que le cœur du patriote ne battît pas avec plus d'énergie lorsqu'en sortant de son pays esclave, il mit le pied sur cette terre d'indépendance. Le spectacle d'un peuple en fermentation et prêt à briser ses fers dut porter la flamme dans le sang du magnanime étranger. Peut-être au récit de la mort

---

[1] PLIN., lib. xxxiv, cap. iv.

[2] Tite-Live, qui rapporte ce voyage, n'en marque pas la durée; mais il dit que Brutus trouva à son retour les Romains se préparant à aller assiéger Ardée. Or, Tarquin fut chassé de Rome dans les premiers mois de cette entreprise. Hippias ayant quitté l'Attique l'année même de la mort de Lucrèce, il résulte que Brutus avoit fait le voyage de Delphes entre l'assassinat d'Hipparque et la retraite d'Hippias, c'est-à-dire entre la soixante-sixième et la soixante-septième olympiade[*].

[*] Je n'ai vu cette observation nulle part : elle valoit la peine d'être faite ; ses développements seroient féconds.   (N. ÉD.)

d'Harmodius, racontée par quelque prêtre du temple, le front rougissant de Brutus dévoila-t-il toute la gloire future de Rome. Il retourna au bord du Tibre, non vainement inspiré de cet esprit qui agite une foible Pythie, mais plein de ce dieu qui donne la liberté aux empires, et ne se révèle qu'aux grands hommes [a].

Rome dans la suite eut encore recours à la Grèce, et les Athéniens devinrent les législateurs du premier peuple de la terre [1]. Ceci tient à l'influence éloignée de la révolution dont je parlerai ailleurs.

Mais la politique verbeuse de l'Attique, qui entroit en Italie par le canal de la Grande-Grèce, trouva une barrière insurmontable dans l'heureuse ignorance des peuples de l'intérieur. Le citoyen, accoutumé aux exercices du champ de Mars, à l'obéissance des lois et à la crainte des dieux [2]; n'alloit point dans des écoles de démagogie apprendre à vociférer sur les droits de l'homme et à bouleverser son pays. Les magistrats veilloient à ce que ces lumières inutiles ne corrompissent pas la jeunesse. Rome enfin opposa à la Grèce, république à république, liberté à liberté, et se défendit des vertus étrangères avec ses propres vertus [b].

---

[a] Ces sentiments prouvent que ce n'est pas l'esprit d'opposition qui les fait manifester aujourd'hui. (N. Éd.)

[1] Liv., lib. III, cap. xxxi.
[2] Plut., in F. Cam., in Num., lib. I.

[b] Je distinguois partout, comme je fais encore aujourd'hui, l'esprit démagogique de l'esprit de liberté, les fausses lumières de la lumière véritable. (N. Éd.)

Que si l'on s'étonne de ceci : je n'ai pas dit *vertu*, mais *vertus*, choses totalement différentes, et que nous confondons sans cesse. La première est immuable, de tous les temps, de toutes les choses, les secondes sont locales, conventionnelles, vices ici, vertus ailleurs. Distinction peu juste, répliquera-t-on, puisqu'alors vous faites de la vertu un sentiment inné, et que cependant les enfants semblent n'en avoir aucune. Et pourquoi demander du cœur ses fonctions les plus sublimes, lorsque le merveilleux ouvrage est entre les mains de l'ouvrier ?

Qu'on ne dise pas qu'il soit futile de s'attacher à montrer le peu d'influence que l'établissement des gouvernements populaires, parmi les Grecs, dut avoir à Rome, objectant que celle-ci étant républicaine, des républiques ne pouvoient agir sur elle. La France n'a-t-elle pas détruit Genève et la Hollande, ébranlé Gênes, Venise et la Suisse ? N'a-t-elle pas été sur le point de bouleverser l'Amérique même ? Sans vous, grand homme[a], qui avez daigné me recevoir, et dont j'ai visité la demeure avec le respect qu'on porte dans un temple, que seroit devenu tout votre beau pays ?

---

[a] Washington. La révolution françoise, sans la fermeté de Washington, auroit détruit le Pacte fédéral. (N. Éd.)

CHAPITRE XLI.

La Grande-Grèce.

Sur les côtes de l'Italie, les Athéniens, les Achéens, les Lacédémoniens, à différentes époques, avoient fondé plusieurs colonies, et c'est ce qu'on appeloit *la Grande-Grèce*. Entre ces cités, Sybaris, Crotone, Tarente, devinrent bientôt célèbres par leurs dissensions politiques, leurs mauvaises mœurs et leurs lumières. De même que les peuples dont elles tiroient leur origine elles chérissoient la liberté, qu'elles ne savoient retenir. Tour à tour républiques, ou soumises à des tyrans, elles passoient, par un cercle de révolutions continuelles, de la licence la plus effrénée au plus honteux esclavage[1].

Vers le temps de la révolution des Pisistratides à Athènes, Pythagore de Samos, après de longs voyages, s'étoit enfin fixé à Crotone. Ce philosophe, un des plus beaux génies de l'antiquité, et le fondateur de la secte qui porte son nom, avoit puisé ses lumières parmi les prêtres de l'Égypte, de la Perse et des Indes[2]. Ses notions de la Divinité étoient sublimes : il regardoit Dieu comme une unité, d'où le sujet qu'il employa pour création s'étoit écoulé[3]. De son action sur ce sujet sortit ensuite l'univers[4].

---

[1] STRAB., lib. VI; DIOD., lib. XII; VAL. MAX., lib. VIII, cap. VII.
[2] JAMBLIC., *in Vit. Pyth.* [3] LAERT., *in Pythag.*, lib. VIII.
[4] STOB., *Ecl. Phys.*, lib. I, cap. XXV.

De ceci, il résultoit : que tout émanant de Dieu, tout en formoit nécessairement partie ; et cette doctrine tomboit ainsi dans les absurdités du spinosisme [1] ; avec cette différence, que Pythagore admettoit le principe comme esprit, Spinosa comme matière [a].

Le dogme de la transmigration des âmes, que le sage Samien emprunta des brachmanes et des gymnosophistes de l'Orient [2], est trop connu pour m'y arrêter. Quelque absurde qu'il nous paroisse cependant, puisqu'il est impossible de concevoir comment la mémoire, qui n'est qu'une image déposée par les sens, peut appartenir à l'esprit dégagé des premiers, on ne sauroit pas plus nier ce système que mille autres. Outre que la métempsycose réelle des corps le favorise, il donne en même temps la solution des difficultés concernant une autre vie [b], l'univers n'étant plus qu'un grand tout éternel, où rien ne s'anéantit, ni ne se crée. Ainsi la doctrine de Pythagore formoit un cercle ramenant de nécessité au même point ; car des principes de la

---

[1] *Legat. pro Christ.*

[a] J'avois un grand penchant à l'étude de cette métaphysique religieuse : on peut s'en convaincre par les preuves métaphysiques de l'existence de Dieu placées dans les notes du *Génie du Christianisme.* (N. Éd.)

[2] Cependant il n'est pas certain que Pythagore ait parcouru la Perse et les Indes. Cette opinion n'ayant été soutenue que par des écrivains d'un siècle très postérieur à celui du philosophe samien. Jamblicus est rempli de fables.

[b] Il faut sous-entendre *pour les Pythagoriciens*, car il est clair que je n'adopte pas ce système. (N. Éd.)

transmigration, on se retrouvoit à l'idée primitive que ce philosophe avoit du τὸν ὄν, ou *ce qui est*.

Si Pythagore s'étoit contenté de sonder l'abîme de la tombe, il auroit peu mérité la reconnoissance des hommes; mais il s'occupa d'autres études plus utiles à la société. Son système de la nature étoit celui des *Harmonies*[1] développé de nos jours par Bernardin de Saint-Pierre, qui a revêtu du style le plus enchanteur la morale la plus pure[2].

Le sage Samien, de même que l'ami de Jean-Jacques, représentoit l'univers comme un grand corps parfait dans sa symétrie, mû d'après des lois musicales et éternelles[3]. Des nombres harmoniques, dont le plus parfait étoit le quatre, selon Pythagore[4], et le cinq, d'après Saint-Pierre[5], formoient dans les choses une arithmétique mystérieuse, d'où découloient les secrets et les grâces de

---

[1] JAMBL., *Vit. Pyth.*, cap. XIV; LAERT., *in Pyth.*, lib. VIII.

Selon le dernier auteur cité, Pythagore disoit que la vertu, la santé, Dieu même, et tout l'univers, n'étoient que des harmonies.

[2] Le génie mathématique de M. de Saint-Pierre offre encore d'autres ressemblances avec celui de Pythagore. La théorie des marées, par la fonte des glaces polaires, est une opinion, sinon une vérité prouvée, qui mérite la plus grande attention des savants et de tout amant de la philosophie de la nature *.

* Cette opinion ne mérite point l'attention des savants; si toutes les lois astronomiques et physiques ne détruisoient pas cette opinion, les derniers voyages du capitaine Parry dans les mers polaires suffiroient pour renverser la théorie des marées par la fonte des glaces. On peut se consoler de s'être trompé quelquefois quand on a fait *Paul et Virginie*. (N. ÉD.)

[3] JAMBL., *Vit. Pyth.*; *Études de la Nature*.
[4] HIEROCL., *in Aur. Carm.*; *Aur. Carm.*; *ap. Poet. Minor. Græc.*
[5] *Études de la Nature*, tom. I-II.

la nature ¹. L'éther étoit plein de la mélodie des sphères roulantes ², et des dieux bienfaisants daignoient quelquefois se communiquer aux mortels dans leurs songes ³.

Le sage de la Grande-Grèce voulut joindre à la gloire du physicien la gloire plus dangereuse du législateur. Ainsi que celle de Bernardin, sa politique étoit douce et religieuse. Il ne recommandoit pas tant la forme du gouvernement que la simplicité du cœur ⁴, sûr qu'une bonne constitution découle toujours des mœurs pures. Avec une barbe vénérable descendant à sa ceinture, une couronne d'or dans ses cheveux blancs, une longue robe de lin d'Égypte, le vieillard Pythagore, délivrant au son des instruments ⁵, la plus aimable des morales aux peuples assemblés, offre un tout autre tableau que celui des législateurs de notre âge. Les succès du sage furent d'abord prodigieux. Une révolution générale s'opéra dans Crotone; mais bientôt fatigués de leurs réformes, les citoyens dont il censuroit la vie l'accusèrent de conspirer contre l'État, ou plutôt contre leurs vices⁶. Ils brûlèrent vivants ses disciples dans leur collége, et le forcèrent lui-

---

1 *Études de la Nature*, tom. I-II.

2 JAMBL., *Vit. Pyth.*, cap. XIV.

3 LAERT., *ib.*, lib. VIII; *Paul et Virginie*.

Ce que Pythagore disoit de l'homme, qu'il est un microcosme ou un abrégé de l'univers, est sublime.

4 LAERT., *in Pyth.*, lib. VIII.

5 LAERT., *ib.*; JAMBL., cap. XXI, n° 100; AELIAN., lib. XII, cap. XXXII; PORPHYR.

6 PORPHYR., n° 20; JAMBL., cap. XXXI, n° 214.

même à s'enfuir dans les bois, où il fit une fin malheureuse[1].

Les savants doutent que Pythagore ait laissé quelques ouvrages. Je vais donner au lecteur les *Vers dorés* qu'on lui attribue[2], ou du moins qui renferment sa doctrine. Ils sont au nombre de soixante-douze. Voici les plus remarquables :

Honore les dieux immortels tels qu'ils sont établis ou ordonnés par la loi. Respecte le serment avec toute sorte de religion. Il faut mourir, c'est le décret de ta destinée. La puissance habite auprès de la nécessité. Les gens de bien n'ont pas la plus grande part des souffrances. Les hommes raisonnent bien, les hommes raisonnent mal ; n'admire les uns, ni ne méprise les autres. Ne te laisse jamais éblouir. Fais au présent ce qui ne t'affligera pas au passé. Commence le jour par la prière, tu connoîtras alors la constitution de Dieu et des hommes, la chaîne des êtres, ce qui les contient, ce qui les lie ; tu connoîtras, selon la justice, que l'univers est le même dans tous les lieux ; tu n'es-

---

[1] La mort de Pythagore est diversement racontée. Diogène Laërce seul rapporte quatre opinions différentes.

[2] Quelques-uns les croient d'Empédocle. Tandis que je préparois ceci pour la presse, M. Peltier m'a fait le plaisir de me communiquer un livre qui m'auroit épargné bien du travail si j'en avois connu plus tôt l'existence. Ce sont les *Soirées littéraires*, qui s'étendent depuis le mois d'octobre 1795 jusqu'au mois de juin ou juillet 1796. Les traductions élégantes qu'on y trouve eussent servi d'ornement à ces Essais, en même temps qu'elles m'eussent sauvé la fatigue de traduire moi-même. Ceci n'est qu'un des plus petits inconvénients où l'on tombe à écrire loin des capitales et dans un pays étranger. Si dans les morceaux que mon sujet m'a forcé de choisir j'ai quelquefois donné à mes versions un sens autre que celui adopté par les auteurs des *Soirées littéraires*, sans doute la faute est de mon côté. D'ailleurs on sent que je n'ai pas dû travailler sur le même plan, ni sur une échelle aussi développée.

péreras point alors ce qui n'est point, car tu sauras ce qui est; tu sauras que nos maux sont volontaires; que nous ignorons que le bonheur soit près de nous; qu'un bien petit nombre sait se délivrer de ses peines; que nous roulons au gré du sort comme des cylindres mus par la discorde [1].

Si l'on médite attentivement les *Vers dorés,* l'on trouvera qu'ils renferment tous les principes des vérités morales, souvent enveloppés d'un voile de mystère qui leur prête un nouvel attrait. On trouve dans Bernardin de Saint-Pierre une multitude de pensées vraies, de réflexions attendrissantes toujours revêtues du langage du cœur.

La mort est un bien pour tous les hommes; elle est la nuit de ce jour inquiet qu'on appelle la vie. Le meilleur des livres, qui ne prêche que l'égalité, l'amitié, l'humanité et la concorde, l'Évangile, a servi pendant des siècles de prétexte aux fureurs des Européens...... Après cela, qui se flattera d'être utile aux hommes par un livre ? Qui voudroit vivre s'il connoissoit l'avenir ? un seul malheur prévu nous donne tant de vaines inquiétudes! *La solitude est si* nécessaire au bonheur dans le monde même, qu'il me paroît impossible d'y goûter un plaisir durable de quelque sentiment que ce soit, ou de régler sa conduite sur quelque principe stable, si l'on ne se fait une solitude intérieure, d'où notre opinion sorte bien rarement, et où celle d'autrui n'entre jamais. Dans cette île, située sur la route des Indes... quel Européen voudroit vivre heureux, mais pauvre et ignoré? Les hommes ne veulent connoître

---

[1] *Poet. Minor. Græc.*

que l'histoire des grands et des rois, qui ne sert à personne. Il n'y a jamais qu'un côté agréable à connoître dans la vie humaine : semblable au globe sur lequel nous tournons, notre révolution rapide n'est que d'un jour, et une partie de ce jour ne peut recevoir la lumière que l'autre ne soit livrée aux ténèbres. La vie de l'homme, avec tous ses projets, s'élève comme une petite tour, dont la mort est le couronnement. Il y a des maux si terribles et si peu mérités, que l'espérance même du sage en est ébranlée. La patience est le courage de la vertu. C'est un instinct commun à tous les êtres sensibles et souffrants de se réfugier dans les lieux les plus sauvages et les plus déserts, comme si des rochers étoient des remparts contre l'infortune, et comme si le calme de la nature pouvoit apaiser les troubles malheureux de l'âme [1].

CHAPITRE XLII.

Suite.

Zaleucus. Charondas.

Pythagore fut suivi de deux autres législateurs, Zaleucus et Charondas, qui brillèrent dans la Grande-Grèce, au moment de la gloire de la mère-patrie [2].

[1] *Paul et Virginie.*
[2] Il y a ici un schisme entre les chronologistes. Plusieurs rejettent Charondas à deux siècles avant l'époque où je le place, et je crois même avec raison. Cependant les difficultés étant très grandes, et des historiens célèbres ayant adopté l'ère que j'assigne, je me suis cru autorisé à la suivre.

Charondas s'appliqua moins à la politique qu'à la réforme de la morale : car telles mœurs, tel gouvernement. Voici ses principes :

« Frappez le calomniateur de verges. Livrez le méchant à son propre cœur dans une profonde solitude : que quiconque se lie d'amitié avec lui soit puni. Que le novateur, proposant un changement dans les lois antiques, se présente la corde au cou, afin d'être étranglé si son statut est rejeté[1]. »

Zaleucus fondoit sa législation sur le principe du théisme : « Dieu, excellent, demande des âmes pures, charitables et aimant les hommes[2]. » Les lois somptuaires de ce philosophe montrent son peu de connoissance de l'humanité. Il crut bannir le luxe et dévoiler la corruption, en laissant aux gens de mauvaises mœurs l'usage exclusif des riches parures[3]. Il ne vit pas qu'il n'en coûtoit au citoyen diffamé qu'un masque de plus, l'hypocrisie, pour paroître honnête homme. Ce n'étoit pas la peine de lui laisser ses vices, et d'en faire de plus un comédien.

---

[1] Strab., lib. xiv; *Charond. ap.* Stob., *Serm.* 42.
[2] Stob., *Serm.* 42.   [3] Diod., lib. xii.

CHAPITRE XLIII.

Influence de la Révolution d'Athènes sur la Grande-Grèce.

L'influence de la révolution de la Grèce sur ses colonies d'Italie fut considérable et dans un sens excellent. Crotone et Sybaris, au moment du renversement de la monarchie à Athènes, étoient, de même que les colonies actuelles de la France, plongées dans les horreurs des guerres civiles [1], et ravagées par des brigands [2]. C'est une chose remarquable, que les rameaux d'un état surpassent bientôt le tronc paternel en luxe et en beauté vicieuse. Des hommes laissés sur une côte déserte se croient tout à coup délivrés du frein des lois; et, loin de l'œil du magistrat, s'abandonnent aux désordres de la société, sans avoir les vertus de la nature. La fertilité d'un sol nouveau les élève bientôt à la prospérité : et de ces deux causes combinées résulte ce mélange de richesses et de mauvaises mœurs, qu'on trouve dans les colonies.

Quoi qu'il en soit, la révolution républicaine de France a précipité la destruction des îles de l'Amérique, tandis que l'établissement du gouvernement populaire à Athènes retarda au contraire celle des villes grecques d'Italie. Athènes, plaignant le sort

---

[1] Strab., lib. xiv ; Diod., lib. xii.

[2] C'est ce qui se prouve par la mort de Charondas. On sait qu'il se perça de son épée, pour être entré en armes, contre ses propres lois, dans l'assemblée du peuple, en revenant de poursuivre des brigands.

de ces malheureuses cités, fit partir une nouvelle association de ses citoyens qui rétablit le calme et bâtit une ville[1] à laquelle Charondas donna des lois[2]. Mais ces réformes ne furent que passagères. La corruption avoit jeté des racines trop profondes, pour être désormais extirpée, et la maladie du corps politique ne pouvoit finir que par sa mort.

CHAPITRE XLIV.

La Sicile.

A l'extrémité de la Grande-Grèce se trouve l'île de Sicile[3], où l'on comptoit déjà plusieurs villes célèbres. Nous ne nous arrêterons qu'à Syracuse, qui occupe une place si considérable dans l'histoire des hommes.

Archias, Corinthien, avoit jeté les fondements de cette colonie, vers la quatrième année de la dix-septième Olympiade[4]. Depuis cette époque, jusqu'aux beaux jours de la liberté en Grèce, on ignore presque sa destinée. Si l'obscurité fait le bonheur, Syracuse fut heureuse.

Il lui en coûta cher pour ces instants de calme : on ne jouit point impunément de la félicité; ce n'est qu'une avance que la nature vous a faite sur la

---

[1] Turium. [2] Strab., lib. xiv.

[3] Elle porta tour à tour le nom de *Trinacrie*, *Sicanie* et *Sicile*, et avant tout celui de *pays des Lestrigons*. (Voy. Hom. et Virg.)

[4] Dionys. Halicarn., *Antiq. Rom.*, lib. ii, pag. 128.

petite somme des joies humaines. On n'est heureux que par exception et par injustice; si vous avez eu beaucoup de prospérités, d'autres ont dû beaucoup souffrir, parce que, la quantité des biens étant mesurée, il a fallu prendre sur eux pour vous donner; mais tôt ou tard vous serez tenu à rembourser à gros intérêts : quiconque a été très fortuné, doit s'attendre à de très grands revers. De ceci les Syracusains sont un exemple. Depuis le moment de l'invasion de Xerxès en Grèce, jamais peuple n'offrit un plus étonnant spectacle; une révolution étrange et continuelle commença son cours, et ne finit qu'à la prise de la métropole par les Romains. Ce fut une chose commune que de voir les rois tombés du faîte des grandeurs au plus bas degré de fortune : monarques aujourd'hui, pédagogues demain. N'anticipons pas ce grand sujet.

La forme du gouvernement en Sicile avoit été républicaine jusque vers le temps de la chute des Pisistratides à Athènes. Les mœurs, la politique, la religion, étoient celles de la mère-patrie. Un historien, nommé *Antiochus*, plusieurs sophistes, quelques poëtes [1], avoient déjà paru. Bientôt cette île célèbre devint le rendez-vous des beaux-esprits de la Grèce. Ils y accoururent de toutes parts, alléchés par l'or des tyrans qui s'amusoient de leur bavardage politique et de leurs dissensions littéraires [2].

---

[1] Stésichore, Parmenide, etc.

[2] Pindare appeloit, à la cour d'Hiéron, ses rivaux Simonide et Bacchylide, des corbeaux croassants, et ceux-ci le rendoient en aussi bonne plaisanterie au lyrique. D'une autre part, le poëte Simonide débitoit gravement des maxi-

CHAPITRE XLV.

Suite.

Que la réaction du renversement de la monarchie en Grèce fut grande, prompte et durable sur la Sicile, c'est ce que nous avons déjà entrevu ailleurs [1]. Syracuse, par le contre-coup de la chute d'Hippias, se vit attaquée des Carthaginois. Elle obtint la victoire en même temps qu'elle se forgea des chaînes. Les Syracusains, par reconnoissance, élevèrent Gélon, leur général, à la royauté [2]. Ainsi, au gré de ces chances, mères des vertus et des vices, de la réputation et de l'obscurité, du bonheur et de l'infortune, la même révolution qui donna la liberté à la Grèce produisit l'esclavage en Sicile [a].

---

mes politiques au tyran cacochyme et de mauvaise humeur, qui, sans doute, se rappeloit que le flatteur d'Hipparque avoit aussi élevé les assassins de ce même prince aux nues. Pindare, de son côté, harassoit les muses pour célébrer les chevaux d'Hiéron, etc. Quand donc est-ce que les gens de lettres sauront se tenir dans la dignité qui convient à leur caractère ? quand ne chanteront-ils que la vertu ? quand cesseront-ils d'encenser les tyrans, de quelque nom que ceux-ci se revêtissent ? (Vid. AElian., lib. iv, c. xvi; Cic., lib. i, *de Nat. Deor.*, 60 ; Pind., *Nem.* 3, etc.)

[1] A l'article *Carthage*.   [2] Plut., *in Timol.*

[a] Je ne fais plus de notes sur ces rapprochements, parce que j'en ai assez prouvé ailleurs la futilité. J'en dis autant de mes aberrations philosophiques, je reviens, dans le paragraphe ci-dessus, aux chances de l'aveugle fortune ; quelques lignes après, je rentrerai dans les convictions intellectuelles. Rien ne montre mieux ma bonne foi : je n'étois fixé sur rien en morale et en religion. Plongé dans les ténèbres, je cherchois la lumière que mon esprit et mon instinct me reproduisoient par intervalles. (N. Éd.)

Un sujet plus aimable nous appelle. Il est doux de ramener ses yeux, fatigués du spectacle des vices, sur les scènes tranquilles de l'innocence. En traversant la mer Adriatique, nous allons chercher au bord de l'Ister[1] les vertus que nous n'avons pas su trouver sur les rivages de l'Italie. On peut s'arrêter quelques instants avec une sorte d'intérêt dans une société corrompue, mais le cœur ne s'épanouit qu'au milieu des hommes justes.

CHAPITRE XLVI.

Les trois Ages de la Scythie et de la Suisse[2]. Premier Age : La Scythie heureuse et sauvage.

Les heureux Scythes, que les Grecs appeloient *Barbares*, habitoient ces régions septentrionales qui s'étendent à l'est de l'Europe et à l'ouest de l'Asie. Un roi, ou plutôt un père, guidoit la peuplade errante. Ses enfants le suivoient plutôt par amour que par devoir. N'ayant que leur simplicité pour justice, pour lois que leurs bonnes mœurs, ils trouvoient en lui un arbitre pendant la paix, et un chef durant la guerre[3]. Et qu'auroient gagné les monarques voisins à attaquer une nation qui

---

[1] Le Danube.

[2] Je vais présenter au lecteur l'âge sauvage, pastoral-agricole, philosophique et corrompu, et lui donner ainsi, sans sortir du sujet, l'index de toutes les sociétés, et le tableau raccourci, mais complet, de l'histoire de l'homme.

[3] Just., lib. xi, cap. ii; Herod., lib. iv; Strab., lib. vii; Arrian., lib. iv.

méprisoit l'or et la vie[1]? Darius fut assez insensé pour le faire. Il reçut de ses ennemis le symbole énergique, présage de sa ruine[2]. Il les envoya défier au combat par une vaine forfanterie : — « Viens attaquer les tombeaux de nos pères, » lui répondirent ces hommes pauvres et vertueux[3]. C'eût été une digne proie pour un tyran.

Libre comme l'oiseau de ses déserts, le Scythe, reposé à l'ombrage de la vallée, voyoit se jouer autour de lui sa jeune famille et ses nombreux troupeaux. Le miel des rochers, le lait de ses chèvres, suffisoient aux nécessités de sa vie[4]; l'amitié aux besoins de son cœur[5]. Lorsque les collines prochaines avoient donné toutes leurs herbes à ses brebis, monté sur son chariot couvert de peaux, avec son épouse et ses enfants, il émigroit à travers les bois[6] au rivage de quelque fleuve ignoré, où la fraîcheur des gazons et la beauté des solitudes l'invitoient à se fixer de nouveau.

Quelle félicité devoit goûter ce peuple aimé du ciel! A l'homme primitif sont réservées mille délices. Le dôme des forêts, le vallon écarté qui remplit l'âme de silence et de méditation, la mer se brisant au soir sur des grèves lointaines, les derniers rayons du soleil couchant sur la cime des rochers, tout est pour lui spectacle et jouissance.

---

[1] Just., *ib.* [2] Herod., lib. iv, cap. cxxxii.
Une souris, une grenouille et cinq flèches.
[3] Herod., lib. iv, cap. cxxvi-cxxvii.
[4] Just., lib. ii, cap. ii.   [5] Lucian., *in Toxari*, pag. 51.
[6] Horat., lib. iii, Od. xxiv.

Ainsi je l'ai vu sous les érables de l'Érie [1], ce favori de la nature [2] qui sent beaucoup et pense peu, qui n'a d'autre raison que ses besoins, et qui arrive au résultat de la philosophie, comme l'enfant, entre les jeux et le sommeil. Assis insouciant, les jambes croisées à la porte de sa hutte, il laisse s'écouler ses jours sans les compter. L'arrivée des oiseaux passagers de l'automne, qui s'abattent à l'entrée de la nuit sur le lac, ne lui annonce point la fuite des années, et la chute des feuilles de la forêt ne l'avertit que du retour des frimas. Heureux jusqu'au fond de l'âme, on ne découvre point sur le front de l'Indien, comme sur le nôtre, une expression inquiète et agitée. Il porte seulement avec lui cette légère affection de mélancolie qui s'engendre de l'excès du bonheur, et qui n'est peut-être que le pressentiment de son incertitude. Quelquefois, par cet instinct de tristesse particulier à son cœur, vous le surprendrez plongé dans la rêverie, les yeux attachés sur le courant d'une onde, sur une touffe de gazon agitée par le vent, ou sur les nuages qui volent fugitifs par-dessus sa tête, et qu'on a comparés quelque part aux illusions de la vie : au sortir de ces absences de lui-même, je l'ai souvent observé jetant un regard attendri et reconnoissant vers le ciel, comme s'il eût cherché ce je ne sais

---

[1] Un des grands lacs du Canada.

[2] Je supplée ici par la peinture du sauvage mental [*] de l'Amérique ce qui manque dans Justin, Hérodote, Strabon, Horace, etc., à l'histoire des Scythes. Les peuples naturels, à quelques différences près, se ressemblent; qui en a vu un a vu tous les autres.

[*] Qu'est-ce que cela veut dire? (N. Éd.)

quoi inconnu qui prend pitié du pauvre Sauvage.

Bons Scythes, que n'existâtes-vous de nos jours! J'aurois été chercher parmi vous un abri contre la tempête. Loin des querelles insensées des hommes, ma vie se fût écoulée dans tout le calme de vos déserts; et mes cendres, peut-être honorées de vos larmes, eussent trouvé sous vos ombrages solitaires le paisible tombeau que leur refusera la terre de la patrie[a].

CHAPITRE XLVII.

Suite du premier Age. La Suisse pauvre et vertueuse.

Le voyageur qui, pour la première fois, entre sur le territoire des Suisses, gravit péniblement quelque montée creuse et obscure. Tout à coup, au détour d'un bois, s'ouvre devant lui un vaste bassin illuminé par le soleil. Les cônes blancs des Alpes, couverts de neige, percent à l'horizon l'azur du ciel. Les fleuves et les torrents descendent de la cime des monts glacés, des plantes saxatiles pendent échevelées du front des grands blocs de granit, des chamois sautent une cataracte, de vieux hêtres sur la corniche d'une roche se groupent dans les airs, des capillaires lèchent les flancs d'un marbre éboulé, des forêts de pins s'élancent du

---

[a] Ce chapitre est presque tout entier dans *René*, dans *Atala* et dans quelques paragraphes du *Génie du Christianisme*. (N. Éd.)

fond des abîmes, et la cabane du Suisse agricole et guerrier se montre entre des aulnes dans la vallée.

Lorsque les mœurs d'un peuple s'allient avec le paysage qu'il vivifie, alors nos jouissances redoublent. L'ancien laboureur de l'Helvétie auprès de ses plantes alpines, d'autant plus robustes qu'elles sont plus battues des vents, végéta vigoureusement sur ses montagnes, toujours plus libre en proportion des efforts des tyrans pour courber sa tête. Adorer Dieu, défendre la patrie, cultiver son champ, chérir et l'épouse et les enfants que le ciel lui a donnés, telle étoit la profession religieuse et morale du Suisse [1]. Ignorant le prix de l'or [2], de même que le Scythe, il ne connoissoit que celui de l'indépendance. S'il paroissoit quelquefois au milieu des cours, c'étoit dans le costume simple et naïf du villageois, et avec toute la franchise de l'homme sans maître [3]. « Et j'en ay veu, dit Philippe de

---

[1] *De Repub. Helvetior.*, lib. I, pag. 50-58, etc.

[2] Après avoir fait le récit de la bataille où Charles-le-Téméraire, duc de Bourgogne, fut tué par les Suisses, Philippe de Comines ajoute : « Les dépouilles de son host enrichirent fort ces pauvres gens de Suisses, qui, de prime face, ne connurent les biens qu'ils eurent en leur main, et par espécial les plus ignorants. Un des plus beaux et riches pavillons du monde fut départi en plusieurs pièces. Il y en eut qui vendirent une grande quantité de plats et d'écuelles d'argent, pour deux grands blancs la pièce, cuidant que ce fust estaing. Son gros diamant (qui estoit un des plus gros de la chrestienté), où pendoit une grosse perle, fut levé par un Suisse; et puis remis dans son estuy; puis rejeté sous un chariot; puis le revint quérir et l'offrir à un prestre pour un florin. Cestui-là l'envoya à leurs seigneurs, qui lui donnèrent trois francs, etc... »

[3] On se trompe généralement sur les auteurs de l'indépendance des Suisses. Les trois grands patriotes qui donnèrent la liberté à leur pays furent Stauffacher, Melchtal et Gautier-Furst. Les scènes tragiques qui prélu-

Comines, de ce village (Suitz) un estant ambassadeur, avec autres, en bien humble habillement, et néantmoins disoit son avis comme les autres. »

Les Scythes dans le monde ancien, les Suisses dans le monde moderne, attirèrent les yeux de leurs contemporains par la célébrité de leur innocence. Cependant la diverse aptitude de leur vie dut introduire quelques différences dans leurs vertus. Les premiers, pasteurs, chérissoient la liberté pour elle; les seconds, cultivateurs, l'aimoient pour leurs propriétés. Ceux-là touchoient à la pureté primitive; ceux-ci étoient plus avancés d'un

---

dèrent au soulèvement de l'Helvétie sont décrites au long dans l'*Helvetiorum Respublica*, je crois de Simler. Elles sont du plus extrême intérêt. L'aventure du vieux Henri, auquel le gouverneur de Landeberg fit arracher les yeux, celle du gentilhomme Wolffenschiesz avec la femme du paysan Conrad, la surprise des divers châteaux des ducs d'Autriche par les paysans, portent avec elles un air romantique qui, se mariant aux grandes scènes naturelles des Alpes, cause un plaisir bien vif au lecteur. Quant à l'anecdote de la pomme et de Guillaume Tell, elle est très douteuse. L'historien de la Suède, Grammaticus, rapporte exactement le même fait d'un paysan et d'un gouverneur suédois[*]. J'aurois cité les deux passages s'ils n'étoient trop longs. On peut voir le premier dans Simler (*Helvet. Resp.*, lib. 1, pag. 58); et l'on trouve l'autre cité tout entier à la fin de *Coke's Letters on Switzerland*. A la page 62 du recueil intitulé : *Codex Juris Gentium*, publié par Guillaume Leibnitz, en 1593, on trouve le traité original d'alliance entre les trois premiers cantons, Uri, Schwitz et Underwalden; on y lit : « 1er mardi d'après la Saint-Nicolas, 1315. Au nom de Dieu. Amen... Nous les paysans d'Hury, de Schuitz et d'Underwalden... sommes résolus, par les dessus dicts serments, que nul de nous des dicts pays ne permettra ni n'endurera être gouverné par seigneurs, ni recevoir aucun prince et seigneur. — Si aucun de nous (les dicts alliez), témérairement et par méchanceté, endommageroit un autre *par fou*, un tel ne sera jamais reçu pour paysan... » La vertu des bons Suisses se peint ici dans toute sa naïveté. C'est une chose singulière que l'orthographe du treizième siècle est plus aisée à lire que celle du quinzième. J'ai aussi remarqué la même chose dans les vieilles ballades écossoises, qui se déchiffrent plus facilement que l'anglois de la même période.

[*] Ce fait est assez peu connu. (N. Éd.)

pas vers les vices civils. Les uns possédoient le contentement du sauvage; les autres y substituoient peu à peu des joies conventionnelles. Peut-être cette félicité, qui se trouve sur les confins où la nature finit et où la félicité commence, seroit-elle la meilleure si elle étoit durable. Au-delà des barrières sociales les peuples restent long-temps à la même distance de nos institutions; mais ils n'ont pas plus tôt franchi la ligne de marque, qu'ils sont entraînés vers la corruption sans pouvoir se retenir.

C'est ainsi que, malgré soi, on s'arrête à contempler le tableau d'un peuple satisfait. Il semble qu'en s'occupant du bien-être des autres, on s'en approprie quelque petite partie. Nous vivons bien moins en nous que hors de nous. Nous nous attachons à tout ce qui nous environne. C'est à quoi il faut attribuer la passion que des misérables ont montrée pour des meubles, des arbres, des animaux. L'homme avide de bonheur, et souvent infortuné, lutte sans cesse contre les maux qui le submergent. Comme le matelot qui se noie, il tâche de saisir son voisin heureux, pour se sauver avec lui. Si cette ressource lui manque, il s'accroche au souvenir même de ses plaisirs passés, et s'en sert comme d'un débris avec lequel il surnage sur une mer de chagrins.

CHAPITRE XLVIII.

Second Age : la Scythie et la Suisse philosophiques.

J'eusse voulu m'arrêter ici; j'eusse désiré laisser au lecteur l'illusion entière. Mais en retraçant la félicité des hommes, à peine a-t-on le temps de sourire que les yeux sont déjà pleins de larmes.

Il n'est point d'asile contre le danger des opinions. Elles traversent les mers, pénètrent dans les déserts, et remuent les nations d'un bout de la terre à l'autre. Celles de la Grèce républicaine parvinrent dans les forêts de la Scythie; elles en chassèrent le bonheur.

L'innocence d'un peuple ressemble à la sensitive, on ne peut la toucher sans la flétrir. Le malheur des Scythes fut de donner naissance à des philosophes qui ignorèrent cette vérité. Zamolxis, à une époque inconnue, introduisit parmi eux un système de théologie, dont les principales teneurs étoient : l'existence d'un Être suprême, l'immortalité de l'âme, et la doctrine de la prédestination pour les héros moissonnés sur le champ de bataille [1].

Ce père de la sagesse des Scythes fut suivi d'Abaris, député de sa nation à Athènes. Il pratiqua la médecine, et prétendoit voyager dans les airs sur

---

[1] JULIAN., *in Cæsaribus*; SUID., *Zamolx*.
Quelques-uns croient que Zamolxis étoit Thrace d'origine. Il n'est pas vrai qu'il fût disciple de Pythagore.

une flèche qu'Apollon lui avoit donnée [1]. Il devint célèbre dans les premiers siècles de l'Église pour avoir été opposé à Jésus-Christ par les Platonistes.

Toxaris succéda en réputation à Abaris. Il abandonna sa femme et ses enfants pour aller étudier à Athènes, où il mourut honoré pour sa probité et ses vertus [2].

Mais le corrupteur de la simplicité antique des Scythes fut le célèbre Anacharsis. Il s'imagina que ses compatriotes étoient barbares parce qu'ils vivoient selon la nature. Sa philosophie étoit de cette espèce qui ne voit rien au-delà du cercle de nos conventions. Enthousiaste de la Grèce, il déserta sa patrie, et vint s'instruire auprès de Solon [3] dans l'art de donner des lois à ceux qui n'en avoient pas besoin. Il ne tarda pas à s'acquérir le nom de *sage*, qui convient si peu aux hommes, et se fit connoître par ses maximes. Il disoit que la vigne porte trois espèces de fruits : le premier, le plaisir; le second, l'ivresse; le troisième le remords. A un Athénien d'une réputation flétrie qui lui reprochoit son extraction barbare, il répondit : Mon pays fait ma honte; vous faites la honte de votre pays [4]. L'orgueil et la bassesse de ce mot sont également intolérables; celui qui peut être assez lâche pour renier sa patrie est indigne d'être écouté d'un honnête homme. Ce philosophe disoit encore que les lois sont semblables aux toiles d'araignées, qui ne

---

[1] JAMBL., *in Vit. Pyth.*, pag. 116-148; BAYLE. à la lettre A; ABARIS.
[2] LUCIAN., *in Toxar.*
[3] PLUT., *in Solon.*   [4] LAERT., *in Anach.*

prennent que les petites mouches et sont rompues par les grosses. Au reste, il écrivit en vers de l'art de la guerre, et dressa un code des institutions scythiques. Les épîtres qui portent son nom sont controuvées.

Ainsi la philosophie fut le premier degré de la corruption des Scythes. Lorsque les Suisses étoient vertueux ils ignoroient les lettres et les arts. Lorsqu'ils commencèrent à perdre leurs mœurs, les Haller, les Tissot, les Gessner, les Lavater, parurent[1].

CHAPITRE XLIX.

Suite.

Troisième Age : la Scythie et la Suisse corrompues. Influence de la Révolution Grecque sur la première, de la Révolution Françoise sur la seconde.

Ainsi la Scythie vit naître dans son sein des hommes qui, se croyant meilleurs que le reste de leurs semblables, se mirent à moraliser aux dépens

---

[1] J'ai connu deux Suisses très originaux. L'un ne faisoit que de sortir de ses montagnes, et me racontoit que, dans son enfance, il étoit commun qu'une jeune fille et un jeune homme destinés l'un à l'autre couchassent ensemble avant le mariage dans le même lit, sans que la chasteté des mœurs en reçût la moindre atteinte ; mais que, dans les derniers temps, on avoit été obligé, pour plusieurs raisons, de réformer cet usage. L'autre Suisse étoit un excellent horloger, depuis long-temps à Paris, et qui s'étoit rempli la tête de tous les sophismes d'Helvétius sur la vertu et le vice. Le mode d'éducation que cet homme avoit embrassé pour sa fille prouve à quel point on peut se laisser égarer par l'esprit de système. Il avoit suivi Lycurgue. Je voudrois bien en rapporter quelques traits, mais cela ne seroit possible qu'en les

du bonheur de leurs compatriotes. La révolution républicaine de la Grèce, en déterminant le penchant de ces génies inquiets, agit puissamment, par leur ressort, sur la destinée des nations normandes. Enflés du vain savoir puisé dans les écoles d'Athènes, les Abaris, les Anacharsis, rapportèrent dans leur pays une foule d'opinions et d'institutions étrangères, avec lesquelles ils corrompirent les coutumes nationales. Il n'est point de petit changement, même en bien, chez un peuple : pour dénaturer tels Sauvages, il suffit d'introduire chez eux la roue du potier [1].

Anacharsis paya ses innovations de sa vie [2]; mais le levain qu'il avoit jeté continua de fermenter après lui. Les Scythes, dégoûtés de leur innocence, burent le poison de la vie civile [3]. Long-temps celle-ci paroît amère à l'homme libre des bois; mais l'habitude ne la lui a pas plus tôt rendue supportable, qu'elle se tourne pour lui en une passion enivrante; le venin coule jusqu'à ses os; un univers étrange, peuplé de fantômes, s'offre à sa tête troublée : simplicité, justice, vérité, bonheur, tout disparoît [4].

Le torrent des maux de la société ne se précipita

mettant en latin, et alors trop de lecteurs les perdroient. Il prétendoit, par sa méthode, avoir donné des sens de marbre à son enfant, et que la vue d'un homme ne lui inspiroit pas le moindre désir. Je ne sais à quel point ceci étoit vrai; et je ne sais encore jusqu'à quel point un pareil avantage, en le supposant obtenu, eût été recommandable. J'ai vu sa fille; elle étoit jeune et jolie.

[1] LAERT.; SUIDAS, *Anach.*; STRAB., lib. VII.
[2] Il fut tué par son frère d'un coup de flèche à la chasse.
[3] STRAB., lib. VII, pag. 331.
[4] *Id., ibid.*

pas chez les Scythes par une seule issue. Ces nations guerrières et pastorales trafiquoient de leur sang avec les puissances voisines[1], trop lâches ou trop foibles pour défendre elles-mêmes leur territoire. Athènes entretenoit une garde scythe[2], de même que les rois de France se sont long-temps entourés de braves paysans de la Suisse[3]. Ce fut le sort des anciens habitants du Danube et de ceux de l'Helvétie de se distinguer au temps de l'innocence par les mêmes qualités, la fidélité et la simplesse[4]; et par les mêmes vices au jour de la corruption, l'amour du vin et la soif de l'or[5]. Ces deux peuples combattirent à la solde des monarques pour des querelles autres que celles de la patrie. Neutres dans les grandes révolutions des

---

[1] On trouve souvent, dans les anciens historiens, les Scythes servant à la solde des Perses. (Vid. HEROD. et XENOP.) Louis XI fut le premier souverain à stipendier les cantons. (Voy. *Mémoires de Phil. de Com.*)

[2] SUIDAS, *Toxar*.

[3] Les Suisses ont été égorgés deux fois, et à peu près dans les mêmes circonstances, en défendant les rois de France contre ce peuple qui, disoit-on, chérissoit tant ses maîtres : la première, à la journée des Barricades, du temps de la Ligue; la seconde de notre propre temps.

Davila (*Istor. del. Guer. civil. di Franc.*, tom. III, pag. 282) rapporte ainsi le premier meurtre des Suisses. « Poichè fu sbarrata e fortificata la città — passando per ogni parte parola, con altissime e ferocissime voci, che si taglia a pezzi la soldatesca straniera, furono assaliti gli Svizzeri, nel cimiterio degl' Innocenti, ove serrati, e quasi per così dire imprigionati, non poterono far difesa di sorte alcuna, ma essendo nel primo impeto restati trentasei morti; gli altri si arresero senza contesa. Furono dal popolo con jattanza, e con violenza grandissima svaligiati. Furono espugnate, nel medesimo tempo, tutte le altre guardie del Castelletto, etc. » On s'imagine voir la journée du 10 août.

[4] JUSTIN., lib. XI, cap. XI; PHILIP. DE COM., *ib.*, *de Rep. Helv.*, lib. I.

[5] STRAB., *ib.*; ATHEN., lib. XI, cap. VII, pag. 427 ; *Dict. de la Suisse.*

On connoît les proverbes populaires d'Athènes et de Paris : *Boire comme un Scythe, boire comme un Suisse.*

États qui les environnoient, ils s'enrichirent des malheurs d'autrui, et fondèrent une banque sur les calamités humaines. Soumis en tout à la même fatalité, ils durent la perte de leurs mœurs aux peuples, ancien et moderne, qui ont eu le plus de ressemblance, les Athéniens et les François. A la fois objet de l'estime et des railleries de ces nations satiriques[1], le montagnard des Alpes et le pasteur de l'Ister apprirent à rougir de leur simplicité dans Paris et dans Athènes. Bientôt il ne resta plus rien de leur antique vertu brisée sur l'écueil des révolutions. La tradition seule s'en élève encore dans l'histoire, comme on aperçoit les mâts d'un vaisseau qui a fait naufrage[a].

[1] On jouoit les Scythes sur le théâtre d'Athènes, comme on joue les Suisses sur ceux de Paris, pour leur prononciation étrangère du grec, du françois. Le grec n'étant plus une langue vivante, le sel des plaisanteries d'Aristophane est perdu pour nous. Je doute que ce misérable genre de comique fût d'un meilleur goût que la scène du Suisse dans *Pourceaugnac*.

[a] Ces trois chapitres, sur les trois âges de la Scythie et de la Suisse, sont la surabondance d'un esprit qui se plaît au tableau de la nature : ils ne sont pas plus dans le sujet de l'*Essai* que les trois quarts de l'ouvrage. J'étois alors, comme Rousseau, grand partisan de l'état sauvage, et j'en voulois à l'état social. Je me suis raccommodé avec les hommes, et je pense aujourd'hui, avec un autre philosophe du dix-huitième siècle, que le superflu est une chose assez nécessaire.

Il y a encore dans ces chapitres des pensées, des images, des expressions même, que j'ai transportées depuis dans mes autres ouvrages. (N. Éd.)

CHAPITRE L.

La Thrace. Fragments d'Orphée.

L'Ister divisoit la Scythie de ces régions qui descendent en amphithéâtre jusqu'aux rivages du Bosphore. Ce pays, connu sous le nom général de *Thrace*, et conquis dernièrement par Darius, fils d'Hystaspe [1], se partageoit en plusieurs petits royaumes, les uns barbares, les autres civilisés. Plusieurs colonies grecques y avoient transporté les arts [2], et Miltiade l'avoit long-temps honoré de sa présence [3].

Nous savons peu de chose de ses premiers habitants, sinon qu'ils étoient cruels et guerriers [4]. Un de leurs usages mérite cependant d'être rapporté : à la naissance d'un enfant, les parents s'assembloient et versoient abondamment des larmes [5]. Cet usage est aussi philosophique qu'il est touchant.

Au reste, c'est à la Thrace que la Grèce doit le plus ancien et peut-être le meilleur de ses poëtes [6]. Ce que la fable ingénieuse a raconté de la douceur des chants d'Orphée [7] est connu de tous les lecteurs. Sans doute la magie des prodiges attribués à

---

[1] Hérod., lib. iv, cap. cxliv.   [2] *Id.*, lib. vi.
[3] *Id., ibid.*, cap. xl; Lact., lib. viii.
[4] *Id.*, lib. vi ; Julian., *in Cæsaribus.*
[5] *Id.*, lib. v.
[6] Diod. Sic., lib. iv, cap. xxv ; Pline, *Hist. nat.*, lib. xxv, cap. ii.
[7] Hor., *Carm.*, lib. i, *Od.* xii ; Virg. *Géogr.*, lib. iv.

sa muse consistoit en une vraie peinture de la nature. Ce poëte vivoit dans un siècle à demi sauvage[1], au milieu des premiers défrichements des terres. Les regards étoient sans cesse frappés du grand spectacle des déserts, où quelques arbres abattus, un bout de sillon mal formé à la lisière d'un bois, annonçoient les premiers efforts de l'industrie humaine. Ce mélange de l'antique nature et de l'agriculture naissante, d'un champ de blé nouveau au milieu d'une vieille forêt, d'une cabane couverte de chaume auprès de la hutte native d'écorce de bouleaux[a], devoit offrir à Orphée des images consonnantes à la tendresse de son génie; et lorsqu'un amour malheureux eut prêté à sa voix les accents de la mélancolie[2], alors les chênes s'attendrirent, et l'enfer même parut touché.

De plusieurs ouvrages qu'on attribue à ce poëte, il n'y a que les fragments que je vais donner qui soient vraiment de lui[3]. *Les Argonautes* n'en sont pas.

---

[1] Diod., lib. iv, cap. xxv.

[a] C'est en partie la peinture de la mission du père Aubry.
(N. Éd.)

[2] Virgile, *Georg.*, l. iv.
Le *Qualis populea* de Virgile a été traduit ainsi par l'abbé Delille :

Telle sur un rameau, durant la nuit obscure,
Philomèle plaintive attendrit la nature,
Accuse en gémissant l'oiseleur inhumain
Qui, glissant dans son lit une furtive main,
Ravit ces tendres fruits que l'amour fit éclore,
Et qu'un léger duvet ne couvroit pas encore !

[3] Il n'est pas même certain qu'ils en soient, mais cela est très probable. Cicéron a nié qu'il eût jamais existé un Orphée.

Tout ce qui appartient à l'univers : l'arche hardie de l'immense voûte des cieux, la vaste étendue des flots indomptés, l'incommensurable Océan, le profond Tartare, les fleuves et les fontaines, les Immortels même, dieux et déesses, sont engendrés dans Jupiter.

Jupiter tonnant est le commencement, le milieu et la fin ; Jupiter immortel est mâle et femelle ; Jupiter est la terre immense et le ciel étoilé ; Jupiter est la dimension de tout corps, l'énergie du feu et la source de la mer ; Jupiter est roi, et l'ancêtre général de ce qui est. Il est un et tout, car tout est contenu dans l'être immense de Jupiter [1].

Il seroit difficile d'exprimer avec plus de grandeur un sujet plus sublime.

Comme province de l'empire des Perses, la Thrace eut sa part des malheurs que l'influence de la révolution grecque causa au genre humain. Les troupes marchèrent à travers ses campagnes [2] : et l'on peut juger des ravages que dut y commettre une armée de trois millions d'hommes indisciplinés. Mais ces calamités ne furent que passagères ; et les Thraces, abrités de leurs forêts et de leurs mœurs sauvages, échappèrent à l'action prolongée de la chute de la monarchie à Athènes [3].

---

[1] *De Poes. Orphic.*; APUL., *de Mundo*.
On peut voir quelques autres fragments dans les *Poetæ Minores Græci*, pag. 459.

[2] HÉROD., lib. VII, cap. LIX.

[3] Un roi de Thrace se rendit célèbre pour avoir pris le parti des Grecs, et fait crever les yeux à ses fils, qui avoient suivi Xerxès.

CHAPITRE LI.

La Macédoine. La Prusse.

Près de la Thrace se trouvoit le petit royaume de Macédoine, dont la destinée a porté des ressemblances singulières avec la Prusse. D'abord, aussi obscur que la patrie des chevaliers teutoniques, il n'étoit connu des Grecs que par la protection qu'ils vouloient bien lui accorder. Peu à peu, agrandi par des conquêtes, sa considération augmenta dans la proportion de celle de l'électorat de Brandebourg. Enfin, sous Philippe, il devint maître de la Grèce, et sous Alexandre, de l'univers. On ne sauroit conjecturer jusqu'à quel degré de puissance la Prusse, en suivant son système actuel, peut atteindre[a].

Le même génie semble avoir animé les souverains de ces deux États. La guerre, et surtout la politique, furent le trait qui les caractérisa. L'histoire nous peint les rois de Macédoine changeant de parti selon les temps et les circonstances[1]; endormant leurs voisins par des traités et envahissant leur pays le

---

[a] Le soldat héritier de la révolution a brisé bien des destinées. (N. Éd.)

[1] Herod., lib. v, cap. xvii-xxi; Id., lib. viii, c. cxl; Plut., in Aristid., pag. 327.

Amyntas, qui eut la bassesse de livrer ses femmes aux députés de Darius, permit à son fils Alexandre de faire égorger ces mêmes députés; et ce même Alexandre eut l'adresse de se conserver, malgré cet outrage, dans les bonnes grâces de Xerxès, successeur de Darius. (Herod., lib. v, cap. xvii-xxi.)

moment d'après[1]. Je parlerai ailleurs du monarque régnant lors de l'expédition de Xerxès.

A l'époque dont nous retraçons l'histoire, les mœurs, la religion, les usages des Macédoniens, ressembloient à ceux du reste des Grecs. Seulement plus reculés que ces derniers vers la barbarie, et par conséquent moins près de la corruption, ils n'avoient produit aucun philosophe dont le nom mérite d'être rapporté.

Que la chute d'Hippias à Athènes eut des conséquences sérieuses pour la Macédoine, c'est ce dont on ne sauroit douter. Le politique Alexandre, profitant des calamités des temps, sut se ménager adroitement entre les Perses et les Grecs; et tandis qu'ils se déchiroient mutuellement, il recevoit l'or de Xerxès[2], et protestoit amitié à ses ennemis. Maintenant ainsi son pays tranquille, il l'enrichissoit de la dépouille de tous les partis, et durant que ceux-ci s'épuisoient dans une guerre funeste, il jeta les fondements de la grandeur future d'Alexandre. Destinée incompréhensible! Xerxès fuit à Salamine devant le génie de la liberté; et son or, resté dans un petit coin de la Grèce, va anéantir cette même liberté, et renverser l'empire de Cyrus!

---

[1] Diod., lib. XVI; Justin., lib. VII; Pollæn., *Stratag.*, lib. IV, cap. XVII.
[2] Je ne cite point, parce que je citerai ailleurs.

CHAPITRE LII.

Iles de la Grèce. L'Ionie.

Entre les côtes de l'Europe et de l'Asie se trouvent une multitude d'îles qui, au temps dont nous parlons, avoient reçu leurs habitants des différents peuples de la Grèce. Je n'entreprendrai point de les décrire, puisqu'elles forment elles-mêmes partie de l'empire des Grecs, et sont conséquemment comprises dans ce que je dis de la révolution générale de ces derniers.

Cependant il est nécessaire de faire quelques remarques sur les différences morales et politiques qui pouvoient se trouver entre ces insulaires et leurs compatriotes sur les deux continents d'Europe et d'Asie au moment de l'invasion des Perses.

La Crète étoit la plus considérable, comme la plus renommée de toutes ces îles. On sait que Lycurgue y avoit calqué ses institutions sur celles de Minos; mais les lois de ce monarque, par diverses causes de décadence, étoient tombées en désuétude [1]. Une démocratie turbulente avoit pris la place du gouvernement royal mixte [2], et les Crétois passoient, au temps de l'expédition de Xerxès, pour le peuple le plus faux et le plus injuste de la Grèce. Ils refusèrent de secourir les Athéniens contre les Mèdes [3].

---

[1] Arist., *de Rep.*, lib. II, cap. x.   [2] *Id., ibid.*
[3] Herod., lib. VII, cap. CLXIX.

Les autres îles, tour à tour soumises à de petits tyrans ou plongées dans la démocratie, flottoient dans un état perpétuel de troubles. Rhodes se distinguoit par son commerce[1], Lesbos par sa corruption[2], Samos par ses richesses[3]. Quelques-unes joignirent les Perses[4]; d'autres furent subjuguées[5]; un petit nombre adhéra au parti de la liberté[6]. Enfin, on peut regarder les insulaires de la Grèce comme tenant le milieu entre la vertu de Sparte et d'Athènes et les vices des villes ioniennes, formant la demi-teinte par où l'on passoit des bonnes mœurs des Lacédémoniens à la corruption des Grecs asiatiques.

Quant à ces derniers, nous verrons bientôt comment ils devinrent les causes de la guerre Médique. En ne les considérant ici que du côté moral, la vertu n'étoit plus parmi les peuples de l'Ionie : voluptueux, riches, énervés par les délices du climat[7],

---

[1] Strab., lib. xiv, pag. 654; Diod., lib. v, pag. 329.

[2] Athen., lib. x.

Le savant abbé Barthélemy a appliqué la comparaison ingénieuse (d'Aristote) de la règle de plomb aux mœurs lesbiennes. Quelque erreur s'étant glissée dans l'impression, je prends la liberté de rétablir la citation avec tout le respect qu'on doit à la profonde érudition et au grand mérite. La citation, dans *Anacharsis*, est ainsi : Arist., *de Mor.*, lib. v, cap. xiv; lisez lib. v, cap. x. Le cinquième livre *des Mœurs* n'a que onze chapitres. Voici le passage original : « Rei enim non definitæ infinita quoque regula est, ut et structuræ Lesbiæ regula plumbea. Nam ad lapidis figuram torquetur et inflectetur, neque regula eadem manet, sic et populi scitum ad res accommodatur.» (*Voyage d'Anach.*, vol. ii, pag. 52, cit. u.)

[3] Plat., *in Pericl.*   [4] Cypre, Paros, Andros, etc.

[5] Eubée.

[6] Salamine, Égine. Celle-ci s'étoit d'abord déclarée pour les Perses sous le règne de Darius; elle retourna ensuite à la cause de la patrie.

[7] Plut., *de Leg.*, lib. iii, tom. ii, pag. 680; Herod., lib. vi.

ont les eût pris pour ces esclaves que Xerxès trainoit à sa suite, si leur langage n'avoit décelé leur origine.

CHAPITRE LIII.

Tyr. La Hollande.

Ainsi après avoir fait le tour de l'Europe nous rentrons enfin en Asie. Avant de décrire les grandes scènes que la Perse va nous offrir, il ne nous reste plus qu'à dire un mot d'une puissance maritime qui, bien que soumise à l'empire de Cyrus, a joué un rôle trop fameux dans l'antiquité pour ne pas mériter un article séparé dans cet ouvrage.

En quittant les villes de l'Ionie et s'avançant le long des côtes de l'Asie-Mineure vers le nord, on trouve Tyr, cité célèbre dans tout l'Orient par son commerce et ses richesses.

Hypsuranius, dans les siècles les plus reculés, avoit jeté les fondements de cette capitale de la Phœnicie[1]. Elle se trouva déterminée vers le commerce par la même position qui y entraîne ordinairement les peuples, l'âpreté de son sol. Rarement les pays très favorisés de la nature ont eu le génie mercantile[2].

[1] SANCHONIAT., apud EUSEB., *Præpar. Evangel.*
Si je ne suis pas ici l'opinion commune, qui fait de Tyr une colonie de Sidon, c'est qu'il me paroît qu'on doit plutôt en croire un historien phœnicien que des auteurs étrangers. (Voy. JUST., lib. XVIII, cap. III.)

[2] Il faut en excepter Carthage chez les anciens, et Florence chez les modernes.

Bientôt ce village formé, comme les premières cités de la Hollande, de méchantes huttes de pêcheurs couvertes de roseau [1], devint une métropole superbe. Ses vaisseaux alloient lui chercher le produit crû des terres plus fécondes, et ses industrieux habitants le convertissoient, par leurs manufactures, aux voluptés ou aux nécessités de la vie. Le Batavia des Phœniciens étoit la Bétique, d'où l'or couloit dans leurs États [2]. Ils recevoient de l'Égypte le lin, le blé, et les richesses de l'Inde et de l'Arabie [3] : les côtes occidentales de l'Europe leur fournissoient l'étain, le fer et le plomb [4]. Ils achetoient aux marchés d'Athènes l'huile, le bois de construction et les balles de livres [5]; à ceux de Corinthe, les vases, les ouvrages en bronze [6]. Les îles de la mer Égée leur donnoient les vins et les fruits [7]; la Sicile, le fromage [8]; la Phrygie, les tapis [9]; le Pont-Euxin, les esclaves, le miel, la cire, les cuirs [10]; la Thrace et la Macédoine, les bois et les poissons secs [11]. Ces marchands avides reportoient ensuite ces denrées chez les différents peuples; et

---

[1] Sanchoniat., apud Euseb., Præpar. Evangel.
[2] Diod., lib. v, pag. 312.
[3] Les Tyriens faisoient eux-mêmes le commerce de l'Inde, s'étant emparés de plusieurs ports dans le golfe Arabique. De là les marchandises étoient portées par terre à Rhinocolure, sur la Méditerranée, et frétées de nouveau pour Tyr. (Robertson's *Disquis. on the Anc. Ind.*, sect. 1, p. 9.)
[4] Herod., lib. III, cap. cxxiv.
[5] Plut., *in Solon.*; Xenoph., *Exped. Cyr.*, lib. vii, pag. 412.
[6] Cicer., *Tuscul.*, lib. iv, cap. xiv.
[7] Athen., lib. i, cap. xxi, lii; id., lib. iii.
[8] Aristoph., *in Vesp.* [9] Id., *in Av.*
[10] Polyb., lib. iv, pag. 306; Demosth., *in Leptin.*, pag. 545.
[11] Thucyd., lib. iv, cap. cviii.

Tyr, ainsi qu'Amsterdam, étoit devenu l'entrepôt général des nations.

La constitution de Phœnicie paroît avoir été monarchique [1]; mais il est probable que l'oligarchie dominoit dans le gouvernement. La richesse des Tyriens, que les Écritures comparent aux princes de la terre [2], donne lieu à cette conjecture.

Dans les contrées où les hommes s'occupent exclusivement du commerce, les belles-lettres sont ordinairement négligées; l'esprit mercantile rétrécit l'âme; le commis qui sait tenir un livre de compte ouvre rarement celui du philosophe. Cependant la Phœnicie fournit quelques noms célèbres. On y trouve Moschus et Sanchoniathon. Le premier est l'auteur du système des atomes, qui, d'abord reçu par Pythagore, fut ensuite adopté et étendu par Épicure [3]. Le second écrivit l'histoire de Phœnicie, dont j'ai déjà cité plusieurs fragments, et de laquelle je vais extraire encore quelques nouveaux passages.

Et alors Hypsuranius habita à Tyr, et il inventa la manière de bâtir des huttes de roseaux. Et une grande inimitié s'éleva entre lui et son frère Usoüs, qui, le premier, avoit couvert sa nudité de la peau des bêtes sauvages. Et une violente tempête de vent et de pluie ayant

---

[1] Nous trouvons des princes de Tyr et de Sidon dans l'histoire. Les Écritures sont notre guide à ce sujet. Mais les anciens entendoient les mots *princes* et *rois* si différemment des peuples modernes, qu'il ne faut pas se hâter d'en conclure la forme d'un gouvernement.

[2] Isaïe, XXIII, 8.

[3] Stoboei *Ecl. Phys.*, lib. I, cap. XIII.

frotté les branches les unes contre les autres, elles s'enflammèrent. Et la forêt fut consumée à Tyr. Et Usoüs prenant un arbre, après en avoir rompu les branches, fut le premier assez hardi pour s'aventurer sur les flots.

. . . .

Ils engendrèrent Agrus (un champ) et Agrotes (laboureur). La statue de celui-ci étoit particulièrement honorée ; une ou plusieurs couples de bœufs promenoient son temple par toute la Phœnicie. Et il est nommé dans les livres le plus grand des dieux [1].

Indépendamment des origines curieuses de la navigation et de l'agriculture que l'on trouve dans ce passage, la simplicité antique du récit, si bien en harmonie avec les mœurs qu'il rappelle, a quelque chose d'aimable. La Hollande se glorifie d'avoir produit Érasme, Grotius et une foule de savants, connus par leurs recherches laborieuses.

CHAPITRE LIV.

Suite.

La Phœnicie avoit éprouvé de grandes révolutions. De même que la Hollande elle eut à soutenir des guerres mémorables, et les différents siéges de sa capitale reportent à la mémoire ceux de Harlem [a]

---

[1] Sanchoniat., apud Euseb., *Præpar. Evang.*, lib. I, cap. x.

[a] Tyr et Harlem ! Le lecteur ne remarqueroit peut-être pas que je daigne à peine citer les livres saints en parlant de Tyr, mais

et d'Anvers[1] au temps de Philippe II. Vers le milieu du sixième siècle avant notre ère, Tyr, après une résistance de treize années, fut prise et détruite de fond en comble par un roi d'Assyrie[2]. Les habitants échappés à la ruine de leur patrie bâtirent une nouvelle Tyr sur une île, non loin du continent où la première avoit fleuri. Cette cité passa tour à tour sous le joug des Mèdes et des Perses[3], et resta débile et obscure jusqu'au temps de Darius qui la rétablit dans ses anciens priviléges. Ce fut durant cette époque de calamité que Carthage s'étoit élevée sur ses débris.

A l'époque de la guerre Médique la Phœnicie fut contrainte par ses maîtres à entrer dans la ligue générale contre la Grèce. Sans opinion à elle, elle prêta ses vaisseaux au grand roi[4], comme elle les auroit joints aux républiques si celles-ci eussent été d'abord les plus fortes. Vaincue à la bataille de Sala-

---

que je fais un grand cas de Sanchoniathon. Quel esprit fort! Il y a pourtant des recherches dans ces divers chapitres, et c'est ce qui en rend la lecture supportable. (N. Éd.)

[1] BENTIVOGL., *Istor. del Guer. di Fiand.*

Bentivoglio a raconté au long, avec toute son afféterie ordinaire, les travaux de ces deux siéges. Le premier fut levé miraculeusement, les Hollandois ayant envahi le camp des Espagnols en bateau, à la marée de l'équinoxe d'automne. Le second passa pour le chef-d'œuvre du grand Farnèse; il ressembla en quelque sorte à celui de Tyr par Alexandre. Anvers fut prise par la jetée d'une digue.

[2] JOSEPH., *Antiq.*, lib. XVIII, cap. XI.

[3] Elle suivit les révolutions des royaumes d'Orient auxquels elle étoit désormais sujette.

[4] Ce furent les Phœniciens et les Égyptiens qui construisirent le pont de bateaux sur lequel Xerxès passa son armée. (Vid. HERODOT.)

mine [1], le commerce ferma bientôt cette plaie, et l'influence immédiate de la révolution grecque se borna pour les Tyriens à ce malheur passager, quoiqu'elle s'étendît sur eux par la suite, et que Tyr tombât comme le reste de l'Orient devant Alexandre. Les froids négocians continuèrent à importer et exporter de pays en pays le superflu des nations, sans s'embarrasser des vains systèmes qui tourmentoient ces peuples. Tout leur génie étoit dans leurs balles d'étoffes, et on les voyoit, comme les Bataves, colporter les livres des beaux esprits du temps sans en avoir jamais ouvert un seul. Peut-être aussi l'habitant de Tyr trafiquoit-il de ses principes politiques; car dans les temps de révolutions les opinions sont les seules marchandises dont on trouve la défaite [a].

CHAPITRE LV.

La Perse.

Nous montons enfin sur le grand théâtre. Après avoir considéré en détail les États par rapport à l'établissement des républiques en Grèce, et réci-

---

[1] Les galères phœniciennes formoient l'aile gauche de l'escadre persane à la bataille de Salamine. Elles avoient en tête les Athéniens, et étoient commandées par un frère de Xerxès. Elles combattirent avec beaucoup de valeur. (Vid. HÉROD., lib. VIII, cap. LXXXIX.)

[a] Si je n'avois fait cette remarque il y a une trentaine d'années, ne la prendroit-on pas pour une allusion aux choses du jour ?
(N. ÉD.)

proquement, cet établissement par rapport à ces divers États, nous allons maintenant contempler tous ces peuples se mouvant en masse sous l'influence générale de cette même révolution et ne faisant plus qu'un seul corps. Nous allons les voir se lever ensemble pour renverser des principes et un gouvernement qu'ils ne feront que consolider; et les efforts de ces alliés viendront, mal dirigés, tièdes et partiels, se perdre contre une communauté peu nombreuse, mais unie; peu riche, mais libre.

Je passe sous silence les Éthiopiens, les Juifs, les Chaldéens, les Indiens, quoiqu'à l'époque de la révolution grecque ils eussent déjà fait des progrès considérables dans les sciences. La somme de leur philosophie et de leurs lumières se réduisoit généralement à la foi dans un Être suprême, à la connoissance des astres et des secrets de la nature. Ils étoient, comme le reste du monde oriental, gouvernés par des rois et des sectes de prêtres qui, de même que leurs frères d'Égypte, se conduisoient d'après le système de mystère, afin de dompter les peuples, par l'ignorance, au joug de la tyrannie civile et religieuse. En Éthiopie, les membres de cette caste sacrée portoient le nom de *Gymnosophistes* [1]; en Judée, celui de *Lévites* [2]; dans la Chaldée, celui de *Prêtres* [3]; en Arabie, celui de *Zabiens* [4]; aux Indes, celui de *Brachmanes* [5]. Chaque pays comptoit aussi

---

[1] Diod., lib. xi.   [2] *La Bible.*   [3] Diod., *ib.*
[4] Hyde, *Rel. Pers.*, cap. iii.   [5] Strab., lib. xv, p. 822. Aussi gymnosophiste.

ses grands hommes : les Éthiopiens reconnoissoient *Atlas*[1]; les Arabes, *Lokman*[2]; les Juifs, *Moïse*[3]; les Chaldéens, *Zoroastre*[4]; l'Inde, *Buddas*[5][a]. Les uns avoient écrit de la nature, les autres de l'histoire, plusieurs de la morale[6]. De tous ces ouvrages, les fables de Lokman et l'histoire de Moïse sont les seuls qui nous soient parvenus. Les livres qu'on attribue à Zoroastre[7] ne sont pas originaux.

La plupart de ces différentes contrées étant ou soumises à la cour de Suze, ou ignorées des Grecs, il seroit inutile de nous y arrêter : revenons aux vastes États de Cyrus.

L'empire des Perses et des Mèdes, au moment de la chute d'Hippias, s'étendoit depuis le fleuve Indus, à l'est, jusqu'à la Méditerranée à l'occident; et depuis les frontières de l'Éthiopie et de Carthage, au midi, jusqu'à celles des Scythes au nord; comprenant un espace de 40 degrés en latitude et de plus de seize en longitude[8].

---

[1] Virg., *Æn.*, lib. iv, v. 480; lib. i, v. 745.

[2] Lokm., *Fab.*, Epern. Édit. [3] *Genèse*.

[4] Justin., lib. i, cap. ii.

[5] Ce que nous savons de Buddas est très incertain. Les partisans de l'ancienne religion, au moment de l'établissement du christianisme, opposoient Buddas à Jésus-Christ, disant que le premier avoit aussi été tiré du sein d'une vierge. (Vid. Saint Jérôme, *Contra Jovin.*)

[a] Me voilà mêlant *très philosophiquement* les Juifs aux autres peuples, les lévites aux brachmanes, Moïse à Buddas ! (N. Éd.)

[6] Vid. loc. cit.

[7] Zoroastre l'Ancien, ou le Chaldéen. Je parlerai de ceux du second Zoroastre.

[8] Huit cents lieues en latitude, et trois cents en longitude, estimant les degrés de longitude à environ dix-huit lieues les uns dans les autres sous ces parallèles.

Formé par degrés des débris de plusieurs États, peu d'années s'étoient écoulées depuis que cet énorme colosse pesoit sur la terre. L'empire des Assyriens, qui en composoit d'abord la plus grande partie, fut conquis par les Mèdes vers le sixième siècle avant notre ère[1]. Le célèbre Cyrus, ayant réuni sur sa tête les couronnes de Perse et de Médie, renversa le trône de Lydie, qui florissoit sous Crésus dans l'Asie-Mineure, vers le règne de Pisistrate à Athènes[2]. Cambyse, successeur de Cyrus, ajouta l'Égypte à ses possessions[3]; et Darius, fils d'Hystaspe, sous lequel commence la guerre mémorable des Perses et des Grecs, réunit à ses immenses domaines quelques régions de la Thrace et des Indes[4].

[1] HEROD., lib. I, cap. XCV.
[2] XENOPH., *Cyrop.*, lib. I, pag. 2; lib. VII, pag. 180, etc.
[3] HEROD., lib. III, cap. VII. [4] *Id.*, lib. IV, cap. XLIV-CXXVII.

CHAPITRE LVI.

Tableau de la Perse au moment de l'abolition de la Monarchie en Grèce. Gouvernement. Finances. Armées. Religion.

Principem dat Deus[a], maxime qui conduisit Charles Ier à l'échafaud, formoit tout le droit politique de la Perse[1]. De là nous pouvons concevoir le gouvernement.

Cependant l'autorité du grand roi n'étoit pas aussi absolue que celle des sultans de Constantinople de nos jours; il la partageoit avec un conseil qui composoit une partie du souverain[2].

Au civil, les lois étoient pures, et la justice scrupuleusement administrée par des juges tirés de la classe des vieillards[3]. Dans les cas graves, la cause étoit portée devant le roi[4].

Au criminel, la procédure se faisoit publiquement. On confrontoit l'accusateur à l'accusé, et celui-ci obtenoit tous les moyens de défense qu'il pouvoit croire favorables à son innocence, ou à l'excuse de son crime[5]. Cette admirable coutume,

---

[a] Le principe du droit divin pour les princes, et celui de la souveraineté du peuple pour les nations, ne doivent jamais être controversés par des esprits sages. Il faut jouir du pouvoir et de la liberté sans en rechercher la source; c'est de leur mélange que se compose la société, et leur origine est à la fois mystérieuse et sacrée. (N. Éd.)

[1] Plut., *in Themist.*, pag. 125. [2] Hérod., lib. III, cap. LXXXVIII.
[3] Xénoph., *Cyrop.*
[4] Hérod., lib. I, cap. CXXXVII; lib. VII, cap. DCXCIV.
[5] Diod., lib. XV.

que nous retrouvons en Angleterre, étoit remplacée en France par l'exécrable loi des interrogations secrètes[a].

Au moment de l'abolition de la monarchie en Grèce, la société avoit peut-être fait plus de progrès en Perse vers la civilisation qu'en aucune autre partie du globe. Un cours régulier d'administration mouvoit en harmonie tous les ressorts de l'empire. Les provinces se gouvernoient par des satrapes ou commandants délégués de la couronne[1]. Les armées et les finances étoient réduites en système[2]; et, ce qui n'existoit alors chez aucun peuple, des postes, établies par Cyrus sur le principe de celles des nations modernes, lioient les membres épars de ce vaste corps[3]. Cet institut, après la découverte de l'imprimerie, tient le second rang parmi les inventions qui ont changé pour ainsi dire la race hu-

---

[a] Toujours la haine de l'arbitraire et de l'oppression. Qui me l'inspiroit alors, moi pauvre émigré, moi fidèle serviteur du roi, sorti de la France avec lui pour la cause de la légitimité et de l'ancienne monarchie? Avois-je attendu la violence ou la corruption des systèmes administratifs sous la restauration, pour m'élever contre l'injustice? en un mot, mon opposition à tout ce qui comprime les sentiments généreux est-elle née de mon ambition politique, ou la portai-je en moi dès les premiers jours de ma jeunesse, sans qu'elle se soit démentie un seul moment? (N. Éd.)

[1] XENOPH., *Cyrop.*, lib. VIII.

[2] HEROD., lib. III, cap. LXXXIX-XCI-XCV; lib. I, cap. CXCII; STRAB., lib. II-XV; XENOPH., *Cyrop.*, lib. IX; DIOD., lib. II, pag. 24.

Le revenu en argent se montoit à peu près à 90 millions de notre monnoie, en le reconnoissant en talents euboïques. Les provinces fournissoient la maison du roi et les armées en nature. Quant aux armées, elles étoient composées comme les nôtres, de troupes régulières, en garnison dans les provinces, et de milices, obligées de marcher au premier ordre.

[3] XENOPH., *Cyrop.*, lib. VIII; HEROD., lib. VIII, cap. XCVIII.

maine; et il n'entre pas pour peu dans les causes de l'influence rapide que la révolution grecque eut sur la Perse. Il ne faudroit que l'usage des courriers employés aux relations communes de la vie, pour renverser tous les trônes d'Orient d'aujourd'hui [a]. Chez les Mèdes, ils étoient réservés aux affaires d'État.

Les Perses différoient en religion du reste de la terre alors connue. Ils adoroient l'astre dont la flamme productive semble l'âme de l'univers [1]. Ils n'avoient ni les solennités de la Grèce, ni des monuments élevés à leurs dieux [2]. Le désert étoit leur temple, une montagne [3] leur autel, et la pompe de leurs sacrifices, le soleil levant suspendu aux portes de l'Est, et jetant un premier regard sur les forêts, les cataractes et les vallées [4][b].

---

[a] Cela est hasardé, mais il y a quelque vérité dans la remarque.
(N. Éd.)

[1] XENOPH., *Cyrop.*, lib. I, cap. CXXXI; STRAB., lib. XV.
[2] HEROD., *ibid.*
Ceci n'est vrai que de la religion primitive des Perses. Par la suite ils eurent des temples.
[3] HEROD., lib. I, cap. CXXXI.
[4] *Id., ibid.*
Il est probable que le nom de *Mithra*, sous lequel les Perses adoroient le soleil, étoit dans l'origine celui de quelque héros. On le trouve représenté sur d'anciens monuments, monté sur un taureau, armé d'une épée, la tiare en tête. Quelques-uns de ces attributs conviennent à l'Apollon des Grecs.

[b] Mettez les fleuves au lieu des cataractes, et le tableau sera plus vrai. (N. Éd.)

CHAPITRE LVII.

Tableau de l'Allemagne au moment de la Révolution françoise.

A l'époque de la chute de la royauté en France, l'Allemagne, de même que la Perse d'autrefois, présentoit un corps composé de diverses parties réunies sous un chef commun. Bien que Léopold n'eût pas, de droit, le même pouvoir sur les Cercles que Darius sur les Satrapies, il l'avoit néanmoins de fait. Le même abus prévaloit à l'égard de la dignité suprême; l'empire germanique, quoique électif, pouvant être regardé comme héréditaire [a].

Le système militaire de Joseph II jouissoit parmi nous de la même réputation que celui de Cyrus chez les anciens. Ces deux princes firent consister leurs principales forces en cavalerie [1], mais le second mettoit la sûreté de ses États dans les places fortifiées [2]; le premier crut devoir les détruire.

Les Anabaptistes, les Hernutes, les Protestants, les Catholiques, se partageoient les opinions religieuses du moderne empire d'Occident, de même

---

[a] Je suis tellement choqué de ces comparaisons, que toujours promettant de n'en plus parler, je ne puis m'en taire. Quel insigne parallèle veux-je établir entre l'Allemagne et la Perse antique, entre les Perses et les Allemands, entre Léopold et Darius? Pour m'infliger la seule peine que ces parallèles méritent, il suffit de rapprocher les noms. (N. Éd.)

[1] Xenoph., *Cyrop.* [2] *Id.*

que les adorateurs de Mithra[1], de Jéhovah[2], de Jupiter[3], de Brahma[4], d'Apis[5], occupoient l'antique puissance orientale.

Le régime féodal écrasoit le laboureur germanique, à peu près de la même manière que l'esclavage persan abattoit le sujet du grand roi. Cependant une différence considérable se fait sentir entre ces hommes malheureux. Elle consiste dans les mœurs. Celles du premier sont justes et pures, par la grande raison de son indigence. Il ne faut pas en conclure que l'Allemagne manque de lumières. J'ai trouvé plus d'instruction, de bon sens chez les paysans de cette contrée[6] que chez toute autre nation européenne, sans en excepter l'Angleterre, où le peuple est plein de préjugés. Une des

---

[1] Les Perses. [2] Les Juifs.
[3] Les Ioniens. [4] Les peuples de l'Indus.
[5] Les Égyptiens.

[6] En entrant, il y a quelques années, dans un mauvais cabaret, sur la route de Mayence à Francfort, j'aperçus un vieux paysan en guêtres, un bonnet sur la tête et un chapeau par-dessus son bonnet, tenant un bâton sous son bras, et déliant le cordon d'une bourse de cuir, pleine d'or, dont il payoit son écot. Je lui marquai mon étonnement qu'il osât voyager avec une somme assez considérable par des chemins remplis de Tyroliens et de Pandours. « C'est l'argent de mes bestiaux et de mes meubles, dit-il ; et je vais en Souabe avec ma femme et mes enfants. J'ai vu la guerre : au moins les pauvres laboureurs étoient épargnés ; mais ceci n'est pas une guerre ; c'est un brigandage : amis, ennemis, tous nous pillent. » Le paysan apercevant l'ancien uniforme de l'infanterie françoise sous ma redingote, ajouta : « Monsieur, excusez. » — « Vous vous trompez, mon ami, repris-je ; j'étois du métier, mais je n'en suis plus ; je ne suis rien qu'un malheureux réfugié comme vous. » — « Tant pis » fut sa seule réponse. Alors retroussant sous son chapeau quelques cheveux blancs qui passoient sous son bonnet, prenant d'une main son bâton, et de l'autre un verre à moitié vide de vin du Rhin, il me dit : « Mon officier, Dieu vous bénisse ! » Il partit après. Je ne sais pourquoi le TANT PIS et le DIEU VOUS BÉNISSE de ce bon homme me sont restés dans la mémoire.

principales causes qui sert à maintenir la morale parmi les Allemands vient de la vertu de leur clergé. J'en parlerai ailleurs [a].

CHAPITRE LVIII.

Suite.

Les arts en Perse et en Allemagne. Poésie. Kreeshna. Klopstock. Fragment du poëme Mahabarat, tiré du sanscrit. Fragments du Messie. Sacontala. Évandre.

Les jardins suspendus de Babylone, les vastes palais des rois, décorés de peintures et de statues, attestent le règne des beaux-arts dans l'empire de Cyrus. Ses immenses États, formés de mille peuples divers, devoient fournir une mine inépuisable de poésie, différente dans ses coloris, selon les mœurs et la nature dont elle réfléchissoit les teintes. Efféminée dans l'Ionie, superbe dans la pourpre du Mède, simple et agreste sur les montagnes de la Perse, voluptueuse dans les Indes, elle chantoit, avec l'Arabe, le patriarche, au milieu de ses troupeaux et de sa famille, assis sous le palmier du désert [1] [b].

[a] Je vais donc louer un clergé dans cet ouvrage philosophique! J'avois un terrible besoin d'impartialité. (N. Éd.)

[1] Job.

[b] L'Essai historique, comme les Natchez, est la mine d'où j'ai tiré la plupart des matériaux employés dans mes autres écrits; mais au moins les lecteurs ne verront les Natchez que dégagés de leur alliage. (N. Éd.)

Je vais faire connoître aux lecteurs quelques morceaux précieux de littérature orientale. Je les tire du sanscrit [1], dont j'ai eu déjà occasion de parler plusieurs fois. J'y suis d'ailleurs autorisé,

---

[1] Une note sur le sanscrit peut faire plaisir à plusieurs lecteurs [*]. Le hanscrit, mieux le sanscrit, est, comme on le sait, la langue sacrée dans laquelle les livres des Brahmins sont écrits, langue qui n'est plus connue que d'eux seuls. Cette langue étoit autrefois si universelle dans l'Orient, que, selon M. Halhed, le premier Anglois qui soit parvenu à l'entendre, on la parloit depuis le golfe Persique jusqu'aux mers de la Chine. Les preuves qu'il en apporte sont tirées des inscriptions des différents coins de ce pays [**], et de la ressemblance entre les noms collectifs et les noms de nombre des langues vulgaires de ces contrées, et les noms collectifs et les noms de nombre du sanscrit; il étend même ceci au grec et au latin [***]. Le sanscrit n'étoit parlé que dans les rangs élevés de la société : il y avoit deux langues vulgaires pour le peuple. Cette singularité est mise hors de doute par les

[*] Cette note sur le sanscrit étoit assez curieuse dans son temps; aujourd'hui le sanscrit est si connu que mes citations n'ont plus d'intérêt. Comme je triomphois dans ces quatre *jogues* qui renfermoient tant de millions d'années! Quel bon démenti donné à la chronologie de Moïse! Hélas! il est arrivé qu'une connoissance plus approfondie de la langue savante de l'Inde, a fait rentrer ces siècles innombrables dans le cercle étroit des traditions de la Bible. Bien m'en a pris d'être redevenu croyant, avant d'avoir éprouvé cette mortification. (N. Éd.)

[**] Ceci n'est pas une raison probante, car l'alphabet sanscrit peut être gravé sur des monnoies persanes, indiennes, etc., sans qu'il en résulte qu'on parlât la même langue dans ces divers pays. On sait qu'actuellement les Chinois et les Tartares s'entendent en s'écrivant, quoique leurs idiomes soient aussi différents l'un de l'autre que le turc l'est du françois. Les lettres chinoises ne sont que des caractères généraux, comme les chiffres arabes. Elles sont les signes de certaines idées, et chacun les traduit ensuite dans sa langue.

[***] Je suis assez tenté de croire qu'il y a eu autrefois une langue universelle. La ressemblance des anciens caractères grecs et romains avec les caractères arabes; les étymologies multipliées entre le sanscrit, les langues orientales, le grec, le latin, le celte, les dialectes de la mer du Sud et de l'Amérique, et beaucoup d'autres raisons qui ne sont pas de mon sujet, semblent venir à l'appui de cette conjecture. (Vidend., DANET., *Dictionn. d'Antiquit.*; COOK's *Voyages*; HALHED's *Grammar of the Bengal language*; SAVARY, *Voyage d'Égypte*; BRIGAND, *sur les langues*; HARRIS; HERMÈS.)

puisque l'empire persan s'étendoit sur une partie considérable des Indes.

Le premier fragment est extrait du *Mahabarat*, poëme épique, d'environ quatre cent mille vers, composé par le brachmane Kreeshna Dioypayen Veïas, trois mille ans avant notre ère. De ce poëme, l'épisode appelé *Baghvat-Geeta* étoit le seul morceau publié par le traducteur anglois, M. Wilkins, en 1785.

Le sujet de cet ancien monument du génie indien est une guerre civile entre deux branches de la maison royale de Bhaurat.

Les deux armées, rangées en bataille, se disposent à en venir aux mains, lorsque le dieu Kreeshna qui accompagne Arjoon, l'un des deux rois, comme Minerve Télémaque, invite son élève à faire avancer

---

drames écrits dans ces trois dialectes. Les différents ouvrages traduits du sanscrit en anglois sont le *Mahabarat* et *Sacontala*, dont je cite des passages; *Heeto-Pades*, ou l'ouvrage original dont sont empruntées les fables d'Ésope et de Pilpay; les *Cinq Diamants*, ou les stances de cinq poëtes; une ode traduite de *Wulli*, et une partie du *Shaster*. Outre ces ouvrages d'agrément, le sanscrit en a fourni plusieurs de sciences, entre autres le fameux *Surya-Siddhànta*. Ce sont des tables astronomiques de la plus haute antiquité, et calculées sur des théorèmes de trigonométrie d'une vérité rigoureuse. La chronologie des Indiens se divisoit en quatre âges : 1° Le Suttee Jogue, ou l'âge de pureté. Sa durée fut de trois millions deux cent mille ans. Les hommes vivoient cent mille ans.

2° Le Tirtah Jogue (le tiers du monde corrompu). Sa période fut de deux millions quatre cent mille ans. La vie de l'homme étoit de dix mille ans.

3° Le Davapar Jogue (la moitié de la race humaine vicieuse) dura un million seize cent mille ans. L'homme ne vécut plus que mille ans.

4° Le Colle Jogue (tous les hommes dépravés) est l'âge actuel, qui durera quatre cent mille ans, dont cinq mille sont déjà écoulés. Il est incroyable que ces traductions, qui nous paroissent si extravagantes, soient supportées par les calculs les plus certains d'astronomie. Mon autorité dans tout ceci est *Robertson's Historical Disquisitions*.

son char entre les combattants. Arjoon regarde : il n'aperçoit de part et d'autre que des pères, des fils, des frères, des amis prêts à s'égorger; saisi de pitié et de douleur, il s'écrie :

O Kreeshna! en voyant ainsi mes amis impatients du signal de la bataille, mes membres m'abandonnent, mon teint pâlit, le poil de ma chair se hérisse, tout mon corps tremble d'horreur; Gandew même, mon arc, échappe à ma main, et ma peau, collée à mes os, se dessèche. Lorsque j'aurai donné la mort à ces chers parents, demanderai-je encore le bonheur? Je n'ambitionne point la victoire, ô Kreeshna! Qu'ai-je besoin de plaisir ou de puissance? Qu'importent les empires, les joies, la vie même, lorsque ceux-là ne seront plus, ceux-là qui donnoient seuls quelque prix à ces empires, à ces joies, à cette vie? Pères, ancêtres, fils, petits-fils, oncles, neveux, cousins, parents et amis, vous voudriez ma mort, et cependant je ne souhaite pas la vôtre; non! pas même pour l'empire des trois régions de l'univers, encore bien moins pour cette petite terre [1].

La simplicité et le pathétique de ce fragment sont d'une beauté vraie; on s'étonne surtout de n'y point trouver cette imagination déréglée, ce luxe de coloris, caractère dominant de la poésie orientale. Tout y est dans le ton d'Homère; mais, après cette apostrophe d'Arjoon, Kreeshna, pour lui prouver qu'il doit combattre, s'étend sur les de-

---

[1] *Baghvat-Geeta,* pag. 81.

voirs d'un prince, s'engage avec son élève dans une longue controverse théologique et morale. Ici le mauvais goût et le prêtre se décèlent. Nous choisirons pour pendant à l'épique indien l'épique de la Germanie. La muse allemande, nourrie de la méditation des Écritures, a souvent toute la majesté, toute la simple magnificence hébraïque : et l'on retrouve dans les froides régions de l'Empire l'enthousiasme et la chaleur du génie des poëtes d'Israël.

Klopstock, dans son poëme immortel, a peint la conjuration de l'enfer contre le Messie. Le sacrifice est prêt à s'accomplir ; les prêtres triomphent, et le Fils de l'homme est condamné. Suivi de sa mère, de ses disciples, des gardes romaines et de toute la Judée, il s'avance, chargé de sa croix, au lieu du supplice : il arrive sur Golgotha. Alors Éloa, envoyé par l'Éternel, distribue les anges de la terre autour de la montagne. Les uns s'assemblent sur des nuages, les autres planent dans les airs.

Gabriel va chercher les âmes des patriarches, et les place sur la montagne des Oliviers, pour être témoins du grand sacrifice ; Uriel en même temps amène toutes celles des races à naître. Le globe immense qu'elles habitoient reçoit l'ordre de voler vers le soleil et d'intercepter sa lumière. Satan, et tout l'enfer caché dans la mer Morte sous les ruines de Gomorrhe, contemple la Rédemption. Les innombrables esprits célestes qui peuplent les étoiles et les soleils, ceux qui environnent Jéhovah, ont l'œil attaché sur le Sauveur ; et le Saint des saints, retiré dans sa profondeur incompréhensible, compte les heures du grand mystère ; alors

Les bourreaux s'approchent de Jésus. Dans ce moment tous les mondes, avec un bruit qui retentissoit au loin, parvinrent au point de leur course, d'où ils devoient annoncer la réconciliation. Ils s'arrêtent ; insensiblement le mouvement des pôles se ralentit, et cessa tout à coup. Un vaste silence régnoit dans toute l'étendue de la création. La marche de tous les globes suspendue annonçoit dans les cieux les heures du sacrifice..... Les anges, interdits, étoient attentifs à ce qui alloit se passer. Jéhovah jeta un coup d'œil sur la terre, la vit prête à s'abîmer et la rétint. Jéhovah, le dieu Jéhovah, avoit ses regards fixés sur Jésus-Christ... et les bourreaux le crucifièrent !.... A ce spectacle terrible, les anges et les patriarches restoient dans un morne silence. Le calme effrayant qui régnoit dans toute la nature étoit l'image de la mort. On auroit dit qu'elle venoit d'en détruire tous les habitants, et que rien d'animé n'existoit plus dans aucun monde.....

Bientôt l'obscurité couvrit la terre, où régnoit un profond silence, et ce silence morne augmentoit avec les ténèbres et l'inquiétude. Les oiseaux, devenus muets, s'envolèrent au fond des forêts ; les animaux cherchèrent un asile dans les cavernes et les fentes des rochers ; la nature entière étoit ensevelie dans un calme sinistre. Les hommes, respirant avec peine un air qui n'avoit plus de ressort, levoient les yeux vers le ciel, où ils cherchoient en vain la lumière. L'obscurité augmentoit de plus en plus ; elle devint universelle et effrayante, lorsque l'astre [1] eut entièrement occupé

---

[1] L'astre occupé par les âmes à naître dont j'ai parlé.

le disque du soleil ; toutes les plaines de la terre furent enveloppées dans les horreurs d'une nuit épouvantable...

Les couleurs de la vie reparurent sur le front du Messie, mais elles s'éteignirent rapidement et ne revinrent plus. Ses joues livides se flétrirent davantage, et sa tête, succombant sous le poids du jugement du monde, se pencha sur sa poitrine. Il fit des efforts pour la relever vers le ciel, mais elle tomba de nouveau. Les nuages suspendus s'étendirent autour de Golgotha, d'une manière lente et pleine d'horreur, comme les voûtes funèbres des tombeaux sur les cadavres que la pourriture dévore. Un nuage plus noir que les autres s'arrêta au haut de la Croix. Le silence, le calme affreux de la mort sembloit distiller de son sein. Les immortels en frissonnèrent. Un bruit inattendu, et qui n'avoit été précédé d'aucun autre bruit, sortit tout à coup des entrailles de la terre : les ossements des morts en tremblèrent, et le temple en fut ébranlé jusqu'au faîte.

Cependant le silence étoit rétabli sur la terre, et les hommes vivants, les morts, et ceux qui devoient naître, avoient les regards fixés sur le Rédempteur. En proie à toutes les douleurs, Ève regardoit son fils, qui succomboit insensiblement sous une mort lente et pénible. Ses yeux ne s'arrachoient de ce triste spectacle que pour se porter sur une mortelle qui se tenoit chancelante au pied de la Croix, la tête penchée, le visage pâle, et dans un silence semblable au silence de la mort. Ses yeux ne pouvoient verser de larmes : elle étoit sans mouvement..... «Ah! dit en elle-même la mère du genre humain, c'est la mère du plus grand des hommes ; l'excès de sa douleur ne l'annonce que trop. Oui, c'est l'auguste Marie ; elle éprouve dans ce moment ce que je sentis moi-même lorsque je vis Abel auprès de l'autel, nageant dans les flots de son sang. Oui, c'est la mère du Sauveur expirant. » Elle fut tirée de ces pensées par l'arrivée de deux anges de la mort, qui venoient du côté de l'Orient. Ils planoient dans les airs d'un vol mesuré et majestueux, et gardoient un profond silence. Leurs vêtements étoient plus sombres que la nuit, leurs yeux plus étincelants que la flamme; leur air annonçoit la destruction. Ils s'avançoient lentement vers la colline de la Croix, où le Juge suprême les avoit envoyés; les âmes des patriarches, épouvantées, tombèrent sur la poussière de la terre, et sentirent l'impression de la mort et les horreurs du tombeau, autant que peuvent les sentir des substances indestructibles. Les deux génies redoutables, parvenus à la Croix, contemplent le Mourant, prennent leur vol, l'un à droite et l'autre à gauche; et, d'un air morne et présageant la mort, ils volent sept fois autour de la Croix. Deux ailes couvroient leurs pieds, deux ailes tremblantes couvroient leur face, et deux autres les soutenoient dans les airs, dont l'agitation produisoit un mugissement semblable aux accents lamentables de la mort. C'est ce bruit qui tonne aux oreilles d'un ami de l'humanité, lorsque des milliers de morts et de mourants nagent dans leur sang sur le champ de bataille, et qu'il fuit en détournant les yeux. Les terreurs de Dieu étoient répandues sur les ailes des deux anges, et retentissoient vers la terre; ils voloient pour la septième fois, lorsque le Sauveur, accablé, releva sa tête appesantie, et vit ces ministres de la mort. Il tourna ses yeux obscurcis vers le ciel, et s'écria d'une voix qu'il tira du fond de ses entrailles, et qui ne put se faire entendre : « Cessez d'effrayer le Fils de l'homme; je vous reconnois au bruit de vos ailes.... il m'annonce la mort... Cesse, Juge des mondes... cesse... » En disant ces mots, son sang sortit à gros bouillons... Alors les anges de la mort tournèrent leur vol bruyant vers le ciel, et laissèrent les spectateurs dans une surprise muette, et des réflexions plus inquiétantes et plus confuses sur ce qui se passoit à leurs yeux... et l'Éternel laissoit toujours sur le mystère un voile impénétrable [1]...

Les enfers, les cieux, les hommes, les générations écoulées et les générations à naître, les globes arrêtés dans leurs révolutions, le cours de l'univers suspendu, la nature couverte d'un voile, un Dieu expirant, quel tableau! Sa sublimité fera excuser la longueur de la citation.

Le second fragment qui me reste à donner du sanscrit est d'un genre totalement opposé au premier. On a découvert parmi les Indiens une foule de pièces de théâtre écrites dans la langue sacrée, régulières dans leur marche, et intéressantes dans leurs sujets. S'il étoit possible de douter de la haute civilisation des anciennes Indes, cette particularité seule suffiroit pour la prouver, en même temps qu'elle dépouille les Grecs de l'honneur d'avoir été les inventeurs du genre dramatique.

La scène indienne non-seulement admet le masque et le cothurne, mais elle emprunte encore la houlette. Elle se plaît à représenter les mœurs champêtres, et ne craint point de s'abaisser en peignant les tableaux de la nature. Sacontala, princesse d'une naissance illustre, avoit été élevée par un ermite

---

[1] *Messie*, chant VIII.

dans un bocage sacré, où les premières années de sa vie s'étoient écoulées au milieu des soins rustiques et de l'innocence pastorale. Prête à quitter sa retraite chérie pour se rendre à la cour d'un grand monarque auquel elle étoit promise, les compagnes de sa jeunesse déplorent ainsi leur perte et font des vœux pour le bonheur de Sacontala :

Écoutez, ô vous, arbres de cette forêt sacrée ! écoutez, et pleurez le départ de Sacontala pour le palais de l'époux ! Sacontala ! celle qui ne buvoit point l'onde pure avant d'avoir arrosé vos tiges ; celle qui, par tendresse pour vous, ne détacha jamais une seule feuille de votre aimable verdure, quoique ses beaux cheveux en demandassent une guirlande ; celle qui mettoit le plus grand de tous ses plaisirs dans cette saison qui entremêle de fleurs vos rameaux flexibles.

CHŒUR DES NYMPHES DES BOIS.

Puissent toutes les prospérités accompagner ses pas ! puissent des brises légères disperser, pour ses délices, la poussière odorante des riches fleurs ! Puissent les lacs d'une eau claire, et verdoyante sous les feuilles du lotos, la rafraîchir dans sa marche ! Puissent des branches ombreuses la défendre des rayons brûlants du soleil !

Sacontala sortant du bois et demandant à Cana, l'ermite, la permission de dire adieu à la liane Madhavi, *dont les fleurs rouges enflamment le bocage,* après avoir baisé *la plus radieuse de toutes les fleurs,* et l'avoir priée de lui *rendre ses embrassements, avec ses bras amoureux,* s'écrie :

Ah ! qui tire ainsi les plis de ma robe ?

CANA.

C'est ton fils adoptif, le petit chevreau dont tu as si souvent humecté la bouche avec l'huile balsamique de l'ingoudi, lorsque les pointes du cusa l'avoient déchirée. Lui, que tu as tant de fois nourri dans ta main des graines du synmaka. Il ne veut pas quitter les pas de sa bienfaitrice.

SACONTALA.

Pourquoi pleures-tu, tendre chevreau ? Je suis forcée d'abandonner notre commune demeure. Lorsque tu perdis ta mère, peu de temps après ta naissance, je te pris sous ma garde. Mon père Cana veillera sur toi lorsque je ne serai plus ici. Retourne, pauvre chevreau ; retourne, il faut nous séparer. (*Elle pleure.*)

CANA.

Les larmes, mon enfant, conviennent peu à ta situation. Nous nous reverrons ; rappelle tes forces. Si la grosse larme se montre sous tes belles paupières, que ton courage la retienne lorsqu'elle cherche à s'échapper. Dans notre passage sur cette terre, où la route tantôt plonge dans la vallée, tantôt gravit la montagne, et où le vrai sentier est difficile à distinguer, tes pas doivent être nécessairement inégaux ; mais suis la vertu, elle te montrera le droit chemin [1].

Si ce dialogue n'est pas dans nos mœurs, du moins il respire le calme et la fraîcheur de l'idylle. La dernière leçon de Cana, dans le style de l'apologue oriental, quoique venant inapropos, est pleine d'une aimable philosophie. Le Théocrite des Alpes

[1] *Sacont.*, acte IV, pag. 47, etc.

va nous fournir pour l'Allemagne le parallèle de ce morceau.

Pyrrhus, prince de Krissa, et Arates, ami de Pyrrhus, ont envoyé, par ordre des dieux, le premier, son fils Évandre, le second, sa fille Alcimne, afin d'être élevés secrètement chez des bergers. L'amour touche le cœur d'Évandre et d'Alcimne, ils s'aiment sans connoître leur rang illustre. Les princes arrivent, révèlent le secret, les amants s'unissent. L'*Évandre* de Gessner n'est pas son meilleur ouvrage, mais il est curieux à cause de sa ressemblance avec *Sacontala*. Il y a quelque chose qui ouvre un vaste champ de pensées philosophiques à trouver l'esprit humain reproduisant les mêmes sujets, à cinq mille ans d'intervalle, d'un bout du globe à l'autre. Lorsque l'auteur de *Sacontala* florissoit sous le beau ciel de l'Inde, qu'étoit la barbare Helvétie ?

Alcimne a appris sa naissance, elle est entourée de suivantes qui lui parlent des mœurs de la cour. Elle regrette, comme la princesse indienne, ses bois, ses moutons, sa houlette, et surtout ses amours.

LA DEUXIÈME SUIVANTE.

Permettez-moi de vous dire qu'il faut que vous renonciez aux mœurs de la campagne, pour suivre celles de la cour. Une grande dame doit savoir tenir son rang. Nous avons ordre de ne point vous quitter et de vous donner des leçons.

ALCIMNE.

J'aime mieux nos mœurs ; elles sont simples, naturelles, et s'apprennent toutes seules. Parmi nous on ne voit personne en donner des leçons ; on s'en moqueroit comme de quelqu'un qui voudroit apprendre à un oiseau un autre chant que le sien. Mais dites-moi quelque chose de la manière dont on vit à la ville. Je crains fort de ne pas la trouver de mon goût.

LA DEUXIÈME SUIVANTE.

Le matin, quand vous vous éveillez, ce qui n'est qu'à midi, car les dames du grand monde ne s'éveillent pas à l'heure des artisans...

ALCIMNE.

A midi ! Je n'entendrois donc plus, le matin, le chant des oiseaux ; je ne verrois donc plus le lever du soleil ? cela ne m'accommoderoit pas.

LA PREMIÈRE SUIVANTE.

Votre beauté ne manquera pas de vous faire beaucoup d'amants. Il faudra vous étudier à plaire à tous, et ne donner à chacun que peu d'espérance.

ALCIMNE.

Tous nos seigneurs m'ennuieront en me parlant d'amour, parce que je n'aimerai jamais que celui que j'aime déjà.

LA DEUXIÈME SUIVANTE.

Quoi ! vous aimez déjà ?

ALCIMNE.

Oui, sans doute ; je ne rougis pas d'en convenir. J'aime un berger de tout mon cœur, et lui, il m'aime de tout le sien. Il est beau comme le soleil levant, charmant comme le printemps ; le rossignol ne chante peut-être pas si bien que lui... Oui, mon bien-aimé, tu seras le seul que j'aimerai toujours. Ces arbres verts mourront, le soleil cessera d'éclairer ces belles prairies, avant que ton Alcimne te soit infidèle. Oui, mon bien-aimé, je fais le serment....

LA DEUXIÈME SUIVANTE.

Ne le faites pas; votre père ne vous laissera point avilir jusque-là votre illustre naissance.

ALCIMNE, avec colère.

Que voulez-vous dire, mon illustre naissance ! Eh quoi ! peut-il y en avoir qui ne soit noble et honorable ? Oh ! je n'entends rien à toutes vos leçons. Il faut y mettre moins d'esprit et plus de naturel. Non, je ne les comprendrai jamais. Mon père est raisonnable; j'en suis sûre. Il ne voudra pas que j'abandonne ce que j'aime le mieux au monde, et que j'aime ce que je hais le plus. Je ne vous quitterai qu'à regret, charmantes retraites, ombrages frais, occupations innocentes : je vous préférerai toujours au fracas de la ville; mais il faut que je vous quitte pour suivre un père que je chéris. Il ne sera pas venu me chercher ici pour me rendre malheureuse : oui, je serois malheureuse, plus que je ne puis dire, s'il vouloit me séparer de celui que j'aime plus que moi-même. Oh ! ne me donnez pas ces inquiétudes, mes amies ! N'est-il pas vrai que j'aurois tort de les avoir [1] a ?

---

[1] *Évandre*, acte III, scène V.

[a] La littérature allemande a réellement quelque ressemblance avec la littérature orientale; mais il est évident qu'à l'époque où j'analysois Klopstock, je connoissois peu la première, car comment n'aurois-je pas cité Wiéland, Goëthe, etc.? J'ignorois les différentes révolutions que les auteurs et la langue germanique avoient rapidement éprouvées, j'en étois encore à Klopstock et à Gessner.

Je ne puis aujourd'hui trouver sublime ce que je regardois comme tel dans la composition du *Messie*. Toutes les fois que l'on

CHAPITRE LIX.

Philosophie. Les deux Zoroastre. Politique.

Le nom du célèbre Zoroastre[1] rappelle le fondateur de la philosophie persane et celui de l'ordre des mages. De même que sa morale, ses dogmes étoient sublimes. Il enseignoit l'existence des deux principes, l'un bon, l'autre méchant, qui se disputoient l'empire de la nature[2]; la durée du premier embrassoit tous les temps écoulés et à venir. L'existence du second devoit passer avec le monde.

Cet ancien sage fut suivi, vers le temps de Darius fils d'Hystaspe, d'un autre philosophe du même

---

sort de la peinture des passions, et que l'on se jette dans les inventions gigantesques, rien n'est plus facile que de remuer l'univers : il n'est pas besoin d'avoir du génie. Qu'on arrête les globes dans l'espace, qu'on fasse arriver des comètes, qu'on place dans des mondes divers les morts et les vivants, le passé et l'avenir, tout cela n'est qu'une stérile grandeur sans sublimité, une débauche d'imagination qui pourroit être le rêve d'un enfant, un conte de fées. Le morceau de Klopstock que j'ai cité n'offre pas un trait à retenir : l'auteur passe souvent auprès d'une beauté sans l'apercevoir. Quand les deux anges de la mort s'approchent du Christ, qui ne s'attend, par exemple, à quelque chose d'extraordinaire? Tout se réduit à des lieux communs sur la mort, et le poëte est si embarrassé de ses anges, qu'il se hâte de les renvoyer on ne sait où. (N. Éd.)

[1] Ce premier Zoroastre est le Zoroastre chaldéen, dont j'ai déjà parlé. Aristote le place six mille ans avant la prise de Troie.

[2] Hyde raconte quelque chose de curieux au sujet du méchant pouvoir. Les Persans en écrivoient le nom en lettres inverties, il s'appeloit Arimanius, et le bon, Oromasde.

nom, qui altéra quelque chose à la doctrine de son prédécesseur. Tel que le premier Zoroastre, il admettoit les deux natures; mais il les dérivoit d'un être primitif, dont les regards immenses ne tomboient jamais sur la race imperceptible des hommes [1]. Il disoit que ces pouvoirs subordonnés régneroient tour à tour sur la terre, chacun durant une période de six mille années; que le méchant génie seroit à la fin subjugué par le bon; et qu'alors les habitants d'ici-bas, dépouillés de leur enveloppe grossière, sans besoins et dans un parfait état de bonheur, erreroient parmi des bois enchantés comme des ombres légères [2].

Les écrits du premier Zoroastre ont péri dans la révolution des empires; quelques-uns de ceux du second ont été sauvés. Le plus considérable d'entre eux est le *Zend* [3], qui existe encore parmi les anciens Persans dispersés sur les frontières des Indes. Ce livre sacré se divise en deux parties : l'une traite des cérémonies religieuses, l'autre renferme des préceptes moraux.

Nous possédons en outre les fragments d'un autre ouvrage du même philosophe, sous le titre des *Oracles de Zoroastre* [4].

---

[1] Laert., lib. § 6-9.

[2] Plut., *Isis et Osiris*, tom. II, pag. 155.

[3] Les mages ont formé un Épitome de ce livre, sous le nom de *Sadder*, qu'ils lisent au peuple les jours de fêtes.

[4] Patricius en publia trois cent vingt-trois vers à la suite de sa *Nova Philosophia de Universis*, imprimée à Ferrare en 1591. Je n'ai pu me procurer cet ouvrage assez tôt pour l'impression de cet article. Si je puis le découvrir, je donnerai la traduction de ces vers à la fin du volume.

La théorie des gouvernements semble aussi avoir été familière aux sages de la Perse. Quelques auteurs représentent Zoroastre l'ancien sous les traits d'un législateur; et Hérodote introduit ailleurs les seigneurs persans, après l'assassinat du mage, délibérant sur le mode de gouvernement à adopter pour l'empire. Othanès propose la démocratie. « Le tyran, dit-il, τὰ μὲν γάρ, ὕϐρει κεκορημένος, ἔρδει πολλὰ καὶ ἀτάσθαλα·τὰ δὲ φθόνῳ, tantôt gonflé de haine, tantôt d'orgueil, commet des actions horribles. » Mégabyze opine à l'oligarchie, et représente les fureurs du peuple. Darius parle en faveur de la royauté, et l'emporte[1].

Les mages et les autres prêtres soumis aux Perses excelloient dans les études de la nature. On peut juger de leurs connoissances en astronomie par une série d'observations de dix-neuf cent trois années, que Callisthène, philosophe grec attaché à la suite d'Alexandre, trouva à Babylone[2]. N'oublions pas la science mystérieuse appelée du nom de la secte qui la pratiqua[3]. La magie prouve deux choses : l'ignorance des peuples de l'Orient, et les malheurs des hommes d'autrefois. On ne cherche à sonder l'avenir que lorsqu'on souffre au présent.

Il est impossible de supposer que tant de lumières pesassent dans un des bassins de la balance,

---

[1] Hérod., lib. III, cap. LXXX.

[2] Simpl., lib. II, de Cælo.

[3] Diod. Sic., lib. XI, pag. 83; Naudæi, Apol. pro Virg. Mag. Magiæ Suspect., cap. VIII.

sans un contre-poids égal de corruption. Aussi trouvons-nous qu'un affreux despotisme s'étendoit sur l'empire de Cyrus; que les satrapes, devenus autant de petits tyrans dans leurs provinces, écrasoient les peuples prosternés à leurs pieds, et qu'un virus de luxe et de misère dévoroit et les grands et les petits [1]. Il résulte de ce tableau moral et politique de l'Orient, considéré au moment de l'établissement des républiques en Grèce, qu'il étoit arrivé à ce point de maturité où les révolutions sont inévitables, ou du moins à ce degré de connoissances et de vices qui rend une nation plus susceptible

---

[a] En lisant avec attention l'*Essai*, on découvre sous le rapport politique que mon dessein est de prouver, sans admettre et sans rejeter le gouvernement républicain en théorie, que la république ne pourroit s'établir en France, parce que les mœurs n'y sont plus assez innocentes. Je faisois même de cette observation un principe général; en donnant pour contre-poids la corruption aux lumières, je ne supposois pas la république possible chez un vieux peuple civilisé. Ce système, né chez moi de l'étude des républiques anciennes, comme je l'ai déjà dit, étoit faux, et même dangereux, en tant qu'appliqué à la société moderne; car il suivroit de là qu'aucune liberté ne pourroit exister chez une nation policée, et que la civilisation nous condamneroit à un éternel esclavage. Heureusement il n'en est pas ainsi : les lumières, quand elles sont descendues, comme aujourd'hui, dans toutes les classes sociales, composent une sorte de raison publique qui rend impossible l'établissement du despotisme, et qui produit pour la liberté le même effet que l'innocence des mœurs. Seulement, dans cet âge avancé du monde, la liberté est plus aimable sous la forme monarchique que sous la forme républicaine, parce que le pouvoir exécutif, placé dans une famille souveraine, exclut les ambitions individuelles, toujours plus vives dans l'absence des mœurs. (N. ÉD.)

[1] PLUT., in *Apophtegm.*, pag. 213; PLAT., lib. III de *Leg.*, pag. 697; *Cyrop.*, lib. VIII, pag. 239.

d'être ébranlée par la commotion des troubles politiques des États qui l'environnent. Favorisée par ces causes internes, l'influence de la révolution républicaine de la Grèce sur la Perse fut directe, prompte et terrible, parce qu'elle se trouva déterminée vers les armes, en conséquence des événements que je vais décrire.

Remarquons encore que le principal effet de la révolution françoise sur l'Allemagne s'est aussi dirigé par la voie militaire. Mais cet empire, étant dans une autre position morale que celui de Cyrus, ne peut ni n'a à craindre les mêmes maux[a]. Voulez-vous prédire l'avenir, considérez le passé. C'est une donnée sûre qui ne trompera jamais, si vous partez du principe : les mœurs.

Avant d'entrer dans le détail de la guerre Médique et de la guerre présente, il faut dire un mot de la situation politique de la Perse et de l'Allemagne, vues quelques moments avant ces grandes calamités.

---

[a] Ces prédictions sont très peu certaines : le passage des François en Allemagne, la réunion pendant plusieurs années de diverses provinces de cet empire à l'empire françois, et surtout les principes de la révolution, ont laissé dans les populations germaniques un ébranlement considérable. La révolution françoise n'est pas d'ailleurs un fait isolé : le monde civilisé a marché, et continue de marcher vers un nouvel ordre de choses. La France, qui va toujours plus vite que les autres nations, les a devancées : par le mouvement de ses opinions et de ses armes, elle a sans doute pressé le pas de la foule autour d'elle, mais elle a trouvé partout les chemins préparés. La France n'a pas fait ce qui est, elle a seulement hâté la maturité d'un fruit qui tombera au jour marqué. (N. Éd.)

CHAPITRE LX.

Situation politique de la Perse à l'instant de la Guerre Médique ; — de l'Allemagne à l'instant de la Guerre Républicaine [1]. Darius, Joseph, Léopold.

Ce fut sous le règne de Darius, fils d'Hystaspe, qu'éclata la fameuse guerre Médique [2] dont nous allons retracer l'histoire. Ce monarque semble avoir réuni dans sa personne les différentes qualités des empereurs d'Allemagne, Joseph et Léopold. Réformateur et guerrier [3] comme le premier, législateur [4] comme le second, il eut à combattre à peu près la même fortune que celle des deux princes germaniques.

Le roi des Perses, en parvenant à la couronne, opéra une grande révolution religieuse. Les mages, jusqu'alors maîtres de l'opinion, et qui s'étoient même emparés du pouvoir suprême [5], reçurent de la main de Darius un coup mortel [6]. Non content

---

[1] Je me servirai désormais de cette expression pour faire entendre la guerre présente, afin d'éviter les périphrases.

[2] Les Grecs ne comptoient la guerre Médique que depuis l'invasion de Xerxès jusqu'à la défaite de Mardonius à Platée. Moi je comprendrai sous ce nom toute la période entre la bataille de Marathon sous Darius, et la paix générale sous Artaxerxès. J'avertis que, parlant désormais de la Perse et de l'Allemagne ensemble, pour sauver les longueurs et les tours traînants, j'indiquerai seulement le changement d'un empire à l'autre par ce signe —.

[3] Hérod., lib. v, cap. lxxxix; lib. iv, cap i ; Plat., de Leg., lib. iii.

[4] Plat., ib.; Diod., lib. i, pag. 85.

[5] Hérod., lib. iii, cap. lxxx.

[6] Id., ibid.

de les avoir précipités d'un trône usurpé, il les attaqua à la source de leur puissance, et, substituant superstition à superstition, le culte des étoiles [1] à l'ancienne adoration du soleil, il les supplanta adroitement dans le cœur du peuple.

Ce fait, qui, si l'on considère la circonstance des troubles de la Grèce, devient extrêmement remarquable, et qui par lui-même est un très grand événement [a], a à peine été recueilli des écrivains. Cependant les conséquences durent en être vivement senties. Si la science des hommes demeure en tout temps la même, et qu'il soit permis de raisonner de l'effet des passions, d'après la connoissance de ces passions, on peut hardiment conjecturer que l'insurrection de la Babylonie [2], peut-être même celle de l'Ionie, par des causes maintenant impossibles à découvrir, provinrent de ces innovations [3]. Qui sait jusqu'à quel degré elles n'influèrent point sur le sort des armes dans la guerre Médique, et par

---

[1] On croit que ce fut le second Zoroastre qui rétablit l'ancien culte du soleil. Or, ce Zoroastre vivoit sous Darius même. Ainsi les innovations de celui-ci n'auroient servi qu'à troubler ses États sans avoir obtenu le but qu'il s'étoit proposé. (HYDE, *Rel. Pers.*, pag. 311; BAY. *Let. Z. Zor.*; PRIDEAUX, pag. 210; SUID., *in Zor.*)

[a] De tous les rapprochements présentés dans l'*Essai*, voilà le plus curieux et le fait historique le moins observé. (N. ÉD.)

[2] HEROD., lib. III, cap. CLX-CLXI.

[3] Il est impossible qu'un ordre religieux de la plus haute antiquité, et qui gouvernoit le peuple à son gré, se laissât massacrer, proscrire, sans mettre en usage toutes les ressources de sa puissance. Et puisque Lucien nous apprend que de son temps les mages existoient dans tout leur éclat en Perse, il faut en conclure qu'ils obtinrent la victoire sur Darius. D'ailleurs, Pline et Arien parlent des mages tout-puissants sous Xerxès, et de ce prince lui-même comme d'un grand sectaire du second Zoroastre.

conséquent sur la destinée des Perses? Ces réformes sacerdotales de Darius et de Joseph dans leurs États, presque au moment de l'abolition de la monarchie en Grèce et en France, présentent un des rapports les plus intéressants de l'histoire.

Ce dernier prince n'eut pas plus tôt touché aux hochets sacrés, que les prêtres, alarmant les villes des Pays-Bas, leur persuadèrent qu'on en vouloit à leur liberté, lorsqu'il ne s'agissoit que de quelques couvents de moines inutiles. La révolte du Brabant a eu les suites les plus funestes. Le peuple, dompté seulement par la force des armes, froid dans la cause de ses maîtres, qu'il regardoit comme ses tyrans, loin d'épouser la querelle des alliés, a présenté aux François une proie facile. Observons encore la réaction de la justice générale : le clergé flamand soulève les Brabançons contre leurs souverains légitimes, pour sauver quelques parties de ses immenses richesses; les républicains arrivent et s'emparent de tout [a].

Une guerre malheureuse venoit de désoler la Perse, — de ruiner l'Allemagne. Darius, dans son expédition de Scythie, avoit perdu une armée flo-

---

[a] Il y a quelque chose d'assez bien jugé dans ces remarques, c'est dommage qu'elles soient gâtées par la manifestation d'un esprit anti-religieux. Qu'il y ait eu des moines inutiles, tout le monde en convient : on peut être encore un bon catholique en convenant avec Fleury, et tant d'autres saints prêtres, que des abus s'étoient glissés dans le clergé ; mais je ne veux point avoir recours à cette défense, et j'aime mieux dire ce qui est vrai : c'est que dans le paragraphe qui fait le sujet de cette note, l'écrivain étoit imbu des doctrines de son siècle. (N. Éd.)

rissante[1]: — Les États de Joseph s'étoient épuisés pour seconder son entreprise contre la Porte. Mais ici se trouve une différence locale essentielle. Les troupes persanes, en se rendant par la Thrace aux bords de l'Ister, se rapprochèrent de la Grèce. — L'armée autrichienne, en se jetant sur la Turquie, s'éloignoit au contraire des frontières de France. Cette chance de position a décidé en partie du succès de la guerre présente; car, ou les empereurs se fussent déclarés plus tôt contre la république, et l'eussent trouvée moins préparée; ou les François eux-mêmes n'auroient su pénétrer dans le Brabant. Autres données, autres effets.

Joseph étant mort à Vienne, son frère Léopold, grand-duc de Toscane, lui succéda. Celui-ci, accoutumé, dans une position moins élevée, à un horizon peu étendu, ne put saisir l'immensité de la perspective, lorsqu'il eut atteint à de hautes régions. La nature l'avoit doué de cette vue microscopique qui distingue les parties de l'infiniment petit, et ne sauroit embrasser les dimensions plus nobles du grand. Il porta cependant avec Darius quelques traits de ressemblance : l'amour de la justice et la connoissance des lois. Mais le prince persan considéra ses sujets du regard du monarque qui dirige des hommes [2], et le prince germanique de l'œil du maître qui surveille un troupeau. L'un possédoit la chaleur et la libéralité du chef qui donne[3]; l'autre

---

[1] Strab., lib. vii, pag. 305; Herod., lib. iv, cap. mcccxli.
[2] Plut., *Apopht.*, tom. ii, pag. 173.
[3] Herod., lib. iii, cap. cxxxii, etc.; lib. vi, cap. cxx.

la froideur et l'économie du dépositaire qui compte[1].

Tels étoient les monarques et l'état des deux empires, lorsque la révolution républicaine de la Grèce, et celle de la France, firent éclater la guerre Médique dans l'ancien monde, — la guerre présente dans le monde moderne. Nous allons essayer d'en développer les causes [a].

[1] Je juge ici d'après le livre des *institutions toscanes* de Léopold, imprimé en italien, et que j'ai eu quelque temps entre les mains ; en outre, sur ce que j'ai appris en Allemagne touchant cet empereur, et dans plusieurs conversations avec des Florentins; enfin par l'histoire générale de l'Europe à cette époque. La justice cependant m'oblige de dire que j'ai trouvé des Allemands grands admirateurs des vertus de Léopold.

[a] Me voilà à la fin de ce qui forme dans cette édition (celle de 1826) le premier volume de l'*Essai*. Jamais coupable ne s'est imposé pénitence plus rude. Il ne faut pas croire que je n'aie pas souffert en me traitant comme je viens de le faire. Je défie la critique la plus malveillante d'aller au-delà de la mienne, car je n'ai pas plus ménagé mon amour-propre que mes principes ; je m'épargnerai encore moins dans les notes du second volume.

Néanmoins qu'il me soit permis à présent de demander au lecteur ce qu'il pense de ce qu'il vient de lire ? Est-ce là ce livre qui devoit révéler en moi un homme tout autre que l'homme connu du public ? Que voit-on dans l'*Essai* ? est-ce un impie, un révolutionnaire, un factieux, ou un jeune homme accessible à tous les sentiments honnêtes, impartial avec ses ennemis, juste contre lui-même, et auquel, dans le cours d'un long ouvrage, il n'échappe pas un seul mot qui décèle une bassesse de cœur ? L'*Essai* est certes un très méchant livre ; mais si l'on veut, si l'on ne doit accorder aucune louange à l'auteur, peut-on lui refuser de l'estime ?

Littérairement parlant, l'*Essai* touche à tout, attaque tous les sujets, soulève une multitude de questions, remue un monde d'idées, et mêle toutes les formes de style. J'ignore si mon nom parviendra à l'avenir ; je ne sais si la postérité entendra parler de mes ouvrages ; mais si l'*Essai* echappoit à l'oubli, tel qu'il est en lui-même cet *Essai*, et tel qu'il est surtout avec les *Notes critiques*, ce seroit un des plus singuliers monuments de ma vie.

(N. Éd.)

CHAPITRE LXI.

Influence de la Révolution Républicaine de la Grèce sur la Perse — et de la Révolution Républicaine de la France sur l'Allemagne. Causes immédiates de la Guerre Médique — de la Guerre Républicaine. L'Ionie [1]. Le Brabant.

Les différentes colonies que les Grecs avoient fondées sur les côtes de l'Asie-Mineure étoient tombées peu à peu sous la puissance des rois de Lydie [2]. Celle-ci ayant été à son tour renversée par Cyrus, les villes d'Ionie passèrent alors sous le joug de la Perse [3].

Elles ne connurent cependant que le nom de l'esclavage. Leurs maîtres leur laissèrent leur ancien gouvernement populaire, et n'exigeoient d'elles qu'un léger tribut [4]; mais les habitants de ces cités, incapables de modération, ne connoissoient pas de plus grand tourment que le repos. Amollis dans le luxe et les voluptés, ils n'avoient conservé de la pureté de leurs mœurs primitives qu'une inquiétude toujours prête à les plonger dans les malheurs des révolutions, sans qu'ils fussent jamais assez vertueux pour en recueillir les fruits [5].

---

[1] Je comprends sous le nom général de l'*Ionie*, l'Ionie proprement dite, l'Éolide et la Doride.
[2] HEROD., lib. I, cap. VI.
[3] *Id., ibid.*, cap. CXLI; THUCYD., lib. I, cap. XVI.
[4] HEROD., lib. VI, cap. XLII-XLIII.
[5] ATHEN., lib. XII, pag. 526; HEROD., lib. IX, cap. CIV; THUCYD, lib. VI, c. LXVII-LXXVII; XENOPH., *Instit. Cyr.*, p. 158; DIOD., l. XIV; PAUSAN., l. III.

Les colonies grecques-asiatiques formoient un corps de républiques qui se gouvernoient par leurs propres lois, sous la protection de la cour de Suze [1], de même que les États fédératifs des Pays-Bas sous la puissance des empereurs d'Allemagne. Plusieurs fois les premières avoient cherché à se soustraire à la domination de la Perse [2] sans avoir pu y parvenir. Dans la dix-neuvième année du règne de Darius, les peuples de l'Ionie se soulevèrent à la fois [3]. Le motif général de l'insurrection étoit ces plaintes vagues de tyrannie, le grand texte des factieux, et qui ne veut dire autre chose, sinon qu'on a besoin d'expressions figurées, pour éviter d'employer au sens propre, haine, envie, vengeance, et tous ces mots qui composent le vrai dictionnaire des révolutions.

— Le Brabant, autrefois partie du duché de Bourgogne, étant passé, après plusieurs successions, à la maison d'Autriche, demeura en possession de ses priviléges politiques, formant une espèce de république soumise à un grand empire.

Le caractère des Flamands, considéré au civil, présentoit encore des analogies frappantes avec celui des Grecs-Asiatiques. Indomptables dans leur humeur, les habitants des Pays-Bas tendoient sans cesse à s'insurger, sans autre raison qu'une impossibilité d'être paisibles. La république du brasseur Artavelle [4], le bannissement de plusieurs de leurs

---

[1] Hérod., lib. I, cap. cxliii; Strab., liv. viii, cap. ccclxxxiv.
[2] Hérod., lib. I, cap. vi. [3] *Id.*, lib. v, cap. xcviii.
[4] Froissard, chap. xxxiv; Dan., tom. iii, pag. 418, etc.

comtes[1], les révoltes sous Charles-le-Téméraire[2], les grands troubles sous Philippe II[3], ne prouvent que trop cette vérité. Les innovations de Joseph étoient plus que suffisantes pour soulever un peuple impatient et superstitieux. Dans un instant les Pays-Bas furent en armes; et l'empereur germanique s'aperçut trop tard qu'il avoit méconnu le génie des hommes [4][a].

CHAPITRE LXII.

Déclaration de la Guerre Médique, l'an premier de la soixante-neuvième Olympiade (505 ans av. J.-C.) — Déclaration de la Guerre présente, 1792. Premières Hostilités.

Durant que ceci se passoit en Ionie et dans le Brabant [b], de grandes scènes s'étoient ouvertes en Grèce et en France. Soulevées au nom de la liberté,

[1] FROISSARD, ch. XXXIV; HUME's *Hist. of Engl.*, tom. II, pag. 395.

[2] PHILIP. DE COMIN..

[3] BENTIV., *Guer. di Fiand.*, lib. I, pag. 10, etc.; lib. II; CAMDEN, *in Elizab.*

[4] *Test. Pol. de Joseph.*

[a] Je n'ai aucune remarque à faire sur ce chapitre : c'est toujours la suite de ces comparaisons dont j'ai montré si souvent l'impertinence dans les notes précédentes. Comparer les voluptueux habitants de la *molle* Ionie, sous leur ciel enchanté, au milieu des arts, dans la patrie d'Homère et d'Aspasie, les comparer, dis-je, aux Brabançons, c'est une singulière débauche d'imagination, une merveilleuse faculté de voir tout ce qu'on veut.
(N. ÉD.)

[b] L'Ionie et le Brabant! je parle de tout cela couramment.
(N. ÉD.)

ces deux contrées avoient chassé leurs princes et changé la forme de leur gouvernement. Dans le moment le plus chaud de cet enthousiasme, les Athéniens voient tout à coup arriver les ambassadeurs de l'Ionie révoltée, qui les supplient de secourir leurs concitoyens dans la cause commune de l'indépendance[1]. — Les députés du Brabant en insurrection font à Paris la même prière à l'Assemblée nationale.

L'impétuosité attique et françoise auroit bien désiré se précipiter dans la mesure proposée, mais l'heure n'étoit pas venue. On ne comptoit encore que des préparations peu avancées : un reste de crainte retenoit; d'ailleurs il étoit impossible, sans renoncer à toute pudeur, de rompre la paix avec la Perse, — avec l'Allemagne, dont on n'avoit aucun sujet de plainte. On renvoya donc les députés avec des paroles obligeantes, se contentant de fomenter sous main des troubles auxquels on ne pouvoit encore prendre de part ouverte[2][a].

---

[1] Herod., lib. v, cap. lv.

[2] On est forcé de concevoir ainsi la chose d'après le récit d'Hérodote, qui se contredit avec les faits qu'il rapporte lui-même. Il représente Aristagore à Athènes, vers le commencement de la seconde année de la révolte de l'Ionie, et il ajoute qu'il obtint le but de sa négociation; et cependant les Athéniens ne joignirent leur flotte aux Grecs-Asiatiques que l'année suivante. D'ailleurs, Plutarque, dans plusieurs endroits de ses ouvrages, et Platon, dans le troisième livre *des Lois*, confirment ce que j'avance ici. (Herod., lib. v, cap. lv-xcvi-xcvii-xcix-ciii; Plut., *in Themist.; Id., de Glor. Athen.;* Plat., *de Leg.*, lib. iii.)

[a] Ceci est gravè : je mets mes conjectures à la place de l'histoire, j'accuse et je n'apporte aucune preuve à l'appui de mon accusation. Le gouvernement françois essaya sans doute de propager les principes révolutionnaires, de soulever les peuples contre les

Le prétexte ne tarda pas à se présenter. Hippias, dernier roi d'Athènes, s'étoit retiré à la cour d'Artapherne [1], frère de Darius, et satrape de Lydie. — Les princes frères de Louis XVI avoient cherché un refuge à la cour de Coblentz. — Aussitôt les Athéniens disent que Darius favorise le tyran; que celui-ci intrigue pour susciter des ennemis à sa patrie [2]. On députe vers Artapherne, on lui signifie qu'il ait à cesser de protéger la cause d'Hippias [3]. — Les François exigent de Léopold qu'il défende les rassemblements d'émigrés dans ses États, et abandonne les princes fugitifs. — Artapherne répond ouvertement que, si les Athéniens désirent se concilier la faveur du grand roi, il faut qu'ils rétablissent le fils de Pisistrate sur le trône [4]. — L'empereur germanique semble obéir aux ordres de l'Assemblée nationale, en même temps qu'il tient secrètement une conduite opposée [a].

D'un autre côté, Darius se plaignoit de ce que les Grecs entretenoient la révolte des villes d'Ionie, et

---

rois; mais ce fut plus tard, sous le règne de la terreur, au milieu du désordre révolutionnaire; et, dans ce passage, il n'est encore question que de l'époque de l'Assemblée constituante. Je calomnie donc, sans m'en apercevoir, par une confusion de temps et par un anachronisme né de la préoccupation de mon système. (N. Éd.)

[1] HÉROD., lib. v, cap. XCVI.
[2] HÉROD., lib. VI, cap. CII.   [3] *Id.*, lib. v, cap. XCVI.
[4] HÉROD., lib. v, cap. XCVI.

[a] Ce que je dis des Athéniens est appuyé d'une autorité historique; mais je n'offre, au soutien de ce que je dis de l'Allemagne, que mon propre récit: ce n'est pas assez. Remarquons en passant qu'on ne doit pas dire en bon françois, l'*empereur germanique*, c'est là du *style de réfugié*.   (N. Éd.)

s'arrogeoient le droit de se mêler du gouvernement intérieur de ses provinces [1], à peu près de même que les princes allemands réclamoient contre les décrets de l'Assemblée nationale, qui s'étendoient sur leur territoire.

Il étoit impossible qu'au milieu de ces reproches mutuels, les esprits conservassent long-temps la modération dont ils affectoient encore de se parer. Les partis, protestant toujours le désir de la paix, se préparoient secrètement à la guerre [2]. On s'aigrissoit de plus en plus. Hippias, à la cour de Suze, représentoit les Grecs comme des factieux ennemis de l'ordre et des rois [3]. — Les émigrés invoquoient l'Europe contre des régicides qui avoient juré haine éternelle à tous les trônes. — Les Grecs et les François disoient qu'on devoit se lever contre les tyrans qui menaçoient la liberté des peuples [4]. Les uns crient au républicanisme [5] ; les autres à l'esclavage [6] ; on s'insulte ; on vole aux armes. Les Athéniens et les patriotes de France, gagnant de vitesse le flegme oriental et allemand, se hâtent d'attaquer la Perse [7], — la Germanie. L'an 1ᵉʳ de la 69ᵉ olympiade, et l'année 1792 de notre ère, virent les premières hostilités de ces guerres trop mémorables. Les Athéniens se précipitèrent sur l'Asie-

---

[1] Hérod., lib. iv, cap. cv.   [2] *Id.*, lib. v, cap. lv.
[3] *Id.*, lib. v, cap. xci.   [4] *Id.*, lib. v, cap. cii.
[5] Hérod., lib. v, cap. xcvi.
[6] *Id.*, lib. v, cap. xcvi.

[7] Je commence la guerre Médique au moment où les Athéniens prirent une part active dans la révolte des Ioniens. Il n'y eut alors aucune déclaration formelle de guerre ; elle n'eut lieu que lors de l'invasion de Xerxès.

Mineure, où ils brûlèrent Sardes[1]; — les François sur le Brabant, où ils se signalèrent de même par des incendies. Les uns et les autres, bientôt forcés à une fuite honteuse[2], se retirèrent, laissant après eux des flammes que des torrents de sang pouvoient seuls éteindre[a].

CHAPITRE LXIII.

Premières Campagnes. An 3 de la soixante-douzième Olympiade[3]. —1792. Portrait de Miltiade. — Portrait de Dumouriez. Bataille de Marathon. — Bataille de Gemmapes. Accusation de Miltiade ; — de Dumouriez.

Les Perses, ainsi que les Autrichiens, se déterminèrent à tirer de leurs ennemis une vengeance éclatante. Les premiers firent partir Datis à la tête de cent dix mille hommes, ayant sous lui le prince athénien Hippias[4]. — Les seconds s'avancèrent sous le roi de Prusse conduisant les frères de Louis XVI. L'armée asiatique, après s'être emparée de quelques îles voisines de l'Attique, descendit victorieusement

---

[1] Herod., lib. v, cap. cii.   [2] Id., ibid., cap. ciii.

[a] Il faut bien me laisser faire des tableaux, puisque mon système le veut ainsi. Mais je dois remarquer, pour la vérité historique, que je torture ici quelques passages d'Hérodote, et que je ne suis pas même exact dans le récit des premières hostilités des François en 1792.   (N. Éd.)

[3] Quatre cent quatre-vingt-dix ans avant J.-C.

[4] Herod., lib. vi, cap. xciv-cii; Plat., de Leg., lib. iii; Corn. Nep., in Milt., cap. v.

à Marathon[1]. — Les troupes coalisées contre la France, s'étant saisies de plusieurs places frontières se déployèrent dans les plaines de Champagne.

La plus extrême confusion se répandit alors en Grèce[2],—en France. Les uns, partisans de la royauté, se réjouissoient en secret de l'approche des légions étrangères[3]; d'autres, dont les opinions varient avec les événements, commençoient de s'excuser de leur patriotisme passé[4]; enfin, les amants de la liberté, exaltés par le danger des circonstances, sentoient leur courage s'augmenter en proportion des malheurs de la patrie[5], et je ne sais quoi de sublime qui tourmentoit leurs âmes[a].

Au nom de Miltiade, on frissonne d'un saint respect, non que l'éclat de ses victoires nous éblouisse, mais parce qu'il arracha son pays à la servitude[b]. Les qualités guerrières de cet homme fameux furent l'activité et le jugement[6]. Connoissant le caractère de ses compatriotes, il ne balança pas à les précipiter sur les Perses, à Marathon[7], certain que la réflexion étoit dangereuse à ces bouillants courages. Les traits du général athénien brilloient de

---

[1] Herod., lib. vi, cap. ci; C. Nep., in Milt.
[2] Plat., de Leg., lib. iii.   [3] Herod., lib. vi, cap. ccccxlii-ci.
[4] Herod., lib. vi, cap. xliii.   [5] Id., lib. vi, cap. xliii.

[a] Si l'on me demandoit ce que j'ai voulu dire par cette phrase, je ne saurois trop que répondre; mais telle qu'elle est, cette phrase, elle ne me déplaît pas, et je crois, sinon la comprendre, du moins la sentir.   (N. Éd.)

[b] C'est un émigré qui écrit cela.   (N. Éd.)

[6] Herod., lib. vi, cap. cxvi-cxx; C. Nep., in Milt., Plut., in Arist.
[7] Herod., lib. vi, cap. cix; Plut., ib.; pag. 321; Corn. Nep., in Milt., cap. v.

ses vertus, dirai-je de ses vices? Un front large, un nez un peu aquilin, une bouche ferme et compressée, une vigueur de génie répandue sur tout son visage, montroient le redoutable ennemi des tyrans, mais peut-être l'homme un peu enclin lui-même à la tyrannie [1][a]. Le poignard d'un Brutus peut être aisément forgé dans le sceptre de fer d'un César; et les âmes énergiques, comme les volcans, jettent de grandes lumières et de grandes ténèbres.

De petites formes, de petits traits, un air remuant et pertinent, cachent cependant dans M. Dumouriez des talents peu ordinaires. On lui a fait un crime de la versatilité[b] de ses principes; supposé que ce reproche fût vrai, auroit-il été plus coupable que le reste de son siècle? Nous autres Romains de cet âge de vertu, tous tant que nous sommes, nous tenons en réserve nos costumes politiques pour le moment de la pièce; et, moyennant

---

[1] Voyez les différentes têtes de Miltiade *en gemme*. J'ai dessiné celle dont je me sers d'après une excellente collection d'estampes antiques, gravées à Rome, en 1666, sur les originaux, et que le Rév. B. S. a bien voulu me communiquer.

[a] Portrait à la manière d'une mauvaise école. Je me montre plus rigoureux ici que les Athéniens, car à la seule inspection des traits d'un grand homme, plus ou moins bien reproduits par la gravure, je déclare Miltiade un peu enclin à la tyrannie. Cela prouve que j'aurois fait pendre les tyrans sur la mine. (N. Éd.)

[b] Cette facilité de confronter les hommes d'un jour avec les hommes des siècles, de comparer des personnages vivants, dont le nom est à peine connu, à des personnages qui reposent depuis des milliers d'années dans la tombe, et dont le temps a sanctionné la gloire; cette facilité est un prodigieux exemple de la folie de l'esprit de système. Qu'il y a déjà loin du jugement que l'on prononçoit sur Dumouriez en 1794, à celui que l'on porte de ce général aujourd'hui! (N. Éd.)

un demi-écu qu'on donne à la porte, chacun peut se procurer le plaisir de nous faire jouer avec la toge ou la livrée, tour à tour, un Cassius ou un valet [a].

Rassurés par la noble confiance de Miltiade, les Athéniens volèrent au combat. — Les François, conduits par Dumouriez, cherchèrent l'armée combinée. Les Perses et les Prussiens, par la plus incroyable des inactions, sembloient paralysés dans leurs camps [1]. Bientôt les derniers furent contraints de se replier, en abandonnant leurs conquêtes, et les républicains marchèrent aussitôt en Flandre. Marathon et Gemmapes [2] ont appris au monde que

[a] La satire historique n'est pas l'histoire; la satire historique juge la société générale par les exceptions, on sacrifie une vérité à une phrase brillante. Il arrive cependant que des hommes remplis d'indulgence et de philanthropie ont quelquefois du penchant à la satire; mais alors elle n'est chez eux qu'une arme défensive, tandis que cette arme est offensive entre les mains des véritables satiriques.

Si je ne m'étois fait une loi de ne rien changer au texte de l'*Essai*, j'aurois effacé dans ces passages les incorrections d'un écrivain jeune et peu exercé. Par exemple, il falloit écrire ici : « Pour un peu d'argent qu'on donne à la porte, chacun peut se « procurer le plaisir de nous faire jouer en toge ou en livrée le « rôle d'un Cassius ou celui d'un valet. » (N. Éd.)

[1] Il y avoit dix généraux dans l'armée athénienne qui devoient commander chacun à leur tour, mais ils cédèrent cet honneur à Miltiade. Celui-ci cependant attendit que le jour où il commandoit de droit fût arrivé pour donner la bataille. D'ici il résulte que la petite poignée de Grecs, se montant à dix mille Athéniens et mille Platéens, restèrent plusieurs jours en présence des cent dix mille Perses, sans que ceux-ci songeassent à les attaquer. Quant au roi de Prusse, il se donna le plaisir pieux de réinstaller l'évêque de Verdun dans son siége épiscopal, et d'entendre les chanoines chanter la messe, à la grande satisfaction de tous les assistants.

[2] Ces deux batailles, si semblables dans leurs effets pour la Grèce et pour la France, diffèrent totalement quant aux circonstances. Dix mille

l'homme qui défend ses foyers, et l'enthousiaste qui se bat au nom de la liberté, sont des ennemis formidables.

Un calme de peu de durée succéda à ces premières tempêtes. Les Athéniens et les François le remplirent de leur ingratitude. Miltiade et Dumouriez, ayant éprouvé quelques revers [1], furent accusés de royalisme [2], et de s'être laissé corrompre par l'or de la Perse [3] et de l'Autriche. Le premier expira dans les fers, des blessures qu'il avoit reçues à la défense de la patrie [4], le second n'échappa à la mort que par la fuite [5].

CHAPITRE LXIV.

Xerxès, — François. Ligue générale contre la Grèce, — contre la France. Révolte des Provinces.

Cependant l'empire d'Orient et celui d'Allemagne avoient changé de maîtres. Darius et Léopold [6] n'étoient plus. A ces monarques, savants dans la con-

---

Athéniens défirent cent dix mille Perses, et cinquante mille François eurent bien de la peine à forcer dix mille Autrichiens. La retraite de Clerfayt, après la bataille, a passé pour un chef-d'œuvre d'art militaire. Les Perses perdirent six mille quatre cents hommes, les Grecs cent quatre-vingt-douze. J'ai vu deux prisonniers patriotes qui s'étoient trouvés à Gemmapes, et qui m'ont assuré que les François y laissèrent de douze à quinze mille tués. — La bataille de Marathon se donna le 29 septembre, 490 avant J.-C. — Celle de Gemmapes, le 8 novembre 1792.

[1] HÉROD., lib. VI, cap. CXXXII; C. NEP., in Milt., cap. VII.
[2] C. NEP., in Milt., cap. VIII.   [3] HÉROD., lib. VI, cap. CXXXVI.
[4] HÉROD., lib. VI, cap. CXXXVI; C. NEP., in Milt., cap. VIII.
[5] Mémoires du général Dumouriez.
[6] Léopold ne vit pas la première campagne, puisqu'il mourut à Vienne,

noissance des hommes et dans l'art de gouverner, succédèrent leurs fils, Xerxès et François*. Ces jeunes princes, placés au timon de deux grands États dans des circonstances orageuses, égaux en fortune, se montrèrent différents en génie. Le roi des Perses, élevé dans la mollesse, étoit aussi pusillanime [1] que l'empereur germanique, nourri dans les camps de Joseph, est courageux [2]. Ils semblent seulement avoir partagé en commun l'obstination de caractère [3]. Ils eurent aussi le malheur d'être trompés par leurs ennemis, qui s'introduisirent jusque dans leurs conseils [4].

Résolu de poursuivre vigoureusement la guerre,

---

le jour même que la guerre fut déclarée à Paris. Mais comme cette déclaration se fit en son nom, j'ai négligé de parler plus tôt de cet événement, qui ne change rien à la vérité des faits, et pouvoit nuire à l'ensemble du tableau.

* Le lecteur doit être accoutumé à ces rapprochements. Ne semble-t-il pas que je connoisse Xerxès aussi bien que le respectable empereur d'Autriche, qui vit encore? Je fais le dénombrement des deux armées des Perses et des Allemands, à peu près comme le noble chevalier de la Manche nommoit les généraux des deux grandes armées de moutons : « Ce chevalier, disoit-il, qui « porte trois couronnes en champ d'azur, est le redoutable Mico- « colembo, grand-duc de Quirocie, etc. » (N. Éd.)

[1] Plat., *de Leg.*, lib. III, pag. 698.

[2] François a donné les plus grandes marques de bravoure dans la guerre des Turcs, particulièrement un jour que, s'étant emporté fort loin à la poursuite des ennemis, il revint seul au camp, où on étoit dans les plus vives alarmes sur son compte. Je tiens ce fait du colonel des hussards de la garde du roi de Prusse.

[3] Plat., *de Leg.*, lib. III, pag. 698.

[4] Thémistocle fit plusieurs fois donner des avis à Xerxès en particulier, l'un avant, l'autre après la bataille de Salamine. — On dit que le cabinet de l'empereur est composé de gens entièrement vendus à la France.

que son père lui avoit laissée avec la couronne [1], Xerxès assemble son conseil, il y montre la nécessité de rétablir dans tout son lustre l'honneur de la Perse, terni aux champs de Marathon. « J'irai, dit-il, je traverserai les mers, je raserai la ville coupable, et j'emmènerai les citoyens captifs dans les fers [2]. » Les alliés ont aussi tenu à peu près le même langage.

Après un tel discours, on ne songea plus qu'aux immenses préparatifs de l'expédition projetée. Des courriers chargés des ordres de la cour de Suze, se rendent dans les provinces pour hâter la marche des troupes [3]. En même temps une ligue générale de tous les États de l'Asie, de l'Afrique et de l'Europe se forme contre le petit pays de la Grèce. Les Carthaginois, prenant à leur solde des Gaulois, des Italiens, des Ibériens, se déclarent et signent un traité d'alliance offensive avec le grand roi [4]. La Phœnicie et l'Égypte équipent leurs vaisseaux pour la coalition [5]. La Macédoine y joint ses forces [6]. De ses États proprement dits, la Médie et la Perse, Xerxès tire des troupes aguerries [7]. La Babylonie, l'Arabie, la Lydie, la Thrace et les diverses satrapies fournissent leur contingent à la ligue [8], et une

---

[1] Entre la première invasion de la Grèce par les Perses sous Darius, et la seconde sous Xerxès, il se trouve un intervalle de dix ans, presque tout employé en préparatifs de guerre.

[2] Hérod.; lib. VII, pag. 382.   [3] *Id.*, lib. VII, cap. XX.

[4] Diod., lib. II, pag. 1-2, etc.

[5] Hérod., lib. VII, cap. LXXXIX-XCIX.

[6] *Id.*, lib. VII, cap. CLXXXV.   [7] *Id.*, lib. VII, cap. LX-LXXXVII.

[8] Hérod., lib. VII, cap. LX-LXXXVII.

armée de trois millions de combattants s'assemble dans la plaine de Doriscus[1].

Au bruit de ces préparatifs formidables, des provinces de la Grèce, soit par lâcheté, soit par opinion, se rangent du parti des étrangers[2]. Et l'on vit bientôt la Béotie, l'Argolide, la Thessalie, et plusieurs îles de la mer Égée[3] joindre leurs efforts à ceux des tyrans.

François, de son côté, faisoit des préparatifs immenses. Ses États de Hongrie, de Bohême, de Lombardie, etc., lui donnent d'excellents soldats; la Prusse le soutient de tout son pouvoir; les Cercles de l'empire mettent sur pied leurs légions; l'Angleterre, la Hollande, l'Espagne, la Sicile, la Sardaigne, la Russie, se combinent dans la ligue générale, et de nombreuses armées s'avancent sur toutes les frontières de la France. Aussitôt la Vendée, le Lyonnois, le Languedoc, s'insurgent; et la république naissante, attaquée au dedans et au dehors, se voit menacée d'une ruine prochaine.

Un très petit nombre de peuples restèrent tranquilles spectateurs de ces grandes scènes. Dans le monde ancien on ne compta que ceux de la Crète[4], de l'Italie[5], de la Scythie. — Le Danemarck, la Suède, la Suisse, et quelques autres petites républiques, demeurèrent neutres dans le monde mo-

---

[1] Herod., lib. vii; Isocrat., *Panath.*, pag. 305; Just., lib. ii, cap. x; Plut., *in Themist.*
[2] Herod., lib. vii; cap. xxxii; Diod., lib. ii.
[3] Herod., lib. vii, cap. clxxxv; lib. viii, cap. v; lib. ix, cap. xii.
[4] Herod., lib. vii, cap. clxxi.
[5] Encore l'Italie avoit-elle des troupes à la solde de Carthage.

TABLEAU DES PEUPLES

COALISÉS

CONTRE LA GRÈCE

DANS LA GUERRE *MÉDIQUE.*

PUISSANCES CONTINENTALES.	BATAILLES, PAIX DIVERSES, CONQUÊTES, PAIX GÉNÉRALE.
LA PERSE.	
ETATS PROPREMENT DITS DU ROI DES PERSES.	Avant J.-C. Années.
La Perse.	Les Grecs ravagent la Lydie, et
La Médie.	sont repoussés. 504
La Babylonie.	Bataille de Marathon, 29 sept. . 490
	Coalition générale. 485
SATRAPIES DE LA PERSE.	et suivantes.
La Lydie.	Invasion des Perses. 480
L'Arménie.	Combat des Thermopyles, août 480
La Pamphylie, etc.	Bataille de Salamine, 20 octob. 480
	Carthage fait la paix, même ann. —
ALLIÉS.	Bataille de Platée et de Mycale,
Divers peuples arabes.	19 septembre. 479
Divers rois de Thrace.	La Béotie saccagée par les Grecs,
La Macédoine.	même année. . . . . —
	La Macédoine et diverses îles de
PUISSANCES MARITIMES.	la mer Égée concluent la paix
Carthage.	avec les Grecs. 479
Tyr.	et suivantes.
L'Égypte.	
L'Ionie.	Conquêtes, déprédations, tyran-
	nie des Grecs, même année.
PROVINCES RÉVOLTÉES.	La Lycie, la Carie, forcées par
La Béotie.	eux à se déclarer contre les
L'Argolide.	Perses. 470
Plusieurs îles de la mer Égée.	La Thrace subjuguée. 469
	et suivantes.
GRECS ÉMIGRÉS.	Invasion de l'Égypte par les
Hippias, prince d'Athènes, etc.	Grecs. 462
	Ils y périssent. 462
NATIONS NEUTRES.	et suivantes.
Les Scythes.	Paix générale. 449
Les peuples d'Italie.	
Les Thessaliens.	
Les Crétois,	Autant qu'on peut en juger par les
Et quelques autres.	différents relevés des batailles, il périt environ dix millions d'hommes par les
Les Grecs n'eurent aucun allié dans le commencement de la guerre.	armes dans la guerre des Perses et des Grecs.

(Entre la page 276 et la page 277.)

TABLEAU DES PEUPLES
COALISÉS
CONTRE LA FRANCE
DANS LA GUERRE *RÉPUBLICAINE.*

PUISSANCES CONTINENTALES.	BATAILLES, PAIX DIVERSES, CONQUÊTES.
L'ALLEMAGNE.	
ÉTATS PROPREMENT DITS DE L'EMPEREUR.	De notre ère. Années.
La Hongrie.	Les François tentent l'invasion du Brabant, et sont repoussés, 29 avril 1792. 1792
La Bohême.	
L'Autriche.	
Le Brabant.	Bataille de Gemmapes, 7 nov. . ——
La Lombardie, etc.	Coalition générale, fév. et mars 1793
CERCLES DE L'EMPIRE.	Invasion des Autrichiens, avril ——
La Bavière.	Bataille de Maubeuge, 17 oct. ——
La Saxe.	La Vendée ravagée par les François, octobre. . . . .
Les électorats de Trèves, de Hanovre, etc.	Bataille de Fleurus, 29 juin. . . 1794
ALLIÉS.	Conquêtes, déprédations, tyrannie des François, 7 octob. ——
La Russie.	Le roi de Prusse fait la paix, 5 avril. 1795
Les princes d'Italie.	
L'Espagne.	Le roi d'Espagne et celui de Sardaigne contraints de traiter, 28 juin et suiv. . . . . . ——
La Prusse.	
PUISSANCES MARITIMES.	Le premier, environ un an après la pacification, forcé de se déclarer contre les alliés.
L'Angleterre.	
La Hollande.	
PROVINCES RÉVOLTÉES.	Invasion de l'Italie par les François. 1796
La Vendée.	Invasion de l'Allemagne, juin. ——
Le Morbihan.	Les François y sont détruits, septembre. . . . . ——
Le Lyonnois.	
La Provence.	Ouverture de paix générale, décembre. . . . . ——
Et quelques autres départements.	
ÉMIGRÉS FRANÇOIS.	
Les Bourbons, etc.	
NATIONS NEUTRES.	
Les Suisses.	
Le Danemarck.	Environ un million d'hommes ont péri par les armes aux frontières, dans la Vendée et ailleurs. Je fais ce calcul, qui peut paroître modéré, sur l'addition des tués dans les différentes batailles, et d'après les *Mémoires sur la Vendée*, par le général Turreau.
La Suède.	
Les villes anséatiques.	
Les États-Unis d'Amérique.	
Les François n'eurent aucun allié dans le commencement de la guerre.	

(S'ouvrant de droite à gauche.)

derne. Ni les Grecs ni les François, n'eurent d'alliés au commencement de la guerre. Leurs armes leur en firent par la suite [1].

Afin que le lecteur puisse parcourir d'un coup d'œil ce tableau intéressant, je vais joindre ici une carte, où l'on a rangé les alliés de la guerre Médique et de la guerre républicaine sur deux colonnes, les peuples qui se correspondent opposés les uns aux autres, les provinces soulevées, les dates des batailles, des paix partielles, etc., etc. [a].

CHAPITRE LXV.

Campagne de la 4me année de la 74me Olympiade [2] (480 av. J.-C.): — Campagne de 1793. Consternation à Athènes et à Paris. Bataille de Salamine. — Bataille de Maubeuge.

Tout étant disposé pour l'invasion préméditée, Xerxès lève son camp et s'avance vers l'Attique, suivi de ses innombrables cohortes [3]. — Cobourg, généralissime des forces combinées, marche de

---

[1] Plut., *in Cim.*; Thucyd., lib. I, pag. 66; Diod., lib. II, pag. 47.

[a] Que de soins, que de recherches perdus! Les faits n'en sont pas moins curieux. (N. Éd.)

[2] Les jeux olympiques, se célébrant dans l'été, il en résultoit qu'une campagne occupoit chez les Grecs la fin d'une année civile et le commencement de l'autre; par exemple, les trois derniers mois de la quatrième année de la soixante-quatorzième olympiade et les trois premiers de la soixante-quinzième, ainsi de suite. Je n'en marque qu'une pour abréger.

[3] Il avoit passé l'Hellespont au commencement du printemps de l'an 480 avant J.-C. Il séjourna un peu plus d'un mois à Doriscus. Ainsi il put recommencer sa marche vers la fin de mai.

même sur la France. Dans les armées florissantes de la Perse et de l'Autriche on voyoit briller également une foule de princes ª. Les Alexandre, les Artémise, les rois de Cilicie, de Tyr, de Sidon ¹ ;— les York, les Orange, les Saxe. Bien différentes étoient les troupes opposées. Des citoyens obscurs, dont les noms même avoient été jusqu'alors ignorés, commandoient d'autres citoyens pauvres et leurs égaux ᵇ. Je ne ferai point le portrait de Thémistocle et d'Aristide, qui sauvèrent alors la Grèce. Si j'avois eu des hommes à leur opposer dans mon siècle, je n'eusse pas écrit cet *Essai*.

Tout céda à la première impulsion des forces combinées. Les Thermopyles, Thèbes, Platée, Thespies, tombèrent devant les Perses ² ;—Valenciennes, Condé, le Quesnoi, devant les Autrichiens. Pour les premiers, il ne restoit plus qu'à marcher sur l'Attique ;—pour les seconds, qu'à se jeter dans l'intérieur de la France.

Le trouble, la consternation, le désespoir qui régnoient alors à Athènes et à Paris, ne sauroient se peindre. Les frontières forcées, les étrangers prêts à pénétrer dans le cœur de l'État, des soulèvements dans plusieurs provinces, tout paroissoit inévitablement perdu. Pour comble de maux, une

---

ª Je poursuis toujours mon dénombrement avec un sang-froid imperturbable ; je découvrirai bientôt l'*invincible Timonel, de Carcassonne*, etc. (N. Éd.)

¹ Hérod., lib. viii, cap. lxviii.

ᵇ Bien : hors de mon système je retrouve la raison. (N. Éd.)

² Hérod., lib. vii, cap. cccxxv ; lib. viii, cap. l.

division fatale d'opinions parmi les patriotes, achevoit d'éteindre jusqu'au moindre rayon d'espérance. La mort d'Hippias à Marathon [1], — la prise de Valenciennes, au nom de l'empereur, ne laissoit plus aux royalistes de la Grèce et de la France les moyens de douter des intentions des puissances coalisées. Tous les citoyens tomboient donc d'accord de la défense, mais personne ne s'entendoit sur le mode. Les Lacédémoniens opinoient à se renfermer dans le Péloponèse [2]; un parti des Athéniens vouloit qu'on défendît la cité [3], un autre qu'on mît toutes ses forces dans la marine [4]. L'ambition des particuliers venoit à la traverse. Des hommes sans talents prétendoient à des places auxquelles les plus grands génies suffisoient à peine [5][a]; Thémistocle écarta ses rivaux, détermina les citoyens à se porter sur leurs galères [6], et la patrie fut sauvée. — En France les avis étoient encore plus partagés. Chaque tête enfantoit un projet et s'efforçoit de le faire adopter aux autres. Ceux-ci ne voyoient de salut que dans les places fortifiées; ceux-là parloient de se retirer dans l'intérieur. Un plus grand nombre vouloit que la république se précipitât en masse sur les alliés. Ce dernier plan

---

[1] Hérod., lib. vi, cap. cxiv.
[2] Id., lib. viii, cap. xl; Isocrat., pag. 166.
[3] Hérod., lib. vii, cap. cxliii; Plut., in Cim.
[4] Hérod., lib. vii; Plut., in Themist.
[5] Plut., in Themist.

[a] C'est ce qui arrive dans tous les temps, jusqu'au moment où le génie qui doit tout dominer paroisse.   (N. Éd.)

[6] Plut., in Themist.

parut le meilleur, et son adoption ramena la victoire.

Cependant les diversités de sentiments, non moins fatales à leur cause, frappoient les armées conquérantes d'imbécillité et de foiblesse. Xerxès, épouvanté du combat des Thermopyles, flottoit incertain de la conduite qu'il devoit tenir [1]. Il apprenoit qu'une partie de la Grèce étoit assise tranquillement aux jeux olympiques [2], tandis qu'il ravageoit leur contrée; et il ne savoit qu'en croire [3]. Dans son conseil, le roi de Sidon se déclaroit en faveur d'une attaque immédiate sur les galères athéniennes [4]. Artémise, au contraire, représentoit qu'en tirant la guerre en longueur, les ennemis étoient infailliblement perdus [5]. — Parmi les Autrichiens et leurs alliés, plusieurs maintenoient qu'il falloit s'emparer des villes frontières; le duc d'York se rangeoit de l'avis de marcher sur la capitale. Le sentiment de la reine d'Halicarnasse [6], — celui du prince anglois, furent rejetés et les opinions contraires adoptées. Ainsi, par cette destinée qui dispose des empires, des diverses mesures en délibération, les Grecs et les François choisirent celles

---

[1] Herod., lib. VII, cap. CCX.

[2] Comme les François aux fêtes de leur capitale, tandis que le prince de Cobourg prenoit Valenciennes. Ceci ne détruit point ce que j'ai dit plus haut, et est fondé sur la vérité de l'histoire. C'étoit le caractère des Grecs (comme c'est celui des François) : plongés le matin dans le plus grand trouble, à six heures du soir à la foire, et désespérés de nouveau en en sortant.

[3] Herod., lib. VIII, cap. XXVI.
[4] Id., lib. VIII, cap. LXVIII. [5] Id., ibid.
[6] Id., ibid.

qui pouvoient seules les sauver; les Perses et les Autrichiens celles qui devoient nécessairement les perdre [a].

Aussitôt Xerxès se prépare à la célèbre action de Salamine. — Cobourg divise ses forces, bloque Maubeuge et envoie les Anglois attaquer Dunkerque. Il se passoit alors sur la flotte réunie des Grecs, de ces grandes choses qui peignent les siècles, et qu'on ne retrouve qu'à des intervalles considérables dans l'histoire. La division s'étoit mise entre les généraux. Les Spartiates, toujours obstinés dans leurs projets, vouloient abandonner le détroit de Salamine, et se retirer sur les côtes du Péloponèse[1]. A cette mesure qui eût perdu la patrie, Thémistocle s'opposoit de tous ses efforts. Le général s'emportant lève la canne sur l'Athénien : « Frappe, mais écoute, » lui crie le grand homme[2], et sa magnanimité ramène Eurybiade à son opinion.

C'étoit la veille de la bataille de Salamine [b]. La

---

[a] Malgré le duc d'York et la reine d'Halicarnasse, la réflexion n'est pas indigne de l'histoire. (N. Éd.)

[1] Hérod., lib. viii; cap. lvi. — [2] Plut., *in Themist.*

[b] Je puis dire aujourd'hui de Salamine ce que je disois en 1796 de Lexington : *J'ai vu les champs de Salamine.* Qu'on me pardonne de citer ici un passage de l'*Itinéraire* :

« Vers les cinq heures du soir, nous arrivâmes à une plaine environnée de montagnes au nord, au couchant et au levant. Un bras de mer long et étroit baigne cette plaine au midi, et forme comme la corde de l'arc des montagnes; l'autre côté de ce bras de mer est bordé par les rivages d'une île élevée; l'extrémité orientale de cette île s'approche d'un des promontoires du continent : on remarque entre ces deux points un étroit passage. Je résolus de m'arrêter à un village bâti sur une colline qui terminoit au couchant, près de la mer, le cercle des montagnes dont j'ai parlé.

« On distinguoit dans la plaine les restes d'un aquéduc, et beaucoup de

nuit étoit obscure. Les cœurs, sur la petite flotte des Grecs, agités par tout ce qu'il y a de cher aux hommes, la liberté, l'amour, l'amitié, la patrie, palpitoient sous un poids d'inquiétudes, de désirs, de craintes, d'espérances. Aucun œil ne se ferma dans cette nuit critique, et chacun veilloit en silence les feux des galères ennemies. Tout à coup on entend le sillage d'un vaisseau qui se glisse dans le calme des ténèbres. Il aborde à Salamine; un homme se présente à Thémistocle : « Savez-vous, lui dit-il, que vous êtes enveloppés, et que les Perses font le tour de l'île pour vous fermer le passage ? »

débris épars au milieu du chaume d'une moisson nouvellement coupée; nous descendîmes de cheval au pied du monticule, et nous grimpâmes à la cabane la plus voisine : on nous y donna l'hospitalité.

« Tandis que j'étois à la porte, recommandant je ne sais quoi à Joseph, je vis venir un Grec qui me salua en italien. Il me conta tout de suite son histoire : il étoit d'Athènes, il s'occupoit à faire du goudron avec les pins des monts Géraniens; il étoit l'ami de M. Fauvel, et certainement je verrois M. Fauvel. Je répondis que je portois des lettres à M. Fauvel. Je fus charmé de rencontrer cet homme, dans l'espoir de tirer de lui quelques renseignements sur les ruines dont j'étois environné, et sur les lieux où je me trouvois. Je savois bien quels étoient ces lieux ; mais un Athénien qui connoissoit M. Fauvel devoit être un excellent cicérone. Je le priai donc de m'expliquer un peu ce que je voyois, et de m'orienter dans le pays. Il mit la main sur son cœur, à la façon des Turcs, et s'inclina humblement : « J'ai entendu souvent, « me répondit-il, M. Fauvel expliquer tout cela; mais moi, je ne suis qu'un « ignorant, et je ne sais pas si tout cela est bien vrai. Vous voyez d'abord au « levant, par-dessus le promontoire, la cime d'une montagne toute jaune; « c'est le Telo-Vouni (le Petit-Hymette); l'île de l'autre côté de ce bras de « mer, c'est Colouri; M. Fauvel l'appelle *Salamine*, etc. »

Le Grec aujourd'hui ne fait plus de goudron, à moins que ce ne soit pour les vaisseaux de Miaulis ou de Canaris. Colouri a repris pour lui le nom de Salamine. Il connoît maintenant les monuments de sa race. Devenu antiquaire dans sa patrie, il a fouillé le champ de ses aïeux, déterré leur renommée et retrouvé la statue de la Gloire. Pour creuser cette terre féconde, il n'a eu besoin que du fer d'une lance.   (N. Ed.)

— « Je le sais, répond le général athénien; cela s'exécute par mon avis [1]. » Aristide admira Thémistocle : celui-ci avoit reconnu le plus juste des Grecs.

— La veille de l'attaque du camp des Autrichiens, par Jourdan, devant Maubeuge, fut un jour de crainte et d'anxiété. Jusque-là, les alliés victorieux n'avoient trouvé aucun obstacle, et les troupes françoises découragées ne rendoient presque plus de combat; cependant le salut de la France tenoit à celui de la forteresse assiégée. Cette place tombée entraînoit la prise de plusieurs autres; et les alliés, réunissant les forces qu'ils avoient eu l'imprudence de diviser, pénétroient sans opposition dans l'intérieur du pays. Il falloit donc saisir le moment, et faire un dernier effort pour arracher la patrie des mains des étrangers, ou s'ensevelir sous ses ruines.

Jourdan, le général françois chargé de cette importante expédition, est un froid militaire dont les talents, moins brillants que solides, n'ont été couronnés de succès que dans cette action importante et à Fleurus. Ayant tout disposé pour l'attaque, le soldat passa la nuit sous les armes, attendant, avec

---

[1] Plut., *in Themist., in Aristid.*

Les Grecs étant prêts à se retirer, Thémistocle en fit donner avis à Xerxès, qui s'empressa de bloquer les passages par où la flotte ennemie eût pu s'échapper. Ainsi les Grecs se virent obligés de combattre dans ce lieu favorable, ce qui leur procura la victoire. Aristide, en passant à Salamine, s'aperçut du mouvement que faisoient les galères persanes pour envelopper celles d'Eurybiade, et, ignorant le stratagème de Thémistocle, il donna avis du danger à celui-ci.

plus de crainte que d'espérance, le résultat de cette grande journée.

Du côté des alliés, tout étoit joie et certitude. — Xerxès, assis sur un trône élevé pour contempler sa gloire, fait placer des soldats dans des îles adjacentes, afin qu'aucun Grec sauvé de la ruine de ses vaisseaux ne puisse échapper à sa vengeance. — On comptoit tellement sur la victoire parmi les nations coalisées contre la France, qu'à chaque instant on annonçoit la prise de Dunkerque et de Maubeuge.

—Entre la côte orientale de l'île de Salamine[1] et le rivage occidental de l'Attique, se forme un détroit en spirale, d'environ 40 stades[2] de long, et de 8[3] de large. L'extrémité du détroit se trouve presque fermée par le promontoire Trophée de l'île, qui se jette à travers les flots dans la forme d'une lance. La première ligne des galères grecques s'étendoit depuis cette pointe au port Phoron, qui lui correspond sur la côte du continent opposé. La seconde ligne parallèle à la première, se plaçoit immédiatement derrière, et ainsi successivement des autres, en remontant dans l'intérieur du détroit.

La première ligne des galères persanes, faisant face à celle des Grecs, se formoit en demi-lune, depuis la même pointe Trophée jusqu'au port Phoron ; et les autres se rangeoient derrière, en dehors du détroit. Non-seulement, par cette disposition,

---

[1] C'est ici que le défaut de cartes se fait particulièrement sentir.
[2] Environ deux lieues.
[3] Un peu plus d'un tiers de lieue.

les Perses perdoient l'avantage du nombre [1], mais encore leur ordre de bataille se trouvoit coupé [2] par la petite île Psyttalie, qui gît un peu au-dessous et en avant de l'embouchure du canal.

A l'aile gauche de l'armée navale des Perses étoient placés les Phœniciens, ayant en tête les Athéniens [3]; à l'aile droite les Ioniens, qui devoient combattre les Lacédémoniens, les Mégariens, les Éginètes [4]. Ariabignès [5] avoit le commandement général des galères médiques; Eurybiade [6], celui des vaisseaux des Grecs.

—Les Autrichiens, après avoir pris Valenciennes, s'avancèrent sur Maubeuge, dont ils formèrent aussitôt le blocus. Le prince de Cobourg, avec une armée d'observation, couvroit les troupes qui se préparoient à assiéger la forteresse.

—Xerxès ayant donné le signal de la bataille, les Athéniens attaquèrent avec impétuosité les Phœniciens qui leur étoient opposés. Le combat fut opiniâtre, et soutenu long-temps avec une égale valeur. Mais enfin l'amiral persan, Ariabignès, s'étant élancé sur une galère ennemie, y demeura percé de coups [7]. Alors la confusion, augmentée par la multitude des vaisseaux que la position locale rendoit inutile, de-

---

[1] HEROD., lib. VIII, cap. LXI.   [2] DIOD., lib. II, pag. 15.

[3] HEROD., lib. II, cap. LXXXIII.

[4] *Id., ibid.*, cap. XV.

[5] Il ne paroît pas, d'après Hérodote et Diodore, que la flotte persane eût un amiral en chef. Mais Ariabignès, frère de Xerxès, semble avoir eu le commandement principal.

[6] PLUT., *in Themist.*

[7] HEROD., lib. VIII, cap. LXXX.

vint générale chez les Mèdes [1]. Tout fuit devant les Grecs victorieux ; et la flotte innombrable du grand roi, qui, un moment auparavant, obscurcissoit la mer, disparut devant le génie d'un peuple libre.

— A Maubeuge, les François recouvrèrent ce brillant courage qu'ils avoient perdu depuis Gemmapes. Ils se précipitèrent sur les lignes ennemies, avec cette volubilité [a] qui distingue leur première charge de celles de tous les autres peuples. Fossés, canons, baïonnettes, montagnes, fleuves, marais, rien ne les arrête. Ils se trouvent en mille lieux à la fois. Ils se multiplient comme les soldats de la terre. Ils grimpent, ils sautent, ils courent. Vous les avez vus dans la plaine, et ils sont au haut du retranchement emporté [b].

Les Autrichiens soutinrent le choc avec leur valeur accoutumée. Ces braves soldats, qu'aucun revers ne peut désespérer, qui seroient battus vingt ans de suite, et qui se battroient la vingtième année comme la première, repoussèrent partout leurs nombreux assaillants. Mais le prince de Cobourg, jugeant une plus longue résistance inutile, abandonna sa position, et Maubeuge fut délivré. Bientôt une colonne, commandée par Houchard, obligea les Anglois à lever le siége de Dunkerque ; et les

---

[1] Diod., lib. II.

[a] Lisez *vivacité*, à moins que je n'aie voulu dire que l'attaque des François est rapide comme la parole. (N. Éd.)

[b] J'ai transporté quelque chose de cette peinture dans le combat des *Francs* dans *les Martyrs*. (N. Éd.)

espérances de conquêtes s'évanouirent pour cette année.

C'est ainsi que la flotte persane, composée de diverses nations, — l'armée autrichienne, formée de même de différents peuples; ces coalisés, les uns traîtres [1], les autres pusillanimes [2], ceux-ci craignant des succès qui reflèteroient trop de gloire sur tel ou tel général [3], telle ou telle nation; toute cette masse indigeste d'alliés fut brisée à Salamine et à Maubeuge. — Le grand roi repassa, dans une petite barque, en fugitif, cette même mer à laquelle il avoit donné des chaines [4]; — Cobourg mit ses troupes en quartier d'hiver, et tous les partis, en attendant les événements futurs d'une nouvelle campagne, eurent le temps de méditer sur l'inconstance de la fortune, et de déplorer leur folie.

CHAPITRE LXVI.

Préparation à une nouvelle campagne. Portraits des chefs. Mardonius, — Cobourg; Pausanias, — Pichegru. Alexandre, roi de Macédoine.

Il s'en falloit beaucoup que le danger fût passé pour la Grèce et pour la France. Xerxès, en laissant après lui une armée de trois cent mille hommes choisis, avoit plus fait pour sa cause qu'en y traî-

---

[1] Hérod., lib. VIII, cap. LXXXIV.   [2] Id., ibid., cap. LXVIII.
[3] Id., lib. IX, cap. LXVI-LXVII-LXVIII.
[4] Id., lib. VIII, cap. CXV.

nant trois millions d'esclaves. — L'échec que les alliés avoient reçu devant les places assiégées n'étoit qu'un léger revers, qui pouvoit même tourner à leur profit, en leur enseignant une leçon utile. Ainsi on n'attendoit que le retour de la nouvelle année pour recommencer de toutes parts les hostilités : avant d'entrer dans le détail de cette campagne, nous dirons un mot des chefs qui s'y distinguèrent.

Mardonius, qui commandoit les troupes persanes demeurées en Grèce, étoit un satrape d'un rang élevé, et allié au sang de ses maîtres [1]. Son ambition [2], trop immense pour son génie, en faisoit un de ces êtres disproportionnés qui paroissent grands parce qu'ils sont difformes. Vain, impatient, orgueilleux [3], il ne possédoit que le courage brutal du grenadier qui donne la mort sans pitié, et la reçoit sans crainte [4][a].

—Placé à la tête des troupes alliées de l'Autriche, le prince de Cobourg, d'une naissance encore plus illustre que Mardonius, le surpassoit de même en qualités personnelles. A la fois brave et prudent, il réunissoit les talents et les vertus militaires, l'art du général et la loyauté du soldat [b].

---

[1] Hérod., lib. xvi, cap. xliii.   [2] *Id., ibid.*, cap. v.
[3] *Id.*, lib. ix, cap. vi.   [4] *Id., ibid.*, cap. lxxi.

[a] En parlant de Mardonius, il falloit dire *du soldat*, et non *du grenadier*. Au reste, cette disproportion entre la capacité et l'ambition est une chose extrêmement commune, et une des plaies de la société ; mais elle ne produit pas toujours une sorte de grandeur comme dans Mardonius : l'ambition est souvent placée dans des hommes si inférieurs sous tous les rapports, qu'ils n'ont pas même la force d'en porter le poids, et qu'ils en sont écrasés.   (N. Éd.)

[b] C'est fort bien de faire des portraits, mais encore faut-il qu'ils

Pausanias, de la famille royale de Lacédémone, généralissime des armées combinées des Grecs, étoit un homme plein de jactance et de paroles magnifiques; toujours prêt à faire valoir ses grands services et à trahir son pays [1]. Il sauva la patrie aux champs de Platée, et la vendit quelques mois après au tyran de Suze [2].

— Pichegru, dont le nom plébéien, l'humble fortune et la modestie contrastent avec l'éclat de sa renommée, conduisoit les François aux combats. Cet homme extraordinaire, enfanté par la révolution, sut s'élever, de l'obscurité d'une classe inférieure, à la place la plus brillante de son pays, et redescendre, avec non moins de grandeur, à l'ombre de sa condition première [a].

Enfin, dans l'armée des Perses on remarquoit un homme appelé Alexandre, roi de Macédoine, qui, traître aux deux partis qu'il savoit ménager, trafiquoit de son honneur et de sa conscience avec le plus riche ou le plus fort. Avant le combat des Thermopyles, il donna avis aux Grecs du danger

---

ressemblent. Les talents du prince de Cobourg étoient au-dessous de ses autres qualités. (N. Éd.)

[1] CORN. NEP., *in Pausan.*; THUCYD., lib. I.

[2] THUCYD., lib. I, cap. CXXXIV.

Étant condamné à mort à Sparte, il se retira dans un temple. On en mura les portes et le roi lacédémonien y périt.

[a] Ce portrait est tracé par un émigré en 1795 et 1796, avant que Pichegru eût embrassé la cause de la monarchie légitime, et plusieurs années avant la mort tragique de ce grand et infortuné général. L'impartialité du royaliste étoit ici une espèce de pressentiment. (N. Éd.)

de leur position à la vallée de Tempé[1], et marcha avec Xerxès à Salamine. Après la défaite du monarque de l'Orient, il se dit l'ami des Athéniens, et les invita, par humanité, à se soumettre au tyran de l'Asie[2]. Aux champs de Platée, accompagnant Mardonius, il trahit ce général, pour se ménager une ressource en cas de revers; et avertit en personne Pausanias qu'il seroit attaqué le lendemain par les Mèdes[3]. Les Grecs, malgré leur haine des rois, respectèrent Alexandre par mépris[a]. Ils daignèrent peser sur les ressorts du mannequin vénal, tandis qu'il pouvoit leur être bon à quelque chose.

Je ne parlerai point du roi de Prusse.

CHAPITRE LXVII.

Campagne de l'an 479 avant notre ère, 1re année de la 75me Olympiade. Campagne de 1794. Bataille de Platée. — Bataille de Fleurus. Succès et vices des Grecs, — des François. Différentes paix. Paix générale.

Tels étoient les généraux qui commandoient dans les campagnes mémorables dont nous retraçons l'histoire. Au retour de la saison favorable aux armes, les Perses et les Autrichiens reprirent le champ avec une nouvelle vigueur. Mardonius ra-

---

[1] Hérod., lib. vii, cap. clxxii.   [2] *Id.*, lib. viii, cap. cxl.
[3] Plut., *in Aristid.*, pag. 328.

[a] Il falloit s'arrêter à ce trait, et supprimer la mauvaise phrase qui termine ce chapitre.   (N. Éd.)

vagea une seconde fois l'Attique [1]; — de son côté, le prince de Cobourg emporta Landrecies, et obtint plusieurs avantages. Mais bientôt la fortune changea de face. Pausanias, évitant de combattre dans la plaine, attira enfin les ennemis sur un terrain qui leur étoit défavorable. — Pichegru, en envahissant la Flandre maritime, obligea les alliés à abandonner leurs conquêtes. Après des marches et des actions multipliées, les grandes armées grecques et persanes, — françoises et autrichiennes, se rencontrèrent au lieu marqué par la destinée.

La cause ordinaire des guerres est si méprisable, que le récit d'une bataille, où vingt mille bêtes féroces se déchirent pour les passions d'un homme, dégoûte et fatigue. Mais des citoyens s'ébranlant au moment de la charge, contre une horde de conquérants; d'un côté, des fers, ou un anéantissement politique par un démembrement; de l'autre, la liberté et la patrie : si jamais quelque chose de grand a mérité d'attirer les yeux des hommes, c'est sans doute un pareil spectacle. On le retrouve à Platée et à Fleurus, mais en des degrés d'intérêt fort différents. Les François, sans mœurs, ayant signalé leur révolution par les crimes les plus énormes, n'offrent pas le touchant tableau des Grecs innocents et pauvres, d'ailleurs infiniment plus exposés que les premiers. Athènes n'existoit plus; un camp sacré renfermoit tout ce qui restoit des fils, des pères, des dieux, de la patrie; desséchée par le

---

[1] Herod., lib. ix, cap. iii.

souffle stérile de la servitude, une terre indépendante ne promettoit plus de subsistance en cas de revers. Mais les héros de Platée s'embarrassoient peu de l'avenir : prêts à faire un dernier sacrifice de sang à Jupiter-Libérateur, qu'avoient-ils besoin de s'enquérir s'ils auroient pu vivre demain esclaves, lorsqu'ils étoient sûrs de mourir aujourd'hui libres [a] ?

Au midi de la ville de Thèbes, en Béotie, s'étend une grande plaine, traversée dans son extrémité méridionale par l'Asopus, dont le cours se dirige d'occident en orient, déclinant un degré nord. De l'autre côté du fleuve, la plaine continue, et va se terminer au pied du mont Cithéron, formant ainsi, entre la rivière et la montagne, une étroite lisière d'environ douze stades[1] dans sa plus grande largeur.

Les Perses, occupant la rive gauche de l'Asopus avec trois cent cinquante mille hommes, déployoient leur nombreuse cavalerie dans la plaine, ayant des

---

[a] On ne dira pas, j'espère, en lisant cette page, que les émigrés détestoient la liberté, qu'ils aimoient les étrangers, et qu'ils désiroient le démembrement de la France. Ici, plus de Don Quichottisme par système, l'impartialité de l'historien est complète; le sentiment de la patrie même ne l'aveugle pas; et tout en désirant le succès des François, tout en applaudissant à ce succès, il représente leur cause comme moins touchante que celle des Grecs; ce qui étoit la vérité.

Quand je parle aujourd'hui avec amour des libertés publiques, avec horreur de la servitude, j'en ai acquis le droit par ces pages écrites dans ma première jeunesse : mes doctrines politiques ne se démentent pas un seul moment. (N. Éd.)

[1] Environ onze cents toises.

retranchements sur leur front, Thèbes et un pays libre sur leur derrière[1]. Les troupes combinées des Lacédémoniens, des Athéniens et des autres alliés, consistant en cent dix mille hommes d'infanterie, campoient sur le penchant du Cithéron. A peu près sur la même ligne on apercevoit à l'ouest les ruines de la petite ville de Platée, et entre cette ville et le camp des Grecs se trouvoit à moitié chemin la fontaine Gargaphie : de sorte que l'Asopus divisoit les deux armées ennemies.

Il s'y fit deux mouvements avant l'action générale.

Pausanias, manquant d'eau dans son premier emplacement, fit défiler ses troupes par la lisière dont j'ai parlé, et prit une nouvelle position aux environs de la fontaine Gargaphie[2]. Les Perses exécutèrent une marche parallèle sur le bord opposé du fleuve[3]. Le général lacédémonien, inquiété par l'ennemi, leva une seconde fois son camp, dans le dessein de se saisir d'une île formée à l'occident par deux branches de l'Asopus[4]; mais à peine avoit-il atteint Platée, que Mardonius, ayant traversé la rivière, vint fondre sur lui avec toute sa cavalerie[5]. Il fallut se former à la hâte[6]. Les Lacédémoniens, composant l'aile droite, se trouvèrent opposés aux Perses et aux Saces. Les Athéniens, à l'aile gauche, eurent en tête les Grecs alliés de Xerxès. Le centre

---

[1] Hérod., lib. ix, cap. xv ; Plut., in Aristid.
[2] Id., ibid., cap. xxii ; Diod., lib. ii.
[3] Id., ibid., cap. xxxii.   [4] Id., ibid., cap. li.
[5] Hérod., lib. ix, cap. lviii.   [6] Id., ibid., cap. lvii.

de l'armée, se trouvant rompu par des collines, n'avoit pu se développer.

— Charleroi venoit d'être emporté par les François, mais on ignoroit encore cette nouvelle dans le camp autrichien. Le prince de Cobourg, déterminé à secourir la place, et ayant reçu la veille un renfort de vingt mille Prussiens, s'avança le 26 juin (8 messidor) à trois heures du matin sur la Sambre. Son armée se montoit à cent mille hommes. La droite se trouvoit commandée par le prince d'Orange; la gauche, composée de Hollandois et d'émigrés, par Beaulieu; le prince de Lambesc étoit à la tête de la cavalerie. L'armée françoise se formoit de la réunion de l'armée de la Moselle, des Ardennes et du Nord. Jourdan avoit le commandement en chef[1].

Enfin, le 3 de Boédromion[2], 2e année de la 75e olympiade, et le 12 messidor de l'an III de la république[3] se levèrent : jours destinés par celui qui dispose des empires à renverser les projets de l'ambition et à étonner les hommes.

Les combats muets des anciens, où de longs hurlements[4] s'élevoient par intervalles du milieu du silence de la mort, étoient peut-être aussi formidables que nos batailles rugissantes des détonations de la foudre. Le paysan du Cithéron, et

---

[1] *Moniteur* du 12 messidor (30 juin).

[2] 19 septembre 479 avant J.-C.

[3] 20 juin 1794. Je me sers des formes révolutionnaires pour conserver la vérité des couleurs.

[4] Diod., lib. II; Plut., *in Arist.*; Herod., lib. IX, cap. LXII.

celui des rives de la Sambre, purent en contempler les diverses horreurs, et bénir en même temps le sort qui les fit naître sous le chaume. Platée et Fleurus brillèrent de toutes les vertus guerrières. Là, le Perse, exposé sous un frêle bouclier aux armes des Lacédémoniens, brise de ses mains, avec le courage le plus intrépide, la pique dont il est percé[1]. — Ici le grenadier hongrois assomme avec la crosse de son mousquet les François qui se multiplient autour de lui[2]. — Ailleurs les Athéniens peuvent à peine surmonter leurs compatriotes qui combattent dans les rangs ennemis[3]. — Les émigrés opposent aux soldats de Robespierre une valeur indomptée. La fortune enfin se déclare. Mardonius tombe au premier rang[4]. Ses troupes plient, sont enfoncées, poursuivies dans leur camp, où on les égorge[5]. — Le prince de Cobourg, se reformant sous le feu de l'ennemi, se dispose à retourner à la charge, lorsqu'il apprend que Charleroi a capitulé, et il fait sonner la retraite. Deux cent mille[6] Perses tombèrent à Platée, — une mul-

---

[1] Plut., *in Arist.*, pag. 329.

[2] Ce trait de la bataille de Fleurus, que des officiers présents m'ont conté, s'est renouvelé plusieurs fois dans la guerre présente, entre autres à Gemmapes, où les grenadiers hongrois, manquant de cartouches, assommoient avec une espèce de rage les François qui fourmilloient dans les retranchements.

[3] Hérod., lib. ix, cap. lxvii.   [4] *Id., ibid.*, cap. lxx.

[5] *Id., ibid.*, cap. lxvii; Diod., lib. ii, pag. 25.

[6] Justin., lib. ii, cap. xiv.

Artabaze emmena quarante mille hommes : des cinquante mille Grecs auxiliaires, qui tinrent peu, excepté les Béotiens, je suppose que quarante mille échappèrent; tout le reste de l'armée, à l'exception de trois mille

titude d'Autrichiens et de François à Fleurus ; et les Grecs et les François perdent leurs vertus sur le même champ où ils obtiennent la victoire.

Depuis ce moment, l'ambition des conquêtes et la soif de l'or remplacèrent l'enthousiasme de la liberté. Les Grecs, conduits par d'autres généraux, non moins célèbres que les premiers [1], parcoururent les rivages de l'Asie, de l'Afrique, de l'Europe, brûlant, pillant, détruisant tout sur leur passage, levant des contributions forcées, et faisant vivre leurs armées à discrétion chez les nations vaincues. — Je n'ai pas besoin de rappeler au lecteur l'incendie de l'Italie, les réquisitions, les spoliations des temples; les ravages des François dans le Brabant, en Allemagne, en Hollande, etc. J'ai dit ailleurs quelle fut la conséquence d'une telle conduite pour la Grèce. Le peuple d'Athènes, volage et cruel, qui s'étoit le plus distingué dans ses coupables excès, s'attira d'abord la guerre des alliés, et finit par succomber dans celle du Péloponèse.

Depuis la bataille de Platée jusqu'à la pacification générale, il s'écoula trente années. Mais, dans cet intervalle, les différents coalisés avoient traité partiellement avec le vainqueur. Les Carthaginois

---

soldats, périt, disent les historiens. Or, cette armée étoit originairement de trois cent cinquante mille hommes, et même de six cent mille hommes, si nous en croyons Diodore. Ainsi mon calcul est modéré. Il est certain que les batailles étoient infiniment plus meurtrières avant l'invention de la poudre.

[1] Ce paragraphe n'étant qu'une espèce de répétition de ce que j'ai dit ailleurs, je le laisse sans citation. Les autres généraux dont il est parlé ici sont Cimon, qui conquit la presqu'île de Thrace; et Myronidès, qui s'empara de la Phocide et de la Béotie, etc.

commencèrent[1], la Macédoine suivit; ensuite[2] les
îles voisines, et différents États. Les uns se rache-
tèrent à force d'argent[3], d'autres furent contraints
de se déclarer contre les Perses[4]. Ceci nous retrace
la Prusse, l'Espagne, les petits princes d'Italie et
d'Allemagne. Enfin, Artaxerxès[5], fatigué d'une
guerre inutile, s'abaissa à demander la paix en sup-
pliant. Voici les conditions qu'on daigna lui dicter:
1° Que ses galères armées ne pourroient naviguer
dans les mers de la Grèce; 2° que ses troupes ne
s'approcheroient jamais à plus de trois jours de
marche des côtes de l'Asie-Mineure; 3° qu'enfin,
les villes Ioniennes seroient déclarées indépen-
dantes[6]. Puisque les Perses avoient eu la folie
d'entreprendre la guerre, ils devoient la soutenir
noblement, n'eût-ce été que pour obtenir des conditions moins honteuses. Ce traité d'Artaxerxès fut
le coup mortel qui livra l'empire de Cyrus à
Alexandre. Il en arriva au grand roi comme à plusieurs souverains de l'Europe actuelle : il conclut,
par lassitude, une paix ignominieuse au moment
où il auroit pu en commander une en vainqueur.
Les Grecs n'étoient déjà plus les Grecs de Platée.
On ne parloit plus à Athènes que de la conquête de

---

[1] An 480 avant J.-C.

[2] Probablement après la bataille de Platée et la défaite complète des Perses, an 479 avant J.-C.

[3] Tels que Thasos, Scyros, etc.

[4] Les villes de Carie et de Lycie. (Vid. PLUT., *in Cim.*; THUCYD., lib. 1; DIOD., lib. II.)

[5] Il avoit succédé à Xerxès, assassiné.

[6] DIOD., lib. XII, pag. 74.

l'Égypte, de Carthage, de la Sicile : agrandir la république, amener toutes les puissances enchaînées à ses pieds, étoit la seule idée qui demeurât en possession des esprits[1]. — Ainsi, nous avons vu les François ne savoir plus où fixer les limites de leur empire. Le Rhin, durant un moment, leur offroit une frontière trop resserrée. Lorsque Athènes se flatta de conquérir le monde, le jour qui devoit la livrer à Lysander étoit venu[a].

Ainsi passa ce fléau terrible, né de la révolution républicaine de la Grèce. Depuis la première invasion des Perses[2], sous Darius, l'an 490 avant notre ère, jusqu'à l'époque du traité de paix sous Artaxerxès, l'an 449, même chronologie, il étendit ses ravages dans une période de quarante-une années. Jamais guerre (de même que la présente) ne commença avec de plus flatteuses espérances de succès, et ne finit par de plus grands revers.

---

[1] Isocr., *de Pæ.*, pag. 402; Plut., *in Pericl.*

[a] Les tableaux et les rapprochements contenus dans ce chapitre me paroissent moins défectueux et plus intéressants que les autres; ils finissent par un trait qui sembloit prédire Buonaparte et le résultat final de ses conquêtes. (N. Éd.)

[2] J'appelle la première invasion ce qui n'étoit effectivement que la seconde, Mardonius en ayant tenté une première sans succès avant Datis.

CHAPITRE LXVIII.

Différence générale entre notre siècle et celui où s'opéra la Révolution Républicaine de la Grèce.

Après avoir examiné les rapports qui se trouvent entre la révolution républicaine de la Grèce et celle de la France, on ne peut, sans partialité, s'empêcher de considérer aussi leurs différences. Nous ne cherchons point à surprendre la foi de nos lecteurs, et à diriger leur opinion. Notre désir est d'éloigner de cet ouvrage tout esprit de système, en exposant avec candeur la vérité[a]. Non que nous croyions qu'en cas que nous eussions le bonheur d'en approcher, elle nous valût autre chose que la haine des partis; mais il n'y a qu'une règle certaine de conduite : faire, autant qu'il est en nous, du bien aux hommes, et mépriser leurs clameurs.

Il en est des corps politiques comme des corps célestes; ils agissent et réagissent les uns sur les autres, en raison de leur distance et de leur gravité. Si le moindre accident venoit à déranger le plus petit des satellites, l'harmonie se romproit en même temps partout; les corps se précipitéroient les uns sur les autres; un chaos remplaceroit un univers,

---

[a] J'ai déjà signalé cette prétention de tous les hommes à système de n'avoir pas de système. Au surplus, presque tout ce chapitre est raisonnable : je ne dirois pas autrement et je n'écrirois pas autrement aujourd'hui. (N. Éd.)

jusqu'au moment où toutes ces masses, après mille chocs et mille destructions, recommenceroient à décrire des courbes régulières dans un nouveau système.

En Grèce, une petite ville exile un tyran, et la commotion se fait sentir aussitôt aux extrémités de l'Europe et de l'Asie : mille peuples brisent leurs fers ou tombent dans l'esclavage; le trône de Cyrus est ébranlé, et le germe de tous les événements, de tous les troubles futurs se déploie. Chaque révolution est à la fois la conséquence et le principe d'une autre; en sorte qu'il seroit vrai à la rigueur de dire que la première révolution du globe a produit de nos jours celle de France.

Veut-on se convaincre de cette fatalité qui règle tout, qui se trouve en raison dernière de tout, et qui fait que si vous retranchiez un pied à l'insecte qui rampe dans la poussière, vous renverseriez des mondes*; supposez, pour un moment, que l'événement le plus frivole se fût passé autrement à Athènes qu'il n'est réellement arrivé; qu'il y eût existé un homme de moins, ou que cet homme n'eût pas occupé la même place; par exemple, Épy-

---

* La fatalité vient mal à propos : le pied retranché à l'insecte dérangeroit un ordre de choses physiques pour établir un autre ordre de choses physiques, mais n'agiroit point sur un événement de l'ordre moral. Quoi qu'il en soit, les idées me semblent avoir trouvé leur juste expression. Le rusé Philippe, qui *auroit vieilli sous le fouet de son maître;* Alexandre, qui auroit été un *acteur tragique*, ou un *voleur de grands chemins*, si *Épycide l'eût emporté sur Thémistocle*, sont de ces espèces de remarques dont chaque événement dérangé peut offrir une longue série. (N. Éd.)

cide l'emportant sur Thémistocle : Xerxès réduisoit la Grèce en servitude; c'en étoit fait des Socrate, des Platon, des Aristote; le rusé Philippe vieillissoit sous le fouet de son maître, Alexandre mouroit sur le cothurne, ou brigand sur la croix tyrienne; d'autres chances se développoient, d'autres États se levoient sur la scène; les Romains rencontroient d'autres obstacles à combattre; l'univers étoit changé.

Lorsqu'on vient à jeter les yeux sur l'état des hommes lors de l'établissement des gouvernements populaires à Sparte et à Athènes et sur la position des peuples à l'instant de l'abolition de la royauté en France, on est d'abord frappé d'une différence considérable. Au moment de la révolution de la Grèce, tout, ou presque tout, se trouvoit république; — tout, ou presque tout, monarchie, à l'époque de la révolution françoise. Dans le premier cas, c'étoit des gouvernements populaires qui devoient agir sur des gouvernements populaires; dans le second, une constitution républicaine heurtoit des constitutions royales. Or, plus les corps en collision sont de matière hétérogène, plus l'inflammation est rapide. Il faut donc s'attendre que l'effet des mouvements actuels de la France surpasse infiniment celui des troubles de la Grèce[a]. N'avançons rien sans preuve.

Où la plus grande secousse se fit-elle sentir à

---

[a] L'expérience a prouvé la justesse de la réflexion; mais en montrant si bien à présent l'énorme différence qui existe entre la révolution françoise et la révolution républicaine de la Grèce, je bats en ruine mon propre système. (N. Éd.)

l'époque des troubles de ce dernier pays? En Perse. Pourquoi ? Parce que ce fut là que les principes politiques se choquèrent avec le plus de violence. Mais ceci nous découvre une seconde disparité.

Le serf persan devint la proie du citoyen de la Grèce. Comment les républiques anciennes subsistoient-elles? Par des esclaves. Comment nos pères barbares vivoient-ils si libres? Par des esclaves. Il est même impossible de comprendre sur quel principe une vraie démocratie pourroit s'établir sans esclaves. Ainsi nos systèmes modernes excluent de fait toute république parmi nous[a]. Je m'étonne que les François, imitateurs des anciens, n'aient pas réduit les peuples conquis en servitude. C'est le seul moyen de retrouver ce qu'on appelle la liberté civile[b].

Voilà donc deux différences fondamentales dans les siècles : l'une de gouvernement, l'autre de mœurs. N'y a-t-il point, dans le concours fortuit des choses, des circonstances qui déterminent, éloignent, hâ-

---

[a] Oui, toute république à la manière des anciens, toute république fondée sur les mœurs (lesquelles à leur tour produisoient et maintenoient la liberté), mais non pas cette république qui vient des progrès de la civilisation, de l'infiltration des lumières dans tous les esprits, si j'ose m'exprimer de la sorte, et d'où il résulte une autre espèce de liberté. Les peuples éclairés ne veulent plus servilement obéir ; et les gouvernements, éclairés à leur tour, ne se soucient plus du despotisme. J'ai déjà remarqué, dans une note de l'*Essai*, qu'à l'époque où j'écrivois cet ouvrage, je ne comprenois bien que la liberté, fille des mœurs ; je n'avois pas encore signalé cette autre liberté, résultat d'une civilisation perfectionnée. (N. ÉD.)

[b] C'est *politique* qu'il falloit dire. (N. ÉD.)

tent, ou ralentissent l'effet de tel ou tel événement ? C'est ce qu'il faut maintenant examiner.

La plupart des États contemporains des Athéniens et des Spartiates étoient éloignés de ces peuples célèbres. Par quel canal les lumières de ce petit coin du monde se seroient-elles répandues sur le globe ? Les Grecs mêmes se soucioient-ils de les communiquer, ces lumières ? Les anciens, attachés à la patrie, vivant et mourant sur le sol qu'ils savoient cultiver et défendre avec des mains libres, entretenoient à peine quelques liaisons les uns avec les autres. Parlant divers dialectes, sans le secours des postes, des grands chemins, de l'imprimerie, les nations vivoient comme isolées. De là une découverte en morale, en politique, ou en toute autre science, périssoit aux lieux qui l'avoient vue naître, ou devenoit la proie d'un petit nombre d'hommes, qui n'avoient souvent que trop d'intérêt à la cacher au reste de la foule. Les peuples d'ailleurs, par leurs préjugés nationaux, et par amour de la patrie, renfermoient soigneusement dans leur sein leurs connoissances et leur bonheur. Je doute que cette fraternité universelle des républicains du jour soit du bon coin de la grande antiquité [a].

Ici, la dissemblance des temps se fait sentir dans toute sa force. Nos courriers, nos voies publiques, notre imprimerie, ont rendu presque tous les Européens citoyens du même pays. Une idée nouvelle,

---

[a] Voilà encore une page qui renverse de fond en comble mon système ; et j'ai déjà fait précédemment une note précisément dans le même esprit, en réfutation de ce système. (N. Éd.)

une découverte intéressante a-t-elle pris naissance à Londres, à Paris? quelques semaines après elle parvient au paysan du Danube, à l'habitant de Rome, au sujet de Pétersbourg, à l'esclave de Constantinople, qui se l'approprient, la commentent, et en font leur profit en bien ou en mal. Les anciens visitèrent rarement les contrées étrangères, parce que les difficultés du déplacement étoient presque insurmontables. De nos jours, un voyage en Russie, en Allemagne, en Italie, en France, en Angleterre, que dis-je ! autour du globe, n'est qu'une affaire de quelques semaines, de quelques mois, de quelques années calculées à une minute près. Il en est résulté, que la diversité des langues, qui formoit dans l'antiquité un autre obstacle à la propagation des connoissances, n'en est plus un chez les modernes, les idiomes étrangers étant réciproquement entendus de tous les peuples.

Ainsi, lorsqu'une révolution arrivoit dans l'ancien monde, les livres rares, les monuments des arts disparoissoient; la barbarie submergeoit une autre fois la terre, et les hommes qui survivoient à ce déluge étoient obligés, comme les premiers habitants du globe, de recommencer une nouvelle carrière, de repasser lentement par tous les degrés de leurs prédécesseurs. Le flambeau expiré des sciences ne trouvoit plus de dépôt de lumières où reprendre la vie. Il falloit attendre que le génie de quelque grand homme vînt y communiquer le feu de nouveau, comme la lampe sacrée de Vesta, qu'on ne pouvoit rallumer qu'à la flamme du soleil, lorsqu'elle venoit à s'éteindre. Il n'en est pas de même pour nous ; il seroit impossible de calculer jusqu'à quelle hauteur la société peut atteindre, à présent que rien ne se perd, que rien ne sauroit se perdre : ceci nous jette dans l'infini.

Je semble donc détruire dans ce chapitre ce que j'ai avancé dans le précédent ª ; car je montre une telle différence de siècle, qu'on ne sauroit conclure de l'un pour l'autre ; sans doute, pour plusieurs lecteurs que le système de perfection éblouit. Si c'étoit ici le lieu d'entrer dans cette discussion intéressante, je pourrois prouver aisément que notre position est réellement la même, quant aux résultats, que celle des anciens peuples ; que nous avons perdu en mœurs ce que nous avons gagné en lumières. Celles-ci semblent tellement disposées par la nature, que les unes se corrompent toujours, en proportion de l'agrandissement des autres : comme si cette balance étoit destinée à prévenir la perfection parmi les hommes. Or, il est certain que les lumières ne donnent pas la vertu ; qu'un grand moraliste peut être un malhonnête homme. La question du bonheur reste donc la même pour les peuples modernes et pour les anciens, puisqu'elle ne peut se trouver que dans la pureté de l'âme. Nous revenons donc à la même donnée, quant aux conséquences heureuses qu'on peut espérer de la

---

ª Sans doute, et très bien même. La manière subtile dont je cherche ensuite à me raccrocher à mon système n'est pas admissible. Mon bon sens et mon amour de la vérité l'emportoient sur les rêves de mon esprit.   (N. Éd.)

révolution présente, quelles que soient d'ailleurs nos lumières, l'esprit n'agissant point sur le cœur. Et qui vous dira le secret de changer par des mots et des sciences la nature de l'âme? de déraciner les chagrins de ce sol défriché pour eux? Si l'homme, en dépit de la philosophie, est condamné à vivre avec ses désirs, il sera à jamais esclave, à jamais l'homme des temps d'adversité qui furent, l'homme de l'heure douloureuse où je vous parle, et des nouveaux siècles de misère qui s'avancent. Lorsque l'Être puissant qui tient dans sa main le cœur des hommes a voulu, dans les voies profondes de sa sagesse, resserrer cet organe de leur félicité, qu'importe que, pour les confondre, il ait élevé leurs têtes gigantesques au-dessus des sphères roulantes? Si le cœur ne peut se perfectionner, si la morale reste corrompue malgré les lumières; république universelle, fraternité des nations, paix générale, fantôme brillant d'un bonheur durable sur la terre; adieu[a]!

Si l'influence immédiate de la révolution républicaine de la Grèce fut retardée par toutes les causes que nous venons d'assigner, il est à croire

---

[a] Il y a du vrai dans tout cela. Les personnes qui ont lu mes ouvrages pourront remarquer que l'*Essai* est la mine brute où j'ai puisé une partie des idées que j'ai répandues dans mes autres écrits. Mais si l'homme est infini par la tête, ce qui est la vérité, rien ne peut empêcher l'ordre intellectuel d'aller toujours en se perfectionnant. La science politique, qui est de l'ordre intellectuel chez les vieux peuples, comme elle est de l'ordre moral chez les jeunes peuples, ne peut donc être arrêtée dans ses progrès par une corruption qui n'a pas de prise sur elle. (N. Éd.)

que la révolution françoise, dégagée de ces obstacles, aura un effet encore plus rapide en cas qu'il ne se trouve point d'autres forces d'amortissement plus puissantes que la vélocité de son action. Ce n'est pas ici le lieu d'entrer dans cet examen. Mais on peut douter que l'extinction de la royauté, en France, produise, pour le genre humain, des effets éloignés plus grands, plus durables que ceux qui résultèrent de l'abolition de la monarchie en Grèce. L'Attique, rendue à la liberté, se couvrit de tous les monuments des arts. Les Praxitèle, les Phidias, les Zeuxis, les Apelles, unirent les efforts de leur génie à ceux des Sophocle, des Euripide. Les lumières, disséminées dans les différentes parties du monde, vinrent se concentrer dans ce foyer commun, d'où les divers peuples les ont empruntées par la suite. Sans la Grèce, Rome demeuroit barbare : l'éloquence d'un Démosthènes contenoit le germe de celle d'un Cicéron ; il falloit le sublime d'un Homère, la simplicité d'un Hésiode, et les grâces d'un Théocrite, pour former le triple génie d'un Virgile ; les loups de Phèdre n'eussent point parlé comme les hommes, si ceux d'Ésope avoient été muets ; enfin, nous autres Celtes grossiers, sortis des forêts, nous ne compterions ni les Racine, ni les Boileau, ni les Montesquieu, ni les Pope, ni les Dryden, ni les Sidney, ni les Bacon, et mille autres ; et nous serions encore, comme nos pères, soumis à des Druides ou à des tyrans.

Heureux si les Grecs, en acquérant des lumières, n'eussent pas perdu la pureté des mœurs ! Heureux s'ils n'eussent échangé les vertus qui les sauvèrent de Xerxès contre les vices qui les livrèrent à Philippe ! Nous allons maintenant commencer cette seconde révolution, et nous terminerons ici la première partie du premier livre, après un dernier chapitre de réflexions. Nous passerons souvent ainsi, dans le cours de cet ouvrage, des lumières aux ténèbres, et du bonheur du genre humain à sa misère. Et pourquoi nous en plaindrions-nous ? Il est à croire que notre félicité a été calculée sur l'inconstance de nos désirs : la dose du bonheur nous a été mesurée, parce que notre cœur est insatiable. La nature nous traite comme des enfants malades, dont on refuse de satisfaire les appétits, mais dont on apaise les pleurs par des illusions et des espérances. Elle fait danser autour de nous une multitude de fantômes, vers lesquels nous tendons les mains sans pouvoir les atteindre ; et elle a poussé si loin l'art de la perspective, qu'elle a peint des Élysées jusque dans le fond de la tombe [a].

---

[a] C'est toujours l'homme qui croit et qui veut douter. Par une foiblesse toute paternelle, j'ai été au moment de me faire grâce pour ces phrases. (N. Éd.)

CHAPITRE LXIX.

Récapitulation.

Ainsi j'ai montré l'action immédiate de la révolution républicaine de l'Attique sur la Perse. Elle fit insurger les peuples soumis à cet empire par le ressort des opinions; l'enveloppa dans une guerre funeste qui coûta la vie à des millions d'hommes, sans que les nations y gagnassent beaucoup de bonheur où beaucoup de liberté. Il est vrai que la cour de Suze fut humiliée; mais la Grèce en fut-elle plus heureuse ? Ses succès ne la corrompirent-ils pas ? et le résultat de ces actions, si glorieuses en apparence, ne fut-il pas des vices et des fers ?

Quant à l'effet éloigné produit sur l'empire de Cyrus par la chute de la royauté à Athènes, il n'est personne qui ignore la conquête de l'Asie et le nom d'Alexandre.

Tâchons de récapituler en peu de mots les différentes influences que l'établissement du gouvernement populaire en Grèce eut sur les nations contemporaines. De la somme de ces données doivent naître les vérités qui forment le but de nos recherches dans cet *Essai.*

La révolution républicaine de la Grèce agit :

Sur l'Égypte,

par la voie des armes. Elle y causa quelques malheurs passagers. Elle ne put avoir de prise sur les opinions, la subdivision des classes de la société et le système théocratique lui opposant des obstacles insurmontables.

Sur Carthage,

encore au militaire. La position locale, l'excellence du gouvernement punique, sauvèrent celui-ci du danger des innovations et de l'exemple.

Dans l'Ibérie,

la réaction des troubles de l'Attique ne causa que des malheurs. Vraisemblablement l'esclave au fond de ses mines paya la liberté d'Athènes par des larmes et des sueurs.

Chez les Celtes,

elle apporta des lumières, et partant de la corruption [a]. Elle devint aussi la cause éloignée de la servitude de ces peuples, en facilitant les conquêtes des Romains.

En Italie,

l'influence de l'établissement des républiques grecques se dirigea vers la politique; il n'est pas même impossible qu'elle n'y eût produit la révolution de Brutus, par la circonstance du voyage de ce grand homme à Delphes presque au moment de l'assassinat d'Hipparque par Harmodius. Ceux qui savent comment les grandes conceptions naissent souvent des causes les plus triviales [1] ne mépriseront pas cette conjecture.

---

[a] Voilà le disciple de Rousseau. (N. Éd.)

[1] La chute d'une pomme a dévoilé à Newton le système de l'univers.

Dans la Grande-Grèce,

la révolution dont nous recherchons les effets agit au moral. Elle y occasiona quelques réformes utiles, mais passagères.

En Sicile,

elle produisit la guerre et la monarchie : l'une ne fut qu'un fléau d'un moment; l'autre coûta longtemps des pleurs et du sang à Syracuse.

En Scythie,

son influence agit philosophiquement dans le sens vicieux; les pasteurs pauvres et vertueux de l'Ister se laissèrent corrompre par l'attrait des sciences, et finirent par se livrer à celui de l'or.

Dans la Thrace,

elle ne causa que quelques ravages; heureusement la barbarie des peuples les mit à couvert des effets politiques et moraux de la révolution républicaine de la Grèce.

Tyr, enfin,

n'échappa pas aux armes de cette révolution; mais elle en évita la séduction par l'esprit commerçant et occupé de ses citoyens [a].

Nous avons parlé de la Perse au commencement de ce chapitre.

Le lecteur, sans doute, en parcourant cette échelle, a déjà trouvé avec étonnement la vérité qui résulte de ses parties. Cette révolution si vantée,

---

[a] Cette récapitulation des influences de la révolution populaire de la Grèce paroît assez raisonnable quand on la voit dépouillée du cortége des comparaisons entre les temps et les hommes.

(N. Éd.)

cette révolution qui mérite de l'être, cette révolution toute vertu, toute vraie liberté, n'a donc produit, en exceptant Rome et la Grande-Grèce, que des maux chez tous les autres peuples? Quoi! lorsqu'une nation devient indépendante, n'est-ce qu'aux dépens du reste des hommes? La réaction du bien seroit-elle le mal? L'histoire ne s'offre-t-elle pas ici sous une perspective nouvelle? Un rayon de lumière ne pénètre-t-il pas dans le système obscur des choses, et n'entrevoit-on pas comment les nations sont respectivement ordonnées les unes aux autres? Si les Grecs du temps d'Aristide, en brisant leurs chaînes, n'ont apporté que des maux au genre humain, que peut-on raisonnablement espérer (système de perfection à part) de l'influence de la révolution françoise? Croirons-nous que tout va devenir vertueux et libre, parce qu'il a plu aux François corrompus d'échanger un roi contre cinq maîtres[a]? Ici l'avenir s'entr'ouvre. Je laisse le lecteur à l'abîme de réflexions pénibles, de conjectures, de doutes, où ceci conduit.

[a] Il y a un côté vrai à ces réflexions; mais lorsqu'on place la révolution particulière de la France dans le mouvement de l'ordre social, dans la révolution générale qui s'opère visiblement parmi l'espèce humaine, ce n'est voir ni d'assez haut ni d'assez loin que de réduire la révolution françoise au seul fait du sacrifice d'un roi légitime et de l'établissement d'une usurpation.

(N. Éo.)

CHAPITRE LXX.

Sujets et Réflexions détachées.

Après avoir parcouru un ouvrage, il nous reste ordinairement une multitude de pensées confuses et de réflexions incohérentes; les unes immédiatement liées au sujet du livre, les autres s'étendant au-delà, et seulement formées par association. Je vais présenter ici cet effet naturel d'une première lecture, en rapportant mes idées détachées, telles que je les jetai sans ordre sur le papier, après avoir revu moi-même l'esquisse de mon travail. Je n'y ajouterai que ces nuances nécessaires pour diviser des couleurs trop heurtées. Il n'y a point d'ailleurs de perception si brusque dont on ne découvre la connexion intermédiaire avec une précédente, en y réfléchissant un peu; et c'est quelquefois une étude très instructive, de rechercher les passages secrets par où on arrive tout à coup d'une idée à une autre totalement opposée.

Lorsque, pour la première fois, je conçus le plan de ce livre, je revis les classiques, qui m'introduisoient aux révolutions de la Grèce. A chaque page une mer de réflexions, de rapports nouveaux, s'ouvroit devant moi. Étant parvenu à crayonner l'ébauche de la révolution décrite dans ce premier livre de l'*Essai*, je commençai à voir les objets un peu moins troubles, surtout lorsque j'eus examiné le côté de l'influence de cette révolution : partie toute nouvelle dans l'histoire et à laquelle je ne sache pas que personne ait encore songé. Elaguant une multitude de pensées secondes, je jetai sur le papier les notes suivantes, qui forment une espèce de résultat des vérités générales, qu'on peut tirer de la révolution républicaine de la Grèce.

Est-il une liberté civile? J'en doute. Les Grecs furent-ils plus heureux, furent-ils meilleurs après leur révolution? Non. Leurs maux changèrent de valeur nominale, la valeur intrinsèque resta la même.

Malgré mille efforts pour pénétrer dans les causes des troubles des États, on sent quelque chose qui échappe; un je ne sais quoi, caché je ne sais où, et ce je ne sais quoi paroît être la raison efficiente de toutes les révolutions. Cette raison secrète est d'autant plus inquiétante, qu'on ne peut l'apercevoir dans l'homme de la société. Mais l'homme de la société n'a-t-il pas commencé par être l'homme de la nature? C'est donc celui-ci qu'il faut interroger. Ce principe inconnu ne naît-il point de cette vague inquiétude, particulière à notre cœur, qui nous fait nous dégoûter également du bonheur et du malheur, et nous précipitera de révolution en révolution jusqu'au dernier siècle? Et cette inquiétude, d'où vient-elle à son tour? Je n'en sais rien : peut-être de la conscience d'une autre vie; peut-être d'une aspiration secrète vers la Divinité. Quelle que soit son origine, elle existe chez tous les peuples. On la rencontre chez le sauvage et dans nos sociétés. Elle s'augmente surtout par les mauvaises mœurs, et bouleverse les empires.

J'en trouve une preuve bien frappante dans les causes de notre révolution. Ces causes ont différé totalement de celles des troubles politiques de la Grèce, au siècle de Solon. On ne voit pas que les Athéniens fussent très malheureux, ou très corrompus alors. Mais nous, qu'étions nous au moral dans l'année 1789? Pouvions-nous espérer échapper à une destruction épouvantable? Je ne parlerai point du gouvernement : je remarque seulement que, partout où un petit nombre d'hommes réunit, pendant de longues années, le pouvoir et les richesses, quels que soient d'ailleurs la naissance de ces gouvernants, plébéienne ou patricienne, le manteau dont ils se couvrent, républicain ou monarchique, ils doivent nécessairement se corrompre, dans la même progression qu'ils s'éloignent du premier terme de leur institution. Chaque homme alors a ses vices, plus les vices de ceux qui l'ont précédé : la cour de France avoit treize cents ans d'antiquité.

Un monarque foible et amateur de son peuple étoit aisément trompé par des ministres incapables ou méchants. L'intrigue faisoit et défaisoit chaque jour des hommes d'État; et ces ministres éphémères, qui apportoient dans le gouvernement leur ineptie et leurs cœurs, y apportoient encore la haine de ceux qui les avoient précédés. De là ce changement continuel de systèmes, de projets, de vues; ces nains politiques étoient suivis d'une nuée famélique de commis, de laquais, de flatteurs, de comédiens, de maîtresses. Tous ces êtres d'un moment se hâtoient de sucer le sang du misérable, et s'abîmoient bientôt devant une autre génération d'insectes, aussi fugitive et dévorante que la première.

Tandis que les folies et les imbécillités du gouvernement exaspéroient l'esprit du peuple, les désordres de l'ordre moral étoient montés à leur comble, et commençoient à attaquer l'ordre social d'une manière effrayante. Les célibataires avoient augmenté dans une proportion démesurée, et étoient devenus communs, même parmi les dernières classes. Ces hommes isolés, et par conséquent égoïstes, cherchoient à remplir le vide de leur vie en troublant les familles des autres. Malheur à un État où les citoyens cherchent leur félicité hors de la morale et des plus doux sentiments de la nature! Si, d'un côté, les célibataires se multiplioient, de l'autre les gens mariés avoient adopté des idées pour le moins aussi destructibles de la société. Le principe du petit nombre d'enfants étoit presque généralement reçu dans les villes en France; chez quelques-uns par misère, chez le plus grand nombre par mauvaises mœurs. Un père et une mère ne vouloient pas sacrifier les aisances de la vie à l'éducation d'une nombreuse famille, et l'on couvroit cet amour de soi des apparences de la philosophie. Pourquoi créer des êtres malheureux? disoient les uns : pourquoi faire des gueux? s'écrioient les autres. Je jette un voile sur d'autres motifs secrets de cette dépravation. Je ne dirai rien des femmes :

meilleures que nous, elles n'ont que la foiblesse d'être ce que nous voulons qu'elles soient; la faute est à nous.

Si ces mœurs affectoient la société en général, elles influoient encore davantage sur chacun de ses membres en particulier. L'homme qui ne trouvoit plus son bonheur dans l'union d'une famille, qui souvent se défioit même du doux nom de père, s'accoutumoit à se former une félicité indépendante des autres. Rejeté du sein de la nature par les mœurs de son siècle, il se renfermoit dans un dur égoïsme, qui flétrit jusqu'à la racine de la vertu. Pour comble de maux, en perdant le bonheur sur la terre, des bourreaux philosophes lui avoient enlevé l'espérance d'une meilleure vie. Dans cette situation, se trouvant seul au milieu de l'univers, n'ayant à dévorer qu'un cœur vide et solitaire, qui n'avoit jamais senti un autre cœur battre contre lui, faut-il s'étonner que le François fût prêt à embrasser le premier fantôme qui lui montroit un univers nouveau?

On s'écriera qu'il est absurde de représenter le peuple de la France comme isolé et malheureux; qu'il étoit nombreux, florissant, etc. La population qui semble détruire mon assertion est une preuve pour elle, car elle n'étoit réelle que dans les campagnes, parce qu'il y existoit encore des mœurs; or, on sait assez que ce ne sont pas les paysans qui ont fait la révolution. Quant à la seconde objection, il n'est pas question de ce que la nation sembloit être, mais de ce qu'elle étoit réellement. Ceux qui ne voient dans un État que des voitures, des grandes villes, des troupes, de l'éclat et du bruit, ont raison de penser que la France étoit heureuse. Mais ceux qui croient que la grande question du bonheur est le plus près possible de la nature, que plus on s'en écarte, plus on tombe dans l'infortune; qu'alors on a beau avoir le sourire sur les lèvres devant les hommes, le cœur, en dépit des plaisirs factices, est agité, triste, consumé dans le secret de la vie : dans ce cas, on ne peut disconvenir que ce mécontentement général de soi-même, qui augmente l'inquiétude secrète dont j'ai parlé ; que ce sentiment de malaise que chaque individu porte avec soi, ne soient, dans un peuple, l'état le plus propre à une révolution.

Eh bien ! c'étoit au moment que le corps politique, tout maculé des taches de la corruption, tomboit en une dissolution générale, qu'une race d'hommes, se levant tout à coup, se met, dans son vertige, à sonner l'heure de Sparte et d'Athènes. Au même moment, un cri de liberté se fait entendre; le vieux Jupiter, réveillé d'un sommeil de quinze cents ans, dans la poussière d'Olympie, s'étonne de se trouver à Sainte-Geneviève; on coiffe la tête du badaud de Paris du bonnet du citoyen de la Laconie; et tout corrompu, tout vicieux qu'il est, poussant de force le petit François dans les grandes vertus lacédémoniennes, on le contraint à jouer le Pantalon aux yeux de l'Europe, dans cette mascarade d'Arlequin.

O grands politiques, qui, prenant la raison inverse de Lycurgue, prétendez établir la démocratie chez un peuple, à l'époque même où toutes les nations retournent par la nature des choses à la monarchie, je veux dire à l'époque de la corruption ! O fameux philosophes, qui croyez que la liberté existe au civil, qui préférez le nombre cinq à l'unité, et qui pensez qu'on est plus heureux sous la canaille du faubourg Saint-Antoine que sous celle des bureaux de Versailles ! Mais que falloit-il donc faire ? Je l'ignore. Tout ce que je sais, c'est que, puisque vous aviez la fureur de détruire, il falloit au moins rebâtir un édifice propre à loger des François, et surtout vous garder de l'enthousiasme des institutions étrangères. Le danger de l'imitation est terrible. Ce qui est bon pour un peuple est rarement bon pour un autre. Et moi aussi je voudrois passer mes jours sous une démocratie telle que je l'ai souvent rêvée, comme le plus sublime des gouvernements en théorie; et moi aussi j'ai vécu citoyen de l'Italie et de la Grèce ; peut-être mes opinions actuelles ne sont-elles que le triomphe de ma raison sur mon penchant. Mais prétendre former des républiques partout, et en dépit de tous les obstacles, c'est une absurdité dans la bouche de plusieurs, une méchanceté dans celle de quelques-uns.

J'ai réfléchi long-temps sur ce sujet : je ne hais point une constitution plus qu'une autre, considérée abstraitement. Prises en ce qui me regarde comme individu, elles me sont toutes parfaitement indifférentes : mes mœurs sont de la solitude et non des hommes. Eh ! malheureux, nous nous tourmentons pour un gouvernement parfait, et nous sommes vicieux! bon, et nous sommes méchants! Nous nous agitons aujourd'hui pour un vain système, et nous ne serons plus demain! Des soixante années que le ciel peut-être nous destine à traîner sur ce globe, nous en dépenserons vingt à naître, et vingt à mourir, et la moitié des vingt autres s'évanouira dans le sommeil. Craignons-nous que les misères inhérentes à notre nature d'homme ne remplissent pas assez ce court espace, sans y ajouter des maux d'opinion? Est-ce un instinct indéterminé, un vide intérieur que nous ne saurions remplir, qui nous tourmente? Je l'ai aussi sentie, cette soif vague de quelque chose. Elle m'a traîné dans les solitudes muettes de l'Amérique, et dans les villes bruyantes de l'Europe; je me suis enfoncé pour la satisfaire dans l'épaisseur des forêts du Canada, et dans la foule qui inonde nos jardins et nos temples. Que de fois elle m'a contraint de sortir des spectacles de nos cités, pour aller voir le soleil se coucher au loin sur quelque site sauvage! que de fois, échappé à la société des hommes, je me suis tenu immobile sur une grève solitaire, à contempler durant des heures, avec cette même inquiétude, le tableau philosophique de la mer! Elle m'a fait suivre autour de leurs palais, dans leurs chasses pompeuses, ces rois qui laissent après eux une longue renommée; et j'ai aimé, avec elle encore, à m'asseoir en silence à la porte de la hutte hospitalière, près du Sauvage qui passe inconnu dans la vie, comme les fleuves sans nom de ses déserts. Homme, si c'est ta destinée de porter partout un cœur miné d'un désir inconnu; si c'est là ta maladie, une ressource te reste. Que les sciences, ces filles du ciel, viennent remplir le vide fatal qui te conduira tôt ou tard à ta perte. Le calme des nuits t'appelle. Vois ces millions d'astres étincelants, suspendus de toutes parts sur ta tête; cherche, sur les pas de Newton, les lois cachées qui promènent magnifiquement ces globes de feu à travers l'azur céleste; ou, si la Divinité touche ton âme, médite en l'adorant sur cet Être incompréhensible qui remplit de son immensité ces espaces sans bornes. Ces études sont-elles trop sublimes pour ton génie, ou serois-tu assez misérable pour ne point espérer dans ce Père des affligés qui consolera ceux qui pleurent? Il est d'autres occupations aussi aimables et moins profondes. Au lieu de t'entretenir des haines sociales, observe les paisibles générations, les douces sympathies, et les amours du règne le plus charmant de la nature. Alors tu ne connoîtras que des plaisirs. Tu auras du moins cet avantage, que chaque matin tu retrouveras tes plantes chéries; dans le monde, que d'amis ont pressé le soir un ami sur leur cœur, et ne l'ont plus trouvé à leur réveil! Nous sommes ici-bas comme au spectacle : si nous détournons un moment la tête, le coup de sifflet part, les palais enchantés s'évanouissent; et lorsque nous ramenons les yeux sur la scène, nous n'apercevons plus que des déserts et des acteurs inconnus.

Mais quelles que puissent être nos occupations, soit que nous vieillissions dans l'atelier du manœuvre, ou dans le cabinet du philosophe, rappelons-nous que c'est en vain que nous prétendons être politiquement libres. Indépendance, indépendance individuelle, voilà le cri intérieur qui nous poursuit. Écoutons la voix de la conscience. Que nous dit-elle, selon la nature ? « Sois libre. » Selon la société ? « Règne. » Que si on le nie, on ment. Ne rougissons point, parce que j'arrache d'une main hardie le voile dont nous cherchions à nous couvrir à nos propres yeux. La liberté civile n'est qu'un songe, un sentiment factice que nous n'avons point, qui n'habite point dans notre sein : apprenons à nous élever à la hauteur de la vérité, et à mépriser les sentences de l'étroite sagesse des hommes. On nous insultera peut-être, parce qu'on ne nous entendra pas ; les gens de bien nous accuseront de principes dangereux, parce que nous aurons été les chercher jusqu'au fond de leur âme, où ils se croyoient en sûreté, et que nous saurons exposer à la vue toute la petite machine de leur cœur. Rions des clameurs de la foule, contents de savoir que, tandis que nous ne retournerons pas à la vie du sauvage, nous dépendrons toujours d'un homme. Et qu'importe alors que nous soyons dévorés par une cour, par un directoire, par une assemblée du peuple ?

Nous nous apercevons continuellement que nous nous trompons ; que l'heure qui succède accuse presque toujours l'heure passée d'erreur ; et nous irions déchirer et nous-mêmes et nos semblables, pour l'opinion fugitive du matin, avec laquelle le soir ne nous retrouvera plus ! Tout gouvernement est un mal, tout gouvernement est un joug ; mais n'allons pas en conclure qu'il faille le briser. Puisque c'est notre sort que d'être esclaves, supportons notre chaîne sans nous plaindre; sachons en composer les anneaux de rois ou de tribuns selon les temps et surtout selon nos mœurs. Et soyons sûrs, quoi qu'on en publie, qu'il vaut mieux obéir à un de nos compatriotes riche et éclairé, qu'à une multitude ignorante, qui nous accablera de tous les maux.

Et vous, ô mes concitoyens ! vous, qui gouvernez cette patrie toujours si chère à mon cœur, réfléchissez ; voyez s'il est dans toute l'Europe une nation digne de la démocratie ! Rendez le bonheur à la France, en la rendant à la monarchie, où la force des choses vous entraîne. Mais si vous persistez dans vos chimères, ne vous abusez pas. Vous ne réussirez jamais par le modérantisme. Allons, exécrables bourreaux, en horreur à vos compatriotes, en horreur à toute la terre, reprenez le système des Jacobins ; tirez de leurs loges vos guillotines sanglantes ; et, faisant rouler les têtes autour de vous, essayez d'établir, dans la France déserte, votre affreuse république, comme la Patience de Shakspeare, « assise sur un monument, et souriant à la Douleur [a] ! »

[a] Voilà, certes, un des plus étranges chapitres de tout l'ouvrage, et peut-être un des morceaux les plus extraordinaires qui soient jamais échappés à la plume d'un écrivain : c'est une sorte d'orgie noire d'un cœur blessé, d'un esprit malade, d'une imagination qui reproduit les fantômes dont elle est obsédée ; c'est du Rousseau, c'est du René, c'est du dégoût de tout, de l'ennui de

tout. L'auteur s'y montre royaliste par désespoir de ne pouvoir être républicain, jugeant la république impossible; il déduit hardiment les causes d'une révolution devenue, selon lui, *inévitable*; et il attaque en même temps avec la même hardiesse cette révolution. Ne trouvant rien ni dans le passé ni dans le présent qui puisse le satisfaire, il en conclut qu'un gouvernement quelconque est un mal; que la liberté *civile* (il veut dire *politique*) n'existe point; que tout se réduit à l'indépendance individuelle, d'où il part pour vous proposer de vous faire Sauvage. Il ne sait comment exprimer ce qu'il sent; il crée une langue nouvelle, il invente les mots les plus barbares, et détourne d'autres mots de leur acception naturelle. Assis sur le trépied, il est tourmenté par un mauvais génie : une seule chose lui reste au milieu de ce délire, le sentiment religieux.

J'avois entrepris de réfuter phrase à phrase ce chapitre, mais la plume m'est bientôt tombée des mains. Il m'a été impossible de me suivre moi-même à travers ce chaos : la folie des idées, la contradiction des sentiments, la fausseté des raisonnements, le néologisme, réduisoient tout mon commentaire à des exclamations de douleur ou de pitié. J'ai donc pensé qu'il valoit mieux me condamner tout à la fois à la fin de ce chapitre, et faire, la corde au cou, amende honorable au bon sens. Mais, cette exécution achevée, je dois dire aussi, avec la même impartialité, qu'il y a dans ce chapitre insensé une inspiration, de quelque nature qu'elle soit, qu'on ne retrouve dans aucune autre partie de mes ouvrages.   (N. Éd.)

FIN DE LA PREMIÈRE PARTIE.

TABLE DES MATIÈRES

CONTENUES DANS CE VOLUME.

	Pages.
Préface générale. (Édition de 1826.)	j
Avertissement de l'auteur pour l'édition de 1826.	ix
Préface. (Édition de 1826.)	xj
Avis sur cette édition.	xlvij
Notice.	xlix

LIVRE PREMIER.

PREMIÈRE PARTIE.

Introduction.	1
Chapitre premier. Première question. Ancienneté des hommes.	14
Chap. ii. Première révolution. Les républiques grecques. Si le contrat social des publicistes est la convention primitive des gouvernements.	22
Chap. iii. L'âge de la monarchie en Grèce.	26
Chap. iv. Causes de la subversion du gouvernement royal chez les Grecs. Elles diffèrent totalement de celles de la révolution françoise.	28
Chap. v. Effet de la révolution républicaine sur la Grèce. Athènes depuis Codrus jusqu'à Solon, comparée au nouvel état de la France.	33
Chap. vi. Quelques réflexions sur la législation de Solon. Comparaisons. Différences.	37
Chap. vii. Origine des noms des factions : la Montagne et la Plaine.	41
Chap. viii. Portraits des chefs.	43
Chap. ix. Pisistrate.	45
Chap. x. Règne et mort de Pisistrate.	48
Chap. xi. Hipparque et Hippias. Assassinat du premier. Rapports.	49
Chap. xii. Guerre des émigrés. Fin de la révolution républicaine en Grèce.	52

Chap. xiii. Sparte. Les Jacobins.	54
Chap. xiv. Suite.	59
Chap. xv. Suite.	63
Chap. xvi. Suite.	65
Chap. xvii. Fin du sujet.	70
Chap. xviii. Caractère des Athéniens et des François.	72
Chap. xix. De l'état des lumières en Grèce au moment de la Révolution républicaine. Siècle de Lycurgue	79
Chap. xx. Siècles moyens.	82
Chap. xxi. Siècle de Solon.	84
Chap. xxii. Poésie à Athènes. Anacréon, Voltaire. Simonide, Fontanes. Sapho, Parny. Alcée. Ésope. Nivernois. Solon, les deux Rousseau.	85
Chap. xxiii. Poésie à Sparte. Premier chant de Tyrtée; Lebrun. Second chant de Tyrtée; Hymne des Marseillois. Chœur spartiate; Strophe des Enfants. Chanson en l'honneur d'Harmodius; Épitaphe de Marat.	102
Chap. xxiv. Philosophie et politique. Les Sages; les Encyclopédistes. Opinions sur le meilleur gouvernement: Thalès, Solon, Périandre, etc.; J. J. Rousseau, Montesquieu. Morale: Solon, Thalès; La Rochefoucauld, Chamfort. Parallèle de J. J. Rousseau et d'Héraclite. Lettre à Darius; Lettre au roi de Prusse.	112
Chap. xxv. Influence de la révolution républicaine sur les Grecs. Les biens.	125
Chap. xxvi. Suite. — Les Maux.	129
Chap. xxvii. État politique et moral des nations contemporaines au moment de la révolution républicaine en Grèce. Cette révolution considérée dans ses rapports avec les autres peuples. Causes qui en ralentirent ou en accélérèrent l'influence.	131
Chap. xxviii. L'Égypte.	132
Chap. xxix. Obstacles qui s'opposèrent à l'effet de la révolution grecque sur l'Égypte. Ressemblance de ce dernier pays avec l'Italie moderne.	137
Chap. xxx. Carthage.	140
Chap. xxxi. Parallèle de Carthage et de l'Angleterre. Leurs constitutions.	142
Chap. xxxii. Les deux partis dans le sénat de Carthage. Hannon. Barca.	147
Chap. xxxiii. Suite. — Minorité et majorité dans le Parlement d'Angleterre.	149

DES MATIÈRES. 327

Chap. xxxiv. M. Fox. M. Pitt. 158
Chap. xxxv. Suite du parallèle entre Carthage et l'Angleterre. La guerre et le Commerce. Annibal, Marlborough. Hannon, Cook ; Traduction du Voyage du premier. Extrait de celui du second. 163
Chap. xxxvi. Influence de la Révolution grecque sur Carthage. 178
Chap. xxxvii. L'Ibérie. 182
Chap. xxxviii. Les Celtes. 184
Chap. xxxix. L'Italie. 188
Chap. xl. Influence de la Révolution grecque sur Rome. 190
Chap. xli. La Grande-Grèce. 193
Chap. xlii. Suite. — Zaleucus. Charondas. 199
Chap. xliii. Influence de la révolution d'Athènes sur la Grande-Grèce. 201
Chap. xliv. La Sicile. 202
Chap. xlv. Suite. 204
Chap. xlvi. Les trois Ages de la Scythie et de la Suisse. Premier Age : la Scythie heureuse et sauvage. 205
Chap. xlvii. Suite du premier Age. La Suisse pauvre et vertueuse. 208
Chap. xlviii. Second Age : la Scythie et la Suisse philosophiques. 212
Chap. xlix. Suite. — Troisième Age : la Scythie et la Suisse corrompues. Influence de la Révolution grecque sur la première, de la Révolution françoise sur la seconde. 214
Chap. l. La Thrace. Fragments d'Orphée. 218
Chap. li. La Macédoine. La Prusse. 221
Chap. lii. Iles de la Grèce. L'Ionie. 223
Chap. liii. Tyr. La Hollande. 225
Chap. liv. Suite. 228
Chap. lv. La Perse. 230
Chap. lvi. Tableau de la Perse au moment de l'abolition de la Monarchie en Grèce. Gouvernement. Finances. Armées. Religion. 234
Chap. lvii. Tableau de l'Allemagne au moment de la Révolution françoise. 237
Chap. lviii. Suite. — Les arts en Perse et en Allemagne. Poésie. Kreeshna. Klopstock. Fragment du poëme Mahabarat, tiré du sanscrit. Fragments du Messie. Sacontala. Évandre. 239
Chap. lix. Philosophie. Les deux Zoroastre. Politique. 253
Chap. lx. Situation politique de la Perse à l'instant de la Guerre Médique ; — de l'Allemagne à l'instant de la Guerre Républicaine. Darius, Joseph, Léopold. 258

Chap. lxi. Influence de la Révolution républicaine de la Grèce sur la Perse, et de la Révolution républicaine de la France sur l'Allemagne. Causes immédiates de la Guerre Médique — de la Guerre républicaine. L'Ionie. Le Brabant. 263

Chap. lxii. Déclaration de la Guerre Médique, l'an premier de la soixante-neuvième Olympiade (505 ans av. J.-C.) — Déclaration de la Guerre présente, 1792. Premières Hostilités. 265

Chap. lxiii. Premières Campagnes. An 3 de la soixante-douzième Olympiade. — 1792. Portrait de Miltiade. — Portrait de Dumouriez. Bataille de Marathon. — Bataille de Gemmapes. Accusation de Miltiade, — de Dumouriez. 269

Chap. lxiv. Xerxès, — François. Ligue générale contre la Grèce, — contre la France. Révolte des Provinces. 273

Chap. lxv. Campagne de la quatrième année de la soixante-quatorzième Olympiade (480 avant J.-C.). — Campagne de 1793. Consternation à Athènes et à Paris. Bataille de Salamine. — Bataille de Maubeuge. 277

Chap. lxvi. Préparation à une nouvelle campagne. Portraits des chefs. Mardonius, — Cobourg. Pausanias, — Pichegru. Alexandre, roi de Macédoine. 287

Chap. lxvii. Campagne de l'an 479 avant notre ère, première année de la soixante-quinzième Olympiade. Campagne de 1794. Bataille de Platée, — Bataille de Fleurus. Succès et vices des Grecs, — des François. Différentes paix. Paix générale. 290

Chap. lxviii. Différence générale entre notre siècle et celui où s'opéra la Révolution républicaine de la Grèce. 299

Chap. lxix. Récapitulation. 309

Chap. lxx. Sujets et Réflexions détachées. 313

FIN DE LA TABLE.

www.ingramcontent.com/pod-product-compliance
Lightning Source LLC
Chambersburg PA
CBHW070440170426
43201CB00010B/1164